# 做一名优秀的早教师

金国壮　雷 欣　周新军　主编
庄林根　绘图

化学工业出版社
·北 京·

## 内容提要

《做一名优秀的早教师》详细介绍了一名合格的早教师需要掌握的教学技能，必须具备的专业育儿知识、教学理论等；同时介绍了作为早教师应了解和掌握的婴幼儿身心发展的特点和规律，以及如何运用科学的方法去帮助和指导婴幼儿健康成长。

本书实用性、可操作性强，不仅可以作为职业院校家政专业、早教机构的培训教材，也可以作为早教师自我学习的读本。

**图书在版编目（CIP）数据**

做一名优秀的早教师／金国壮，雷欣，周新军主编．—北京：化学工业出版社，2020.9

ISBN 978-7-122-37185-0

Ⅰ．①做…　Ⅱ．①金…　②雷…　③周…　Ⅲ．①早期教育－师资培训－研究　Ⅳ．①G615

中国版本图书馆CIP数据核字（2020）第098064号

---

责任编辑：陈　蕾　　　　文字编辑：王春峰　陈小滔
责任校对：赵懿桐　　　　装帧设计：尹琳琳

---

出版发行：化学工业出版社（北京市东城区青年湖南街13号　邮政编码100011）
印　　刷：三河市航远印刷有限公司
装　　订：三河市宇新装订厂
710mm×1000mm　1/16　印张$14^1/_2$　字数256千字　2020年11月北京第1版第1次印刷

---

购书咨询：010-64518888　　　　售后服务：010-64518899
网　　址：http://www.cip.com.cn
凡购买本书，如有缺损质量问题，本社销售中心负责调换。

---

**定　　价：78.00元**

# 前言

投资教育就是投资未来。中国家长秉承着“再苦不能苦孩子，再穷不能穷教育”的理念，尤其是现在的年轻家长，对教育的重视程度非常高。家长越来越重视孩子的早期教育，因此，早教市场持续升温，在北京、上海、广州、深圳这样的一线城市，大量亲子班、早教园频频开班，更有多个国外知名早教机构迅速进驻。

早期教育是由成人对婴幼儿实施的教育。很多人认为早期教育就是指入学前的教育，然而这不是较为科学的解释。事实上早期教育是指在孩子进入小学学习知识之前，根据孩子所处的敏感期，结合婴幼儿成长的心理需求，以及各方面特点，抓住大脑发育关键期对孩子进行的潜能开发，以便使孩子在专注力、想象力、记忆力、语言表达能力等综合能力方面得到提升，同时还涉及心灵教育和品格的培养。

早期教育可以说是21世纪最具前景的行业，然而，随着早期教育越来越被大众所接受，我国大中城市，尤其是大城市对早期教育师资的需求也日益增大。有早教专家指出，由于早教市场需求日益扩大，市场对早教师的需求也与日俱增。但是，早教机构数量的增长与目前早教师培养的速度并不相匹配，现有的早教从业人员很多没有经过系统的职前培养，也没有经过正规的职业培训，难以胜任早教工作，优质师资的缺口很大，这成为制约早教行业发展的瓶颈。

因此，早教师的发展空间很大，只要有能力，就可以有更快的晋升速度及更好的发展前景。很多毕业几年的早教师，已经成为早教中心中高层管理人员，甚至成为合伙人或老板，这是其他教师岗位难以想象的。

然而，早教机构对早教师的个人素质和专业素养要求也是越来越高，那么一名优秀的早教师需要具备哪些特质呢？

简单来说，想胜任早教工作，早教师要在能力、气质等各个方面都兼顾到。优秀的早教师要像孩子且更爱孩子，给予孩子足够的“尊重”；专业技能需过硬，呵护儿童要用“心”；个人综合素质要求高，职业考核很严格。

为了满足早教师培训与个人提升的需要，金国壮教授（中国月嫂节特邀专家、伊亲集团首席顾问、小马阿姨教育科技有限公司创始人）和雷欣老师（小马阿姨形象代言人、10多年母婴护理经验的金牌月嫂）牵头，组织早教机构老师联合编写了《做一名优秀的早教师》一书，本书主要从早教师岗位认知、婴幼儿身心发展特点、早期教育训练实践等方面进行了详细的描述和讲解。

本书实用性、可操作性强，不仅可以作为职业院校家政专业、早教机构的培训教材，也可以作为早教师自我学习的读本。

在本书的编写过程中，由于笔者水平有限，疏漏之处在所难免，敬请读者批评指正。

**编者**

# 目录

## 第一章 早教师岗位认知 001

早期教育作为一种专业教育，奠定人一生的发展基础。全球教育界已形成共识，早教、幼教十分重要。而一名合格的早教师不仅需要掌握教学技能，还需要有充足的专业育儿教学理论知识储备。

0～3岁是一个人身心发展的关键期，是智力发展和个性品质形成的关键期。作为早教师，更应了解和掌握婴幼儿身心发展的特点和规律，才能更好地用科学的方法去帮助和指导婴幼儿健康成长。

## 第三章
# 早期教育训练实践 054

早教一般是指0～3岁的教育，它是人生教育中最重要的阶段，而婴儿期又是重中之重，它是早教中普遍认为教育比较困难的时期，因此婴儿教育是本书的重点，2～3岁的幼儿教育本书也有独特的见解。

# 第一章 早教师岗位认知

**导言：**

早期教育作为一种专业教育，奠定人一生的发展基础。全球教育界已形成共识，早教、幼教十分重要。而一名合格的早教师不仅需要掌握教学技能，还需要有充足的专业育儿教学理论知识储备。

# 第一节

## 早期教育的认知

科学的早期教育能为孩子的身体素质、心理素质、智力素质、人格素质、精神素质的健康成长打下良好的基础，是人生成长过程中最基础、最重要、最不可缺失的教育。

### 一、早期教育的概念

早期教育是由成人对婴幼儿实施的教育。有很多人认为早期教育就是指入学前的教育，然而这不是较为科学的解释。事实上早期教育是指在孩子进入小学学习知识之前，根据孩子所处的敏感期，结合婴幼儿成长的心理需求，以及各方面特点，抓住大脑发育关键期对孩子进行的潜能开发，以便提高孩子的专注力、想象力、记忆力、语言表达能力等。同时，早期教育还涉及心灵教育和品格培养。

### 二、早期教育的重要性

科学家对人脑进行的研究证明：人出生时脑细胞的数量同成人已经基本相同，但结构上相差很大，出生后的第一年是脑细胞结构性变化最迅速的时期。人在出生后的2～3年脑发育最快，出生时脑重350～400克，是成人脑重的25%；6个月时脑重为出生时的2倍，占成人脑重的50%；2岁时脑重为出生时3倍，约占成人脑重的75%；3岁时接近成人脑重，以后发育速度减慢。

婴儿脑细胞重量增加是由突触数量的增加、轴突髓鞘化（传出信息的部分）、脑部血管增加等结构性变化和脑细胞体积增大两种因素影响而成的，它同2岁以后主要是脑细胞体积增大有着质的区别。由于脑发育的时间限制性，1岁前增长最快，2岁后基本不会再有树突数量增加，3岁脑的结构性变化基本结束，因此0～3岁是脑发育的关键期，婴儿期则是重中之重。在这个阶段，人的大脑迅速发展，形成今后智力、情感、运动、社会交往等各方面能力发展的基础，这足以表明婴幼儿早期教育的重要性。如图1-1、图1-2所示。

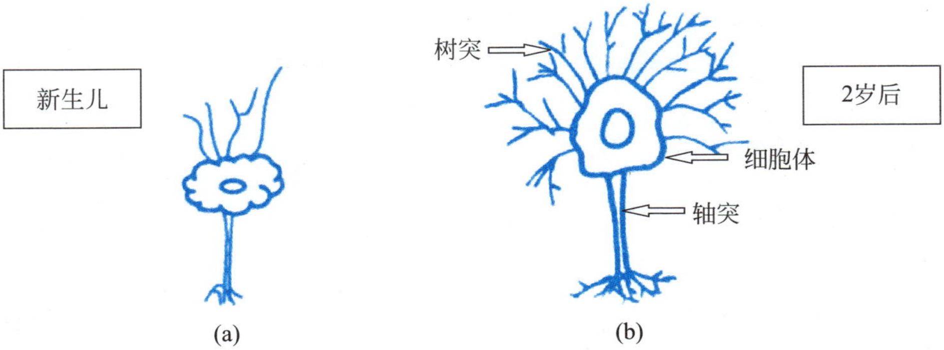


图1-1　脑细胞结构发育图

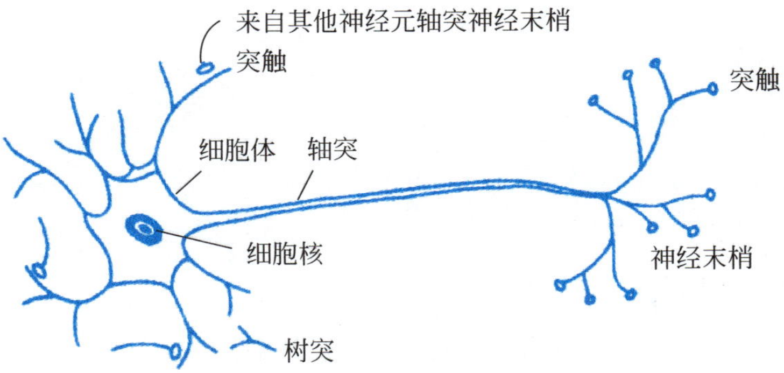


图1-2　脑细胞示意

早期教育不但能激发婴幼儿早期的智力潜能，还能够促进婴幼儿身心健康的全方位发展。具体来说，早期教育的重要性体现在图1-3所示的几个方面。

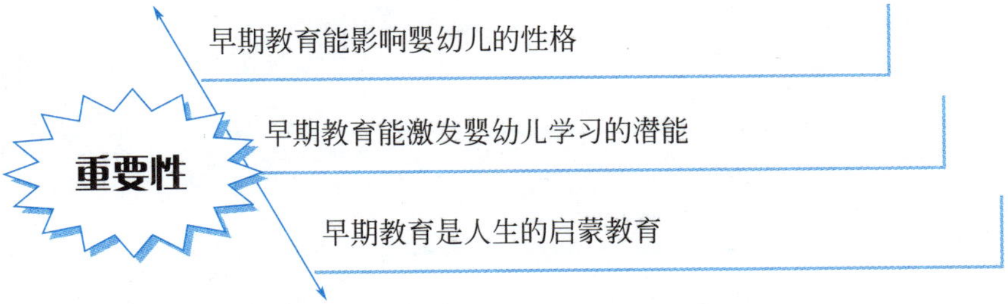


图1-3　早期教育的重要性

### 1. 早期教育能影响婴幼儿的性格

0～3岁是孩子"心理生命"的成长期，也是"潜意识板块"形成期。人的潜意识形成以后从根本上影响人的一生，在今后的一生中都难以完全抹掉。早期教育就是为了使婴幼儿生理上强壮、发达，心理上聪慧、卓越，早期教育要把婴幼儿性格培养放在首位。

### 2. 早期教育能激发婴幼儿学习的潜能

婴幼儿期是人的心理发展和学习的关键期。年龄越小，发展越快，在3岁以下，特别是1岁以下，婴幼儿的智能发展日新月异，此时最易获得知识和行为经验，也是学习的关键期。所以，早期教育的每一天都非常重要。0～3岁孩子的学习是“印刻模式”，一般外界给什么就能接受什么，给多少就能吸收多少。因此，科学、系统、全面的教育能够最大限度地激发婴幼儿的潜能，省时省力，事半而功倍。人的大脑早期经历很重要，人在此期间学习比其他时间学习要容易，效率要高。

**小提示：**

研究表明，早期教育多姿多彩的活动和教育方式，不仅不会阻碍大脑的发育成长，还会刺激加快智力发展速度。

### 3. 早期教育是人生的启蒙教育

0～3岁是儿童大脑发育的增速时期，如果这时能够丰富儿童的生活，针对儿童的年龄特点给予正确的教育，就能加速婴幼儿智力的发展，为其良好的行为习惯和个性品质的形成奠定基础。具体来说，早期教育会对孩子形成如图1-4所示的影响。

| | |
|---|---|
| 影响一 | 接受过早期教育的婴幼儿脑子灵活，左右两半球均获得较好开发，想象力丰富，思维敏捷，脑功能比较发达健全 |
| 影响二 | 接受过早期教育的孩子有较健美的身躯，喜爱玩耍和运动，有良好的生活表现和卫生习惯 |
| 影响三 | 接受过早期教育的孩子有广泛的智力兴趣，喜欢观察、爱提问、善表达、勤于思考和操作、有旺盛的求知欲 |
| 影响四 | 接受过早期教育的婴幼儿有良好的性格品质，包括上进心、自信心、勇气、自理能力，且爱劳动、善交往、关心人、富有同情心 |
| 影响五 | 接受过早期教育的孩子喜爱美好事物，包括爱音乐舞蹈、爱美术造型，热爱大自然和生活中的美好事物等 |

图1-4　早期教育对孩子的影响

## 相关链接：

### 早教是如何促进婴儿脑发育的

全脑教育是应用斯佩里提出的“左右脑分工”理论发展起来的一种教育理念。如下图所示。

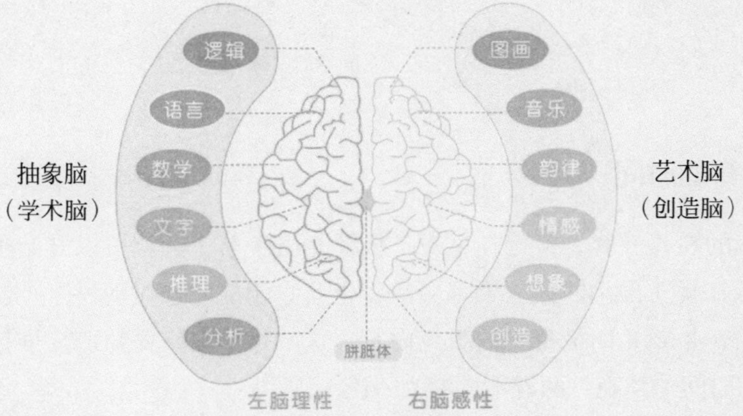


左右脑功能图

早教的理念也是脑科学在教育领域里的应用，因此全面促进婴幼儿的脑发育是早教中始终应贯彻的核心内容。具体来说，可以通过以下方法来完成婴幼儿脑的全面、充分发展。

（1）通过丰富的教育内容促进大脑的所有中枢得到开发。例如，双语教育促进尾状核（大脑的组成部分，语言转换中枢）的充分发育，促进全脑开发。

（2）通过动作发展使下中枢（大脑外的其他脑）也得到发展。如训练前庭的功能促进小脑（感觉人体平衡）发育。

（3）由于椎体交叉，人的左脑支配右侧肢体，右脑支配左侧肢体，因此在动作发展的过程中让婴幼儿两侧肢体同时使用，达到左右脑全面发展。

（4）当婴儿的脑发育进入高级心理活动后（其标志为认生），一切动作和行为，很少是一侧大脑完成的，它都是左右大脑以及其他脑（小脑、中脑等）协调配合的结果，左右脑的配合需要通过胼胝体的连接。如，让孩子认识一张苹果的图片，当训练者拿出图片后会问孩子：“这是什么？”孩子说：“这是苹果。”按照斯佩里左右脑分工的学说，看图片是右脑的功能，说出图片就是左脑的语言功能，那么完成这么一个简单的过程就需要左右脑和胼胝体的共同工作，更复杂的行为那就更需要脑之间的协调配合了。我们知道人体器官的发育同需要有关，脑是人的重要器官，因此你给它提供全面的需要，它就全面发展了，提供复杂的需要就发展得充分了。在早教中让孩子全面学会各种复杂的内容（当然要符合循序渐进的教育原则），那么孩子的脑（包括胼胝体）就会在脑发育关键期得到全面而充分的开发。

## 三、早期教育的时间

正常家庭的婴儿教育，不存在早晚，从婴儿出生第一天就可以开始了。比如，正常家庭的母亲在婴儿出生的第一天都会在新生儿吃奶的时候对他讲："宝宝吃奶了！"这是语言，语言是婴儿期最重要的教育内容，这就是早教。要知道，早教只有方法的不同，不存在时间的早晚，两者不要混为一谈。

也许会有家长说："婴儿什么也不会，甚至听也听不懂，教育等孩子大一点再说。"针对这种说法，美国心理学家丹尼士在1940年做了一个残酷且有违人道的实验。

他到孤儿院里寻找了一批正常的新生儿，把他们放在一间房子里，给予良好的"喂养和护理"，合理的营养，日常的清洁卫生，准时的作息制度和优秀的医疗条件，总之生活护理上一切到位。但是护理这些婴儿的工作人员不同婴儿进行语言交流，不让婴儿同外界接触。这个实验进行了三年，人们知道丹尼士在进行这个有违人道的实验，就提出抗议并要起诉他，丹尼士不得已在孩子们三岁时结束了这个实验。但是这批婴儿的成长结果是终身痴呆。可见，关键期的环境缺失对婴幼儿成长造成的伤害是不可逆转的。

很多人没有认识到家庭环境就是对孩子的一个教育环境，这个环境的好坏对孩子今后的人生发展起到了决定性的作用。实际上，现在世界上每一个正常的人都是从出生第一天开始就接受了早教，早教不存在早晚，只有方法的正确与否。

## 四、早期教育的原则

0 ～ 3 岁是大脑生长发育最快的时期，也是最佳的教育时机。但是，教育也要讲究原则与方法，早期教育的原则如图 1-5 所示。

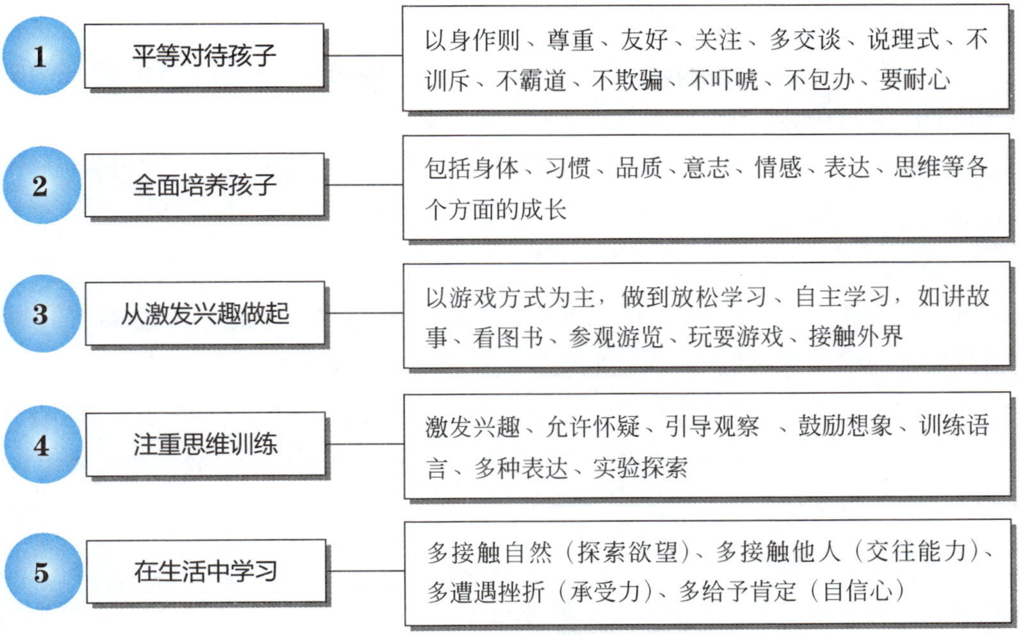


图 1–5　早期教育的原则

比如，让孩子在和谐氛围中独立自主地进食，用音乐开启听力，用色彩培养观察力，用游戏培养注意力，用鲜活物品教会形容词，用准确完整的词语教语言，用游戏方式训练孩子；在孩提时代发展孩子的想象力，使其主动学习、独立思考和解决问题；摇篮时期开始培养孩子品德，给予正确认识及追求幸福的信心和能力，不包办孩子可以自己做的一切事，适当多鼓励孩子，真正了解孩子。

## 五、早期教育的特点

早期教育具有图 1-6 所示的特点。

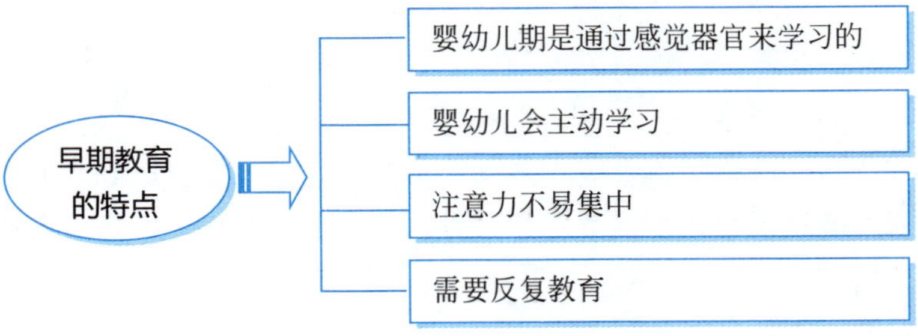


图 1–6　早期教育的特点

### 1. 婴幼儿期是通过感觉器官来学习的

0～3岁的婴幼儿没有抽象和逻辑思维的能力，他们是通过感官学习认识世界的万事万物的。他们利用感官和肢体进行学习、探索事物。家长和早教师在养育婴幼儿时，应尽量让婴幼儿自己去多看、多摸、多听、多动手，不要过多代替，过分保护，不要刻意干涉。婴幼儿的教育应做到自然化、生活化、游戏化。

### 2. 婴幼儿会主动学习

婴幼儿用眼、耳主动地看和听别人说话，接受各种复杂的刺激，通过多次的接触，逐渐学会了分辨。婴幼儿从大人的腔调、表情和动作中来了解语言，并尝试和练习说话的技巧，这些完全是在无意识中进行的。婴幼儿在接触环境的过程中主动进行学习，发展自己的智能，所以家长和早教师都需要注意自己的言谈举止。要知道，婴幼儿会不分好坏地全部吸收。

### 3. 注意力不易集中

由于婴幼儿大脑发育不成熟，所以注意力是专注而短暂的，做事时常左顾右盼，看书、看图片也是一晃而过，接受信息在瞬间完成。

### 4. 需要反复教育

婴幼儿潜在意识的学习是通过大量看书、画画来完成的，如阅读、听歌曲等活动都要有规律地进行，要逐步培养婴幼儿的良好习惯。如果每天在同一时间做同一件事情，反复训练会帮助婴幼儿建立良好的神经通路，大脑会配合这种规律进行自动调适，婴幼儿也会把不间断的学习作为一种乐趣。

**相关链接：**

#### 早期教育的误区

**误区1：把婴幼儿当成病人**

现在的孩子都很“娇贵”，从一出生就是全家的“重点保护对象”。调查中发现，有80%以上的家庭认为婴幼儿是脆弱的小生命，要照顾得无微不至。其实，婴幼儿不是病人，从他们还是胎儿的时候就有了各种能力，他们一出生则有多种潜能，他们有着惊人的适应能力。孩子的抵抗力也不像家长们想象中那么差，他们展示自己能力的欲望非常强。婴幼儿对环境的要求不是单一的，除了照顾以外，他们需要运动、交流，甚至是“冒险”，以挖掘自己身体里的潜能。如果只是把他们当成“病人”一样地照顾，他们的潜能很可能就一个一个地消失了。

**误区2：把教育当成知识的灌输**

专家调查显示：有90%以上的家庭把教育与学习相提并论。家长们认为，学习的成绩就是教育的效果。于是，孩子们在几个月就开始认字，一岁以内开始学外语，有85%以上孩子参加各种培训班，而不论上什么培训班，目的就是“多认字，会算数”。

其实教育和学习是有区别的，教育注重能力的培养，不单是成绩的取得。教育包括的内容很多，健康的心理、愉快的情绪、合作的精神、思维的方式、动手的能力、语言的表达等，这些都不是能用成绩来衡量的。教育是要让婴幼儿养成良好的习惯，而不是逼迫孩子掌握一项专门技能。现在，有关早期教育的书籍层出不穷，许多家长为了孩子的“未来”，往往采取各种方式对孩子进行提前教育。但是，有些父母只花重金在智育方面，却忽略了如性格、情感、能力等方面的教育，其实发展不全面更影响孩子智力的发展。早期教育应让婴幼儿身心都得到全面的发展，有解决问题的能力。在现在竞争激烈的社会，孩子独立、不依赖父母，这样才会对孩子有所帮助。

**误区3：拔苗助长，过分塑造“天才儿童”**

部分父母由于“望子成龙”心切，反对孩子参加各种游戏活动，只关注孩子的学习。这样就有了家长要求婴幼儿去学这学那，不顾婴幼儿的兴趣，也不管婴幼儿是否愿意。其实游戏对婴幼儿来说，才是最有效的教育方法。

**误区4：过度地约束孩子**

泥沙脏，不许玩；剪刀锐利，不许碰；小虫子脏，不许摸等。约束、干涉使得孩子智力发展被禁锢了，探索世界的主动性被削弱了，孩子的个性也被束缚了，这样反而可能培养出性格暴躁或性格软弱的孩子。

**误区5：轻品德教育，重知识**

道德品质的培养包括知、情、意、行四个方面。然而，在当前的婴幼儿品德教育中，过于注重知识的教育而忽视行为的养成。一方面，家长、老师教给孩子们许多道德品质方面的知识，孩子们也能绘声绘色地讲解许多包含行为规范、为人处世道理的故事；而另一方面，孩子们在行为中则多表现出任性、自私、争抢、不懂礼貌、不分是非等不良习惯。究其原因主要是在品德教育过程中只讲知识，忽视操行，以知识代替行为养成。

**误区6：智力开发超前化**

婴幼儿时期是个体发展的关键时期，就人的智力而言，在这一时期更具发展的可能性。把握时机，开发婴幼儿智力，应是早期教育的重要任务。但是，婴幼儿智力的开发必须与婴幼儿生理、心理的发展相称。晚则失去良机；过早，特别是超出婴幼儿接受能力的“超前教育”，则会事与愿违。在现实中，家长、幼儿园早教师在对孩子的教育过程中，往往出现教育过于超前的现象，结果导致了婴幼儿对学习缺乏兴趣、情绪消沉、逆反心理较强，甚至产生对学习的恐惧心理。

**误区7：素质培养盲目化**

许多家长认为，素质教育就是让孩子什么都学、什么都会，所以不惜精力、财力送孩子上各种培训班。他们在选班的时候，往往又很少考虑孩子的兴趣、发展可能及趋向，甚至不注意孩子生理、心理的承受能力，使孩子学习负担过重，学习兴趣缺失。

**误区8：教育目的功利化**

有的家长对子女的教育，往往出于自我梦想的延续、同事间攀比、孩子的出路等目的，带有明显的功利化色彩。而部分幼儿园则为了声誉做表面文章，强调在幼儿园里什么都可以学到。由于这些目的、利益的驱使，家长与老师在对孩子教育上可能采取错误的方法，一味地使用监督、惩罚或金钱物质刺激等，长此以往，孩子们反把学习当成了任务，当成了逃避惩罚、获得利益的手段，从而形成了对学习的错误认识。

**误区9：孩子太小，教育是以后的事**

许多人特别是老人认为刚生下来的婴儿什么也不懂，教育为时过早，这是缺乏早期教育意识。其实孩子一出生，就有了最初的认知能力，0～3岁是许多能力发展的关键期，如果这个时候不给予适当的刺激，不提供良好的环境，孩子的智力将得不到充分有效的发展。美国心理学家布鲁姆认为，如果以一个人17岁时的智力水平为100，那么他4岁时智力水平已达到50，在4～8岁可以提高30，在8～17岁之间只能提高20了。可见，婴幼儿期是智力发展的高速阶段。而没有早期教育意识的父母，由于不懂得挖掘孩子的大脑潜能，将可能错过孩子的智力开发黄金期，实在是对孩子大脑资源的浪费。

## 六、早期教育的内容和形式

早期教育一般指0～3岁孩子的教育，它包含了婴儿和幼儿两个内容和形式上完全不同的教育阶段。儿科学对于婴幼儿的划分是按照年龄进行的，即1岁以前（0～12个月）称为婴儿，1～3岁（13～36个月）称为幼儿。但是，由于孩子的个体差异大得很，有的孩子11个月已经能走、跑、跳，能进行简单的语言交流；而有的孩子20个月还不会走，甚至不会爬行，不能叫爸爸、妈妈，这时我们不能简单认为11个月的孩子是婴儿，20个月的孩子是幼儿。在这种情况下，如果让这个11个月的孩子再去学习爬行，教他叫爸爸、妈妈，让那个20个月的孩子学习跑、跳，进行人际交流，显然11个月的孩子不愿意，20个月的孩子做不了。

因此，本书中我们按照能力来划分婴幼儿。将能够直立行走、进行语言交流、进行初级人际交往的孩子称为幼儿；将不能直立行走，不能进行简单的语言交流，没有独立进行初级人际交往能力的孩子称为婴儿。

根据以上的划分，那么婴儿的早期教育任务，就是培养他们具备直立行走、简单的语言、进行初级人际交往的能力，发展第二信号系统和精细动作、各种感觉器官的协调配合的能力，养育一个优秀的婴儿，为他们未来的发展奠定良好的基础；幼儿教育的任务则是创造条件让他们充分发挥和提高婴儿期具备的能力。

**小提示：**

对婴儿的教育显然不能像幼儿园、小学那样采取课堂教学形式，老师通过语言让孩子学会知识、掌握技能，而是通过游戏和日常生活让婴儿学会语言。婴儿教育要老师做的事就是教会家长怎么陪着孩子玩，通过动作发展使婴儿成为一个心理、智力、品德良好的健康幼儿。

**相关链接：**

### 早教如何做到顺其自然

科学的、系统的、全面的早教是围绕着动作发展进行的，那就必然同传统的宠物式喂养和教育不同，要做一些大多婴儿家庭中没有进行的动作，于是一些守旧的人就会指责这种做法是拔苗助长而不是顺其自然的行为。这里将举例说明怎么做才是“顺其自然”。

**1. 自然提高婴儿免疫力**

新生儿自主的免疫能力很弱，因此需要5～6个月的免疫保护期，保证婴儿在这段时间内的健康。这5～6个月是让婴儿建立起自主免疫力的，那么免疫保护期以后婴儿越来越健康，这就是顺其自然。

免疫力的提高需要营养、生活管理（清洁卫生、冷暖、睡眠、安全等）、情绪、运动（婴儿健身的关键动作——爬行）这4个方面缺一不可。但是大多数家庭对前3项很重视，往往忽视运动，因此大部分婴儿在免疫保护期过后会不可避免地生病，结果造成靠打针、吃药来缓解和解除病情。可见，提高婴儿自主的免疫力才是积极的。

**2. 自然解决孩子“吃手”**

婴儿都喜欢“吃手”，或拿到东西直接往嘴巴里塞，这是他们在训练舌头和口腔的精细动作，是语言发展的需要。但是成人往往认为这样不卫生、不安全，所以就要阻止婴儿的这种行为，用安抚奶嘴来解决婴儿“吃手”的问题，结果可能造成婴儿的语言发展迟缓、生理要求被压抑、心理发育受到影响。可见，解决好婴儿卫生、安全的“吃手”才是顺其自然的。

**3. 自然让孩子运动**

在所有的感觉器官中，前庭是感觉人体运动和空间方位的重要器官，是发育和功能完成最早的器官（胎儿5个月），而运动中枢是所有中枢中发育和功能完成最早的。这就说明婴儿是具备运动基础的，而且是需要运动的。但是，大多家庭婴儿是吃了睡、醒了抱，这样做就是把婴儿养成了一个“宠物”，当然不是自然的。这种情况下，婴儿吐奶成了必然问题，顺其自然的做法是每天要让婴儿充分运动（广义的），这样吐奶现象就会很少出现。

**4. 自然解决孩子认生**

认生一般出现在婴儿4～12个月大的时候，这是进入高级心理活动发展的标志。但是不少家庭看到宝宝哭，就尽量不让他们接触生人，结果使他们高级心理活动发展迟缓，甚至形成自闭症状。

**5. 帮助孩子学会爬行**

爬行是婴儿高级心理活动发展的关键动作，但是大多数家庭却不知道，认为婴儿自然就会了，结果白白浪费了婴儿几个月甚至半年以上的脑发育黄金时期。因此，婴儿感觉统合失调成为比较普遍的现象，但这种现象肯定不符合顺其自然的原则，经过系统训练的婴儿爬行可以提早约3个月。

**6. 自然解决孩子的哭**

一听哭声不管三七二十一就哄，造成的结果就是孩子以后可能无理取闹。顺其自然的做法是努力听懂孩子的哭声并解决他的生理和心理需要，孩子的哭声就会越来越少，成长为一个懂道理的孩子。

# 第二节 早教师角色认知

作为一种专业教育，早期教育涉及婴幼儿生理学、心理学、教育学、营养学、脑科学，还涉及女性心理学、思维科学、行学科学、学习科学、家庭教育学等学科，这不是普通家长所能了解和掌握的。因此，早教师专业性相当强。

## 一、早教师的职业定义

早教是早期教育的简称。

早教师，也可称为早期教育指导师，是从事0～3岁婴幼儿保育、教育、养育的咨询、指导、顾问、教学等相关工作的职业；与幼师不同，早教师不仅是教育孩子，更主要的是教育家长，尤其是母亲。

## 二、早教师的工作内容

婴幼儿早期教育主要包括动作技能、语言表达能力、认知能力、社会行为和情感、人格发展、艺术感受能力等几个方面。各个领域应均衡发展，如果特别关注或忽视某一个领域，都不利于婴幼儿的健康成长。

### 1. 动作技能

动作技能是婴幼儿机体生长发育的重要标志，也是生存和发展不可缺少的基本能力，婴幼儿有强烈的运动欲望。

（1）身体动作为主的活动能够带动肌肉运动，促进新陈代谢和各个器官的正常发育，神经系统也会传递各个感官所接收的信息，有利于增强婴幼儿体质，提高健康水平。

（2）手眼协调的动作是0～3岁婴幼儿发现问题和解决问题的主要方式，也是开发智力、促进心理发展的有效手段。

运动为主的教育活动可以使婴幼儿有多种角色选择的机会，接触更多的人际关系，有利于婴幼儿的身心发展。因此，早教师要根据婴幼儿的身心特点、健康水平，季节和设备条件，有针对性地科学安排活动的内容、强度和密度，特别要注意循序渐进、区别对待、动静兼顾，还要注意安全。

### 2. 语言表达能力

语言是一种社会现象，是传递和表达情感的工具。婴幼儿学习语言是在社会环境中，通过学习和运用语言的过程进行的。

早期教育阶段应经常给婴幼儿提供语言刺激，鼓励婴幼儿在日常生活中运用语言。同时开展一些如听音乐、讲故事、念儿歌、唱歌、看图说话等能够促进婴幼儿语言能力的学习活动，让婴幼儿在不知不觉中学习新的词汇，并能够在生活情景中学会运用。

早教师应指导家长要坚持用正确的口语与婴幼儿进行面对面的交谈，形成互动关系。这种亲子交谈活动不仅可以发展婴幼儿的表达能力，还可以使家长与子女沟通，发展亲子关系，有利于婴幼儿的健康成长。

### 3. 认知能力

婴幼儿时期的认知能力是所有能力、情感、行为习惯发展的基础，是今后学习求知的基础。从出生时开始，婴幼儿就有探索周围世界的强烈动机，并且有自身的发展规律。

比如，在玩玩具的过程中，婴幼儿不仅要了解玩具本身的特征（颜色、形状、大小、质地等），还要获得操作玩具的技巧。

早教师在发展婴幼儿认知能力的过程中，要保护其好奇心，培养其主动学习的兴趣和习惯，鼓励他们自己发现、自由探索、自行解决问题。

### 4. 社会行为和情感

社会行为和情感的培养主要是引导婴幼儿在群体中与别人相处，培养婴幼儿健康、稳定的情绪。3岁之前是社会行为和个人情感培养的最佳时期。良好的教育能够帮助婴幼儿建立自我意识，获得各种生活的技巧；能够培养婴幼儿的社交能力，建立良好的人际关系；能够发展婴幼儿的健康情绪，鼓励婴幼儿主动探索事物；还能够孕育婴幼儿的道德情操和对美的感知。

0～3岁阶段婴幼儿情绪不稳，也不能完全理解别人的意图，处理与同伴关系的能力较差。随着语言理解力的提高，社会经验的积累，就会表现得比较“成熟”和“老练”。这时早教师应该理解婴幼儿的情绪变化，尽量让他们在愉快的情绪中获得更多的体验，培养积极、乐观、向上的态度。

### 5. 人格发展

人格是指一个人在生活中，对待别人、对待自己、对待事物，以及对待整个环境所表现出来的独特个性。人格发展包括图1-7所示四方面内容，人格发展应该成为现代早期教育中不可缺少的重要内容。

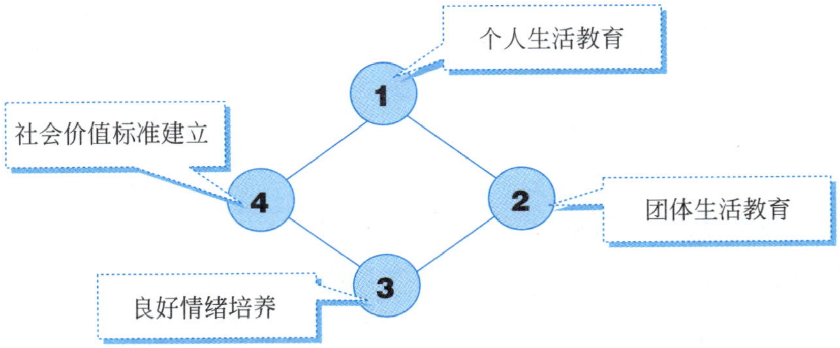


图1–7　人格发展所包括的内容

0～3岁婴幼儿是人格发展的最佳时期。大脑的重量已经从出生时的约350克发展为1000克左右；功能上已经具备了感觉、知觉和认知发展的基础。因此，早教师应把培养婴幼儿的自主、爱心、信任、乐观向上、尊重和宽容等作为教育的重点。

### 6. 艺术感受能力

婴幼儿的认知具有直觉行动性、具体形象性的特点，情绪情感具有易感性、易转移的特点。艺术的存在非常符合婴幼儿的认知特点和情绪情感特点，如倾听优美的旋律，注视鲜艳的色彩和图像等。

1岁以后，应进一步发展婴幼儿对唱歌、表演、绘画、泥塑、看图画书、看电影电视的广泛兴趣，以及对色彩、线条、节奏、旋律的敏感性。这些活动可以激发婴幼儿初始的想象力，使其获得自由表现的愉快体验。早教师要为婴幼儿创造一些富有艺术氛围的环境，培养婴幼儿对艺术的关注和兴趣。

## 三、早教师的工作职责

由于早教师的工作场所不一样，其职务内容也有所区别。

### 1. 任职于专业机构

任职于专业机构如早教机构或幼儿园的早教师，其工作职责通常如下。

（1）负责婴幼儿的教学及辅导。

（2）准备教案。

（3）教室及教具的维护和管理。

（4）婴幼儿发育情况测评。

（5）与家长就婴幼儿的早教情况进行沟通，指导家长有关早教的一些方法。

（6）积极完成领导交代的其他日常工作等。

### 2. 上门开展一对一的个性化家庭早教服务

若是上门开展一对一的个性化早教服务，则工作地点通常是客户的家里。其主要任务如下。

（1）对婴幼儿的发育情况进行测评。

（2）根据测评情况制订个性化教学计划。

（3）按计划对婴幼儿开展早期教育。

（4）与家长就早期教育情况进行沟通。

（5）协助家长进行婴幼儿日常生活照料、日常保健。

# 第三节

# 早教师的素质要求

早期教育的核心在于提供一个教育“营养”丰富的环境，对婴幼儿的大脑发育和人格养成进行“激活”，从而为其日后的发展打下坚实的基础。早教师作为该项工作的执行者，除了要懂得教育婴幼儿，更要懂得为其父母和养育者提供帮助，营造合作共同发展的关系。因此，早教师必须具备系统的知识结构和全面的职业素质。

## 一、具有事业心

事业心是早教师从事教育教学工作的根本动力，也是个体对自己所从事事业的热爱和努力。早教师的事业心表现在图1-8所示的两个方面。

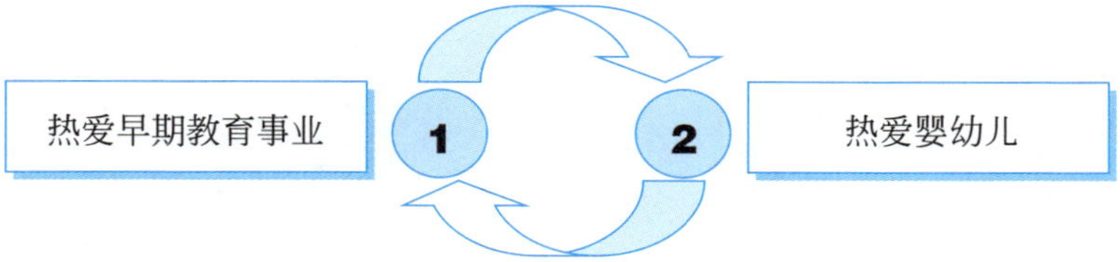


图1–8　早教师具有事业心的表现

### 1. 热爱早期教育事业

对事业的爱建立在对事业认识的基础上。人才的成长是一个连续教育、培养的过程，在这个过程中，婴幼儿早期教育是不可缺少的重要阶段，它是为培养合格人才打基础的。婴幼儿早期教育质量的提高，往小的方面讲有助于婴幼儿身心全面的发展，从大的方面讲则关系到国家的兴旺、民族素质的提高。有了这种认识，早教师才会产生高度的责任感，才会增强对早期教育事业的情感，对工作才会倾注满腔的爱和热情，任劳任怨，不计较个人得失，在任何情况下，竭尽全力把工作做好。如果早教师对早期教育事业不热爱，就会把婴幼儿早期教育工作单纯看作是谋生的手段，在工作中处处被动，时常感到苦不堪言，一有机会就想改行，这样是胜任不了婴幼儿早期教育工作的。

### 2. 热爱婴幼儿

早教师对婴幼儿的关心和爱护是婴幼儿身心健康发展的重要条件。成人的爱抚，能使婴幼儿得到情感上的满足，产生积极的情绪体验，增强自信心、安全感。爱也是做好教育工作的前提条件之一。苏联教育家苏霍姆林斯基说过："学习并不是把知识从教师的头脑里移注到学生的头脑里，而首先是教师跟学生之间的活生生的人的相互关系。"早教师和婴幼儿之间的良好关系，可以使婴幼儿乐意接受教育。婴幼儿喜欢什么样子的老师？用小孩子的话说就是小朋友哭了马上给他擦眼泪的，经常给小朋友系鞋带的，不厉害的，不发脾气的，不打人的，不把小孩拉出来批评的等。一句话，爱孩子的老师是受小朋友欢迎和喜爱的。

早教师对婴幼儿的爱是一种理智的爱，俗称教育爱，这就意味着早教师要爱婴幼儿，对待婴幼儿温和、宽容、不偏爱，保护婴幼儿的合法权益，尊重婴幼儿的人格，做婴幼儿的老师，也做婴幼儿的朋友。

## 二、具有健康的身心素质

健康的身体是做好婴幼儿早期教育工作的重要保证。早教师要教育和照看一群天真活泼的婴幼儿，需要有良好的身体素质。身体健康的早教师，精力充沛，工作效率高，能与婴幼儿一起活动，给婴幼儿带来自信和欢乐；如果早教师体质差，精神状态欠佳，则早教的气氛压抑沉闷，影响婴幼儿心理健康。

早教师的心理素质影响婴幼儿的个性品质形成。心理素质较差的，如情绪欠稳定、主观武断、易冲动的早教师，其工作方式可能是专制型的，凡事都要求婴幼儿按自己所说的做，所指导的婴幼儿可能遵守纪律、听话，但胆小、缺乏自信，依赖性强；又如缺乏独立性、自信心的早教师，其工作方式通常是放任型的，对婴幼儿态度好，但胆子小，做事优柔寡断，所指导的婴幼儿可能大多能力强、有主见，但纪律性差，缺乏自制力。具有优秀心理素质的早教师，其工作方式倾向于民主型，心胸开朗、思维敏捷、情绪稳定、善于自制，对婴幼儿充满热情，工作主动，处事机智灵活，所指导的孩子大多遵守纪律，有礼貌，与人亲近，能友好相处。

早教师必须加强身心修养，在婴幼儿面前，展现出自身的人格魅力，以获得婴幼儿的信赖和喜爱。

## 三、具有较为扎实的教育和文化科学知识

早教师在就职前，必须了解和掌握婴幼儿早期教育的基础知识，了解婴幼儿早期教育的发展动向和最新研究成果。学习这些知识将有助于早教师掌握婴幼儿早期教育规律，提高工作的目的性、计划性和工作效率，也有助于早教师树立正确的教育观念。实际上，每个早教师都是按照自己对婴幼儿的发展与教育的观点来组织教育、教学的。早教师的教育观念决定了他在教育过程中确立什么样的教育目标、教育内容和教育策略，对婴幼儿采取什么样的态度。可以说，有什么样的教育观念就会产生什么样的教

育行为，它影响教育的效果和婴幼儿发展方向。

**小提示：**

早教师只有不断学习婴幼儿早期教育知识，关注教育形势的变化，研究教育实践，才能使自己的教育观念不断更新。

长期以来，社会上有一些误解，认为早教师所教知识浅薄，没有很高的学术性，谈不上专业性，似乎谁都可以当早教师。其实这种看法是片面的。早教师是具有双专业性的职业，即不仅要具备早期教育的专业知识和技能，解决“教什么”的问题，同时还要具备传递知识技能的技巧，解决“如何教”的问题。早教师同医生一样，必须经过严格的、持续不断的专业训练，能“诊断”“分析”“开处方”，成为教育方面的“临床专家”。

与一般教师职业不同的是，早教师不是某一学科的教师，而是担负着婴幼儿的全面教育工作。早教师对婴幼儿的教育内容涉及身体、自然、社会、语言、艺术、健康等各个领域，需要有比较广阔的多学科知识和教育艺术，才能满足婴幼儿发展的需要，才能胜任婴幼儿早期教育的工作。

## 四、具有了解和观察婴幼儿的能力

对婴幼儿施教是一门科学，只有了解婴幼儿，才能教好婴幼儿。而观察是了解婴幼儿最重要的途径之一，由于婴幼儿自身控制能力差，情绪易外露，其内心活动、身体状况常通过表情、动作或简短语言表现出来。婴幼儿的一个小动作、瞬间的活动，往往反映其真实的内心活动。如，婴幼儿很重视早教师对自己的评价，并在行动中不经意地表现出来，犯了错误，常常不自觉地望老师一眼。早教师如果能理解其外在行为所传递的内部信息，敏感地觉察出婴幼儿最迫切的需要，并根据该婴幼儿的行为做出及时的、有利于婴幼儿发展的恰当反应，那么早教师就赢得了教育的主动权。

早教师需要具有观察的能力。早教师观察的能力表现在随机观察和有计划观察中，如图1-9所示。

**随机观察**

早教师应尽可能准确而又客观地察看婴幼儿，要不断提高观察的敏锐度，尽快地捕捉到婴幼儿最细微的动作，探知到婴幼儿最细微的需要，了解婴幼儿某个行为的意义，并做出及时反馈

**有计划观察**

早教师可先拟定观察项目，列出观察要点，选出有代表性的场景，进行观察并详尽地做好记录。观察一段时间后，要仔细地思考分析这些记录材料，综合归纳出每个婴幼儿的优点和缺点，为婴幼儿设计出个性化的早教方案

图 1–9　早教师应具有观察能力

## 五、具有组织管理早教现场指导活动的能力

组织管理早教现场指导活动中，早教师肩负着重大职责。从教育内容看，有身体、语言、社会行为、认知、智力发展等方面；从工作任务看，有保育和教育两方面；从组织形式看，有集体指导、一对一教学等。早教师要将这些内容和活动形式，合理计划，科学安排，并做出最佳方案，确保早教现场指导活动的有效进行，不是一件容易的事，这需要早教师具有很强的组织管理能力，具体如图 1-10 所示。

| | |
|---|---|
| 能力一 | 制订早教现场工作计划的能力 |
| 能力二 | 创设与婴幼儿发展相适宜的环境的能力 |
| 能力三 | 按照婴幼儿的发展水平，进行分组及灵活地指导各小组同时进行活动的能力 |
| 能力四 | 组织开展各类教育活动并进行评价的能力等 |

图 1–10　早教师的组织管理能力

## 六、具有沟通能力

沟通是人与人之间通过信息交流，彼此相互理解，彼此接纳对方观点、行为，彼

此协调，达到默契的过程。沟通的方式主要有言语沟通、非言语沟通等。早教师与婴幼儿、家长之间的沟通能力是早教师需要具备的基本功。

### 1. 早教师与婴幼儿的沟通

早教师与婴幼儿沟通的方式有言语的和非言语的两种。

（1）言语沟通。早教师与婴幼儿的言语沟通，通常是围绕一个活动开展的。早教师应注意谈话的策略，观察并发现婴幼儿感兴趣的话题，将婴幼儿引入交谈主题之中，运用简洁有趣的提问，保持婴幼儿交谈的兴趣。婴幼儿说话时，早教师要表现出极大的热情和耐心，注意倾听并给予鼓励。

与婴幼儿进行言语沟通时，早教师本身的语言素养非常重要。鉴于婴幼儿的知识经验和理解能力较差，早教师的口语表达应符合婴幼儿的接受水平，如说话的态度温和，使婴幼儿有一种安全感，并乐意听从；语气坚定，使婴幼儿感到早教师充满自信；表述简单明了、从容不迫，使婴幼儿容易听懂；尽量用愉快的声调并走到婴幼儿身边说话，而不是老远地大声嚷嚷，因为这样做，会使婴幼儿感到恐惧。早教师应讲究语言艺术，由于婴幼儿的思维具有直觉行动性和具体形象性，因此早教师的口语应该生动形象，并伴有动态语言。早教师始终要用积极的语言与婴幼儿谈话，告诉婴幼儿应当做什么，而不是指出他不应当做什么。

比如，说“请轻轻地搬椅子”而不说“别把椅子碰得叮咚响”，说“请把积木放在筐子里”而不说“别把积木放在地上”。

早教师的语言不仅是向婴幼儿传递信息、进行思想教育的重要手段，也是婴幼儿模仿的对象，早教师的语言应该为婴幼儿树立榜样。

（2）非言语沟通。早教师与婴幼儿的非言语沟通主要是指早教师运用微笑、点头、抚摸、拥抱、蹲下与婴幼儿交谈等方式与婴幼儿沟通。这种方式比言语更容易表达早教师对婴幼儿的尊重、关心、爱护和肯定，符合婴幼儿的心理需要。早教师的这种动态语言的运用，建立在早教师对婴幼儿的爱的基础上，早教师如果像母亲一样对孩子从内心充满爱，这种发自内心的爱的情感就会自然而然地流露出来并转化为动态语言。

### 2. 早教师与家长的沟通

早教师与家长之间互相沟通、关系和谐，是协调各种教育因素、形成教育合力的重要保证。在这一关系的建构中，早教师处于主动的一方，早教师对家长的了解和尊重是沟通的前提。早教师需要了解家长对孩子的期望，家长的个性、职业、文化水平、教育观念和方法等，在此基础上，确定自己的工作方法和策略。

（1）本着关心孩子成长的目的，确立平等信任的态度。早教师应与家长建立情感上的联系，在与家长沟通时，应发自内心地关心孩子成长，主动向家长介绍婴幼儿在园情况。针对不同个性的家长采取宽容的态度，主动邀请家长参加幼儿课程设计、实施和评估工作。仔细聆听家长的想法和意见，在教育孩子的问题上发生矛盾时，绝不互相指责，而是设身处地为家长着想，尽自己所能解决家长在教育子女方面遇到的困难，使家长感到早教师是爱孩子的。只有这样才会调动家长主动与早教师沟通的积极性，共同为孩子的进步而努力。

（2）掌握沟通的技巧。早教师在与家长沟通时，掌握沟通的技巧很重要，如与家长面对面交谈时聆听的技巧，适宜于不同家长个性的谈话技巧，向不同个性的家长汇报孩子发展情况的技巧等。

**小提示：**

只要早教师本着爱护、关心孩子的目的，注意沟通的技巧，同时利用谈话巧妙地指导家长掌握科学育儿的方法，就能够在沟通的过程中得到家长的尊重、理解与支持。

## 七、具有教育监控能力

早教师的教育监控能力是指早教师对自己组织的教育教学活动进行积极主动的自我认识、自我调节和自我反思的能力。它包括图1-11所示的四方面内容。

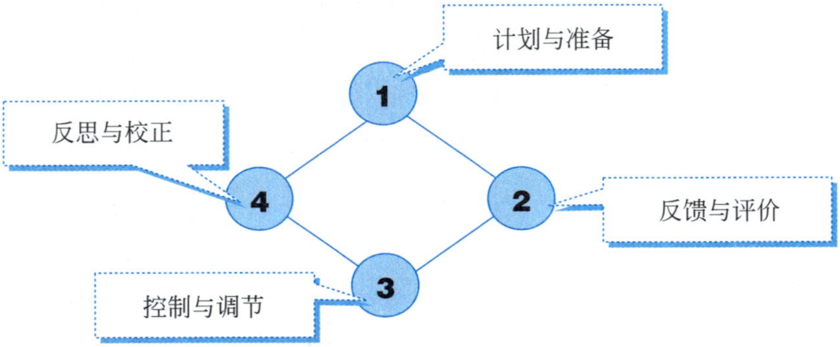


图1-11　教育监控能力所包含的内容

### 1. 计划与准备

在具体的教育活动之前，早教师应根据教育任务和材料、婴幼儿的兴趣与需要、婴幼儿的发展水平与潜能、早教师自己的教育教学能力，确定适宜的教育目标，计划各种活动，选择活动内容与实现任务的策略，安排教育活动步骤，构想出各种解决问题的可能办法，预测可能达到的效果。

### 2. 反馈与评价

教育过程中，早教师应随时掌握婴幼儿的情况，获取反馈信息，并根据教育目标，针对自己的教育过程、教育策略、教育行为、教育效果及婴幼儿发展状况做出初步的评价。

### 3. 控制与调节

在教育过程中，早教师应根据反馈信息，发现和分析存在的问题及原因，及时调节活动的各环节，对下一步活动进行调整和监控。

### 4. 反思与校正

一次或一阶段教育活动完成后，早教师本人要进行深入总结和反思，如回顾自己组织的教育活动，反省自己的活动是否适合婴幼儿的实际水平，是否能有效促进婴幼儿发展；分析哪些方面是成功的，哪些方面有待改进；反思自身教育行为的特点与不足，对所发现的问题或不足，找出其主要症结，假设一种或多种解决办法或途径，进行相应的调整并采取补救措施。

早教师教育监控能力是早教师综合素质的具体体现，早教师对自己的教育过程进行监控，是早教师运用专业知识和教育观念，审视教育实践，发现、分析、解决问题的过程。这有助于早教师明确问题是否解决，解决到了哪一步，还有什么问题需要进一步解决。在此基础上发现新的问题或提出新的假设，在不断反思教育活动的过程中，把教育实践提升到新的高度。因此，对自己的教育过程实行监控，是早教师提高自己的专业素养，改进教育实践的一种学习方式，是使早教师由单纯的教育者成长为研究型、专家型早教师的重要途径。

## 八、具有职业道德要求

早教师的职业道德，是早教师在从事教育劳动的职业生涯中，必须遵守的行为规范和准则，是调节早教师之间、师幼之间、早教师与领导、早教师与家长、早教师与社会之间各种关系的行为准则。提升早教师师德应该注重实效，应该理论联系实际，强调“反思”和“内化”，具体措施如图1-12所示。

| | |
|---|---|
| 措施一 | 考虑存在什么风险，需要从哪些方面控制风险 |
| 措施二 | 以早教师的职业规范要求来反省自己的日常行为，学会控制 |
| 措施三 | 完善自己的人格，以身作则，将“育人”与“育己”融合 |
| 措施四 | 加强早教师的责任感，建立良好的心理品质 |
| 措施五 | 用现代的教育理念来充实早教师的头脑，更新陈旧的教育观念 |

图1–12　提升早教师职业道德要求的措施

# 第二章 婴幼儿身心发展特点

**导言：**

0～3 岁是一个人身心发展的关键期，是智力发展和个性品质形成的关键期。作为早教师，更应了解和掌握婴幼儿身心发展的特点和规律，才能更好地用科学的方法去帮助和指导婴幼儿健康成长。

# 第一节 婴幼儿身心发育特点

## 一、婴幼儿的年龄划分

婴幼儿是婴儿和幼儿的统称，一般是指0～3岁的孩子。通常按年龄划分为新生儿期、婴儿期、幼儿期三个阶段。具体如图2-1所示。

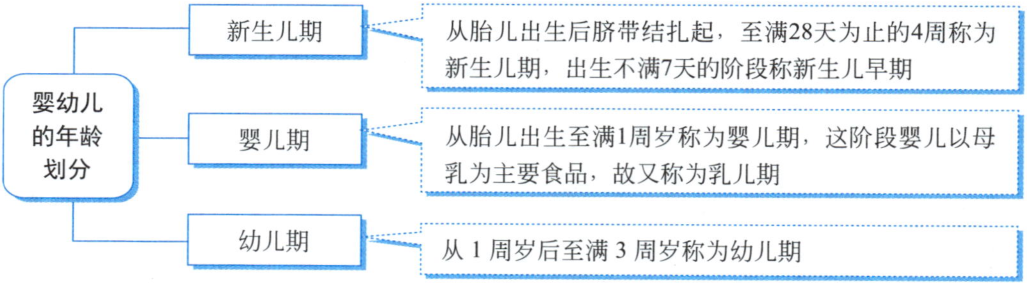


图2-1 婴幼儿的年龄划分

婴儿的每个年龄阶段都有相对稳定的、独立的特点。

比如，新生儿期主要是适应外界生活的时期，每天都会有变化；婴儿期是需要成人生活照料较多的时期；幼儿期是学会走路、说话，开始独立活动的时期。

## 二、婴幼儿生理发育特点

孩子一天天成长，身体的各个器官也开始发育成熟，其生理发育特点如下。

### 1. 0～1岁婴儿的生理发育特点

（1）体重：3个月时体重约为出生时的2倍；1周岁时，体重约为出生时的3倍。

（2）身长：1周岁时，平均增长25～26厘米，约为出生时的1.5倍。

（3）脑重：从出生时的350克左右到1周岁时的950克左右，是一生中脑发育最快的时期。

（4）视觉：满3～5周能看清距离1～1.5米的物体，满3个月能达4～7米，6个月起能注视远距离的物体，如飞鸟、月亮等；出生便有颜色感觉。

（5）听觉：出生后听到响声就有反应，4～5个月能分辨熟悉和不熟悉的声音，1周岁能和成人一样分辨声源。

小提示：

婴幼儿的听觉也是在生活条件和教育影响下不断发展的。

### 2. 1～2岁幼儿的生理发育特点

（1）体重：2岁时，12千克左右，约为出生体重的4倍。

（2）身长：2岁时约为85厘米，比1岁时增加约10厘米。

（3）前囟：一般1岁半到2岁时闭合。

（4）牙齿：乳牙共20颗，2岁时基本出齐。乳牙的生长顺序一般是先从中间的上下两颗开始长出，然后是两侧萌出。

（5）脑发育：2岁（24个月）时头围达48～49厘米，脑重为1050～1150克，约占成人脑重的75%～85%。大脑的绝大部分沟回均已明显，神经细胞约140亿个，并不再增加；脑细胞之间的联系日益复杂，后天的教育与训练刺激大脑相应区域不断增长，个体差异开始表现出来。

### 3. 2～3岁幼儿的生理发育特点

（1）体重：2～3岁增加约2000克。

（2）身长：全身增长约7～7.5厘米。

（3）牙齿：2岁半乳牙完全出齐，共20颗。

（4）脑发育：2～3岁头围增加1厘米，3岁时脑重已接近成人，小脑的发育已基本完成，能维持身体平衡和动作的准确性。脑的功能日益复杂化，觉醒状态下脑电图的个体差异变大。

小提示：

脂肪、蛋白质、维生素A、钙、糖、B族维生素、维生素E、维生素C等是促进婴幼儿大脑发育的营养素。

## 三、婴幼儿心理发育特点

总的来讲，孩子的大脑发育在0～3岁，尤其是0～1岁这个阶段是发展最快速的，并且这个阶段对孩子的精神、心理发展都非常重要，也就是说这个时期是孩子心理发展的关键期。

### 1. 感知觉能力的发展

感觉能力和知觉能力是两种不同的能力，但又密切相关。感觉反映对当前客观事物个别属性的认识过程，如物体的声、色、冷、热、软、硬等。知觉反映对当前客观事物整体特征的认识过程，它是在感觉的基础上形成的。任何一个客观事物都包含多方面的属性，单纯靠某一种感觉是不能全面把握的。

（1）感觉能力的发展。新生儿凭借完好的感觉器官最先发展起各种感觉。最早出现的是皮肤感觉（触觉、痛觉等），其后逐步表现出敏锐的嗅觉、味觉、视觉和听觉。

（2）知觉能力的发展。婴儿约6个月能够坐起来的时候，可以较好地完成眼手协调的活动。手在视野范围内完成操纵、摆弄物品的活动，这是利用知觉能力综合认识物品特性的过程。

**小提示：**

一直到3周岁左右，婴幼儿的各种知觉能力飞快发展。

### 2. 记忆能力的发展

1岁以前的婴儿记忆能力比较差，5～6个月时婴儿可以记住自己的妈妈，但保持的时间很短。在事物反复出现的情况下，婴儿可以逐步认识周围熟悉的事物，保持对事物的记忆。

1岁以后，幼儿的活动范围不断扩大，认识的事物增多，能够记住越来越多的东西。但是，这时的记忆无意性很强，主要凭借兴趣认识并记住自己喜欢的事物，记忆过程缺乏明确的目的。随着言语的发展、认识事物表象的积累及稳定性增强，开始形成主动提取眼前不存在的客体的意象。

2岁左右，幼儿可以有意识地回忆以前的事件，不过这种能力还很弱。这种能力的出现和发展与言语能力的发展密切相关。

### 3. 思维能力的发展

人的思维有几种不同的方式，它们在成人头脑中是并存的。但是，从发生、发展到成熟的顺序看，它们并不是同时发生的，大约要经历18～20年的时间。

0～1岁是婴儿思维方式的准备时期。婴儿凭借手摸、体触、口尝、鼻闻、耳听、眼看，发展起感知觉能力，并在复杂的综合知觉的基础上，产生萌芽状态的表象。正是基于这种表象，在语言的参与下，婴儿开始产生萌芽状态的思维现象。

1～3岁的幼儿主要产生的是人类的低级思维形式，即感知动作思维，又称直觉行动思维。感知动作思维是指思维过程离不开直接感知的事物和操纵事物的动作的思维方式，幼儿只有在直接摆弄具体事物的过程中才能思考问题。

### 4. 想象能力的发展

想象是对已有表象进行加工改造，建立新形象的心理过程。人类的想象活动是借助于词汇实现的，对已有表象进行的带有一定创造性的分析综合活动。

新生儿没有想象能力。1岁之前的婴儿虽然可以重现记忆中的某些事物，但还不能算是想象活动。

1～2岁的幼儿，由于个体生活经验不足，头脑中已存的表象有限，而表象的联想活动也比较差，再加上言语发展程度较低，所以只有萌芽状态的想象活动。他们能够把日常生活中某些简单的行动反映在自己的游戏中。

比如，把一块饼干放到娃娃嘴里，或者抱娃娃睡觉等。

3岁左右的幼儿，随着生活经验的不断积累和语言的发展，可以产生模仿成人社会生活情节的想象活动，进行有简单主题和角色的游戏。

比如，带上一个“听诊器”，装扮成大夫给“病人”看病；拿上一件小衣服，装扮成“妈妈”给“孩子”穿衣服等。

**小提示：**

3岁以前的幼儿想象的内容也比较简单，所产生的行为一般是他所看到的成人或其他大孩子某个简单行为的重复，属于再造想象的范围，缺乏创造性。因此，照顾者的个人素质很重要。

### 5. 注意特性的变化

注意是一种心理特性，而非独立的心理过程。通常伴随着感知觉、记忆、思维、想象等活动表现出来，如注意听、看，全神贯注地想或记等。

注意可分为无意注意和有意注意两种。无意注意是一种事先没有预定目的，也不需要意志努力的注意；有意注意是一种主动服从于一定活动任务的注意，为了保持这种注意，需要一定的意志努力。在整个0～3岁阶段，无意注意占有主导的地位，有意注意还处于萌芽状态。

3个月左右的婴儿可以比较集中注意于感兴趣的新鲜事物，5～6个月时婴儿能够比较稳定地注视某一物体，但持续的时间很短。

1～3岁时，随着活动能力的发展和活动范围的扩大，接触的事物及感兴趣的东西越来越多，无意注意迅速发展。

比如，2岁多时幼儿对周围的事物及其变化、对别人的谈话都会表现出浓厚的兴趣。

3岁前，幼儿有意注意刚刚开始发展，水平较差。随着言语的发展和成人的引导，幼儿开始把注意集中于某些活动目标。

比如，幼儿开始注意看少儿电视节目，如果节目不能引起兴趣，他们的注意便会转移。

### 6. 人际交往关系的发展变化

婴幼儿的人际交往关系有一个发生、发展和变化的过程。首先发生的是亲子关系，其次是玩伴交往关系，最后是逐渐发展起来的群体关系。0～3岁阶段主要发生的是前两种交往关系。

0～1岁阶段主要建立的是亲子关系，即婴儿同父母的交往关系。父母是婴儿最亲近的人，也是接触最多的人。在关怀、照顾的过程中，与婴儿有充分的体肤接触、感情展示、行为表现和语言刺激，这些都会对婴儿的成长产生深刻的影响。

1岁以后，随着动作能力和言语能力的发展及活动范围的扩大，幼儿开始表现出强烈追求小玩伴的愿望，于是出现玩伴交往关系。玩伴交往关系对人的发展起着至关重要的作用，它不排斥亲子关系，也不能由亲子关系来代替。一个人没有玩伴或朋友，就难以形成健康的心理。3岁前进行的玩伴交往活动常常是一对一的活动，要建立群体的玩伴交往关系还有一定困难。

### 7. 自我意识的发展

自我意识是意识的一个方面，包括自我感觉、自我评价、自我监督、自尊心、自信心、自制力、独立性等。它的发展是人的个性特征形成的重要标志之一。

婴幼儿1岁左右，在活动过程中，通过自我感觉逐步认识作为生物实体的自我。

从2岁到满3岁，幼儿在不断扩大生活范围，不断增长社会经验和能力，不断发展言语后，逐步把握作为一个社会人的自我。

### 8. 情绪和情感的发展

0～3岁婴幼儿的情绪和情感的最大特点是冲动、易变、外露，年龄越小特点越突出。婴幼儿的情绪更多地受外在环境变化的影响，而不是被稳定的主观心态所左右。

婴儿的基本情绪有8～10种，它们不是同时出现的，而是随着个体的成长、成熟而逐步出现的，其诱发因素各不相同，详见表2-1。

表2-1　婴儿基本情绪发生时间和诱因表

| 情绪类型 | 最早出现时间 | 最早出现此情绪的诱因 | 经常出现时间 | 经常出现此情绪的诱因 |
|---|---|---|---|---|
| 痛苦 | 出生后1～2天 | 机体生理刺激 | 出生后1～2天 | 机体生理刺激 |
| 厌恶 | 出生后1～2天 | 不良气味或味道 | 出生后3～7天 | 不良气味或味道 |
| 微笑反应 | 出生后1～2天 | 睡眠中机体生理过程的节律反应 | 1～3周 | 睡眠中机体生理过程的节律反应或触及面颊 |
| 兴趣 | 出生后4～7天 | 适宜光、声刺激 | 3～5周 | 适宜的光、声刺激，或运动物体 |
| 愉快（社会性微笑） | 3～6周 | 高频语音和人的面孔 | 2.5～3个月 | 人面孔刺激或面对面玩耍 |
| 愤怒 | 4～8周 | 持续痛刺激 | 4～6个月 | 持续痛刺激，或身体活动持续受限制 |
| 悲伤 | 8～12周 | 持续痛刺激 | 5～7个月 | 与熟人分离 |
| 惧怕 | 3～4个月 | 身体突然从高处降落 | 7～9个月 | 陌生人或十分新奇的物体 |
| 惊奇 | 6～9个月 | 新、异刺激突然出现 | 12～15个月 | 新、异刺激突然出现 |
| 害羞 | 8～9个月 | 熟悉环境中有陌生人接近 | 12～15个月 | 熟悉环境中有陌生人接近 |

### 9. 意志力的发展

新生儿的行为主要受本能的反射支配，没有意志力，饿了就要吃，困了就立即睡。在1～12个月阶段，婴儿开始产生一些不随意运动，进而有随意运动，即学会的运动，如玩弄玩具，摆弄物品，奔向某个目标的爬行甚至走路等。

**小提示：**

初步的运动能力的掌握和运动的目的性，为婴儿意志力的产生奠定了基础。

1～3岁阶段，随着言语能力的飞速发展、各种典型动作能力的形成以及自我意识的萌芽，幼儿带有目的性的、受言语调节的随意运动越来越多。开始是由成人用言语调节幼儿的行为，诱导幼儿做某些事情，禁止做某些事情。之后是幼儿自己用言语来调节自己的行为，“我要干什么”“我不要干什么”，这种具有明显独立性的行为更多地出现在2～3岁阶段。幼儿开始在自己的言语调节下有意地行动或抑制某些行为，但时间极短。比如，坐下等待开饭，等热水稍凉一些再喝等。他们的行动更多地受当前目的和行为欲望的支配，有很大的冲动性。

### 10. 气质特征

婴幼儿气质特征是儿童个性发展的最原始基础，具有先天的性质，父母是无法选择的。但在气质基础上，儿童个性的形成受后天环境、教育条件的影响极大。充分了解婴幼儿的气质特征，并有针对性地采取良好的、适宜的环境刺激，施加相应的教育影响，能够促进儿童良好个性的形成。

### 11. 言语的发展

言语是引导儿童认识世界的基本手段之一。它不是生来就有的，而是后天学会的。0～3岁阶段是婴幼儿言语发展的早期阶段，大体可以分为图2-2所示两个时期。

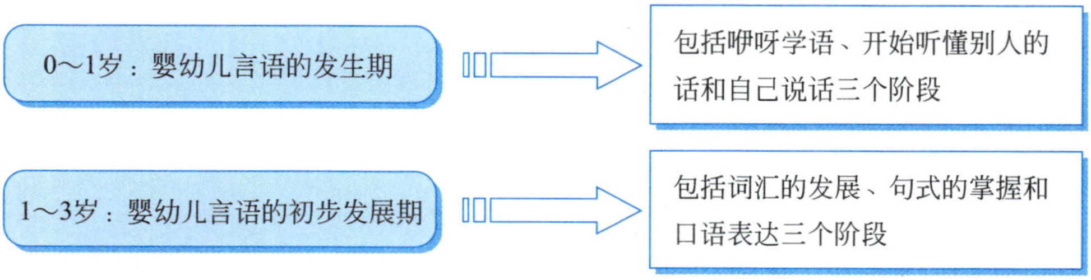


图2-2 婴幼儿言语发展的阶段

### 12. 动作能力的发展

婴幼儿第1年是动作能力发展最迅速的时期。动作发展包括大动作和精细动作两个方面，遵循图2-3所示的规律。

规律一　从整体动作到分化动作

最初的动作常常是全身的、笼统的、弥漫性的，以后逐渐形成局部的、准确的、专门化的动作

规律二　从上部动作到下部动作

如果让婴儿俯卧在平台上，他首先出现的动作是抬头，其后，才逐步发展到俯撑、翻身、坐、爬、站立、行走

规律三　从大肌肉动作到小肌肉动作

首先是头部、躯体、双臂、双腿的动作，以后才是灵巧的手部小肌肉动作和准确的视觉动作等

图2–3　婴幼儿动作能力的发展

# 第二节
# 婴幼儿身心发展指标

## 一、0 ~ 1 岁婴儿身心发展指标

### 1. 新生儿的身心发展

刚出生的婴儿具有无条件反射，如觅食、吸吮、吞咽以及握持反射等。每天睡觉16 ~ 22个小时。婴儿出生后几天就可以俯卧，俯卧时有本能的挣扎，能使面部转向另一侧，对及时反复的视听刺激有进一步的记忆能力。新生儿喜欢看人脸，特别是妈妈的笑脸，喜欢被抱起来与其谈话、逗笑；对于咸甜苦等味道和母亲的体味有反应，常用微笑、皱鼻、伸舌或者其他表情与动作来表示欢迎、讨厌、拒绝。

新生儿的身心发展指标如表2-2所示。

表2–2　新生儿的身心发展指标

| 序号 | 项目 | 发展指标 |
|---|---|---|
| 1 | 大动作 | （1）仰卧时，头转向一侧，同侧上下肢伸直，对侧上下肢屈曲<br>（2）俯卧时，头转向一侧，脸侧贴在床上，手臂两膝关节均屈曲<br>（3）托起婴儿背颈部，双腿有蹬腿现象 |
| 2 | 精细动作 | （1）手呈握拳式<br>（2）用物体碰触手心会做抓握动作<br>（3）可以将手伸到口中 |
| 3 | 认知能力 | （1）在婴儿眼前距25～30厘米处拿一个红色小球，缓慢移动，眼球追视物体约90度<br>（2）听到不同的声音有不同的反应，或听到声音停止活动集中注意力听<br>（3）能凝视图片10秒左右 |
| 4 | 语言能力 | （1）引逗时可发出细小喉音“哦”“唔”“啊”<br>（2）可以感觉到别人的谈话，有张口模仿的样子<br>（3）引逗会笑但不发声 |
| 5 | 社交能力 | （1）跟踪走动的人<br>（2）注意眼前的人或物时，脸部动作减少<br>（3）经家长逗弄后能报以微笑 |

## 2. 2个月婴儿的身心发展

2个月大的婴儿在床上，可以将头部抬高一些，在被抱起时，婴儿开始能较好地撑起头，但有时仍然会下垂或歪倒在一边。这个阶段，婴儿抓握反射消失，出现自觉的抓握动作；可以看见稍远处的较大物体，尤其是移动的物体特别能吸引他的注意力；会注意周围的情况，辨认熟悉的人和物，对外界的好奇心不断地滋长；可以拿东西放进嘴里，偶尔会看见自己的手，手的突然移动会让自己吓一跳。这个时候的婴儿会以哭闹的方式来表达感情，也会对父母与他说话时发出的声音做出反应，在父母说话时，他会模仿嘴唇的动作。在白天，清醒的时间稍长，小睡减少了，啼哭也减少了。

2个月婴儿的身心发展指标如表2-3所示。

表2–3　2个月婴儿的身心发展指标

| 序号 | 项目 | 发展指标 |
| --- | --- | --- |
| 1 | 大动作 | （1）俯卧时头可抬高45度<br>（2）托腹悬空时，婴儿头可抬起，但双腿下垂<br>（3）婴儿仰卧时能无意识蹬踢吊在上方的大彩球或气球 |
| 2 | 精细动作 | （1）在腕上系上彩色丝带移至眼前会挥动小手<br>（2）将细长物体碰到婴儿手心，可握片刻<br>（3）可以自行玩耍小手 |
| 3 | 认知能力 | （1）眼睛能向左右追视红球180度（头、眼同时转动）<br>（2）能随妈妈的声音转头观看<br>（3）对图片有喜欢和不喜欢的不同反应 |
| 4 | 语言能力 | （1）对引逗的反应更强些<br>（2）饥饿时听到脚步声和奶瓶声会停止哭<br>（3）与人交谈时能发出“啊”“咿”“哦”等声音 |
| 5 | 社交能力 | （1）接受小勺喂食，会用舌头舔食<br>（2）经家长逗弄后能手脚乱动回应家长<br>（3）能通过声音、便盆识别大小便 |

### 3. 3个月婴儿的身心发展

3个月时婴儿体重约为出生时的两倍，这也是脑细胞生长的第二个高峰期。婴儿开始注意到周围环境中熟悉的面孔和物体；有意识地移动手和脚，开始微笑，抓、扔等细小动作开始发展；头部能自主向四周张望，俯卧时能抬起前半身；开始咿呀学语；两只手可以在胸前接触，能摇晃、注视自己的手。

3个月婴儿的身心发展指标如表2-4所示。

表2–4　3个月婴儿的身心发展指标

| 序号 | 项目 | 发展指标 |
| --- | --- | --- |
| 1 | 大动作 | （1）仰卧时双手在胸前玩，将玩具放入口中探索或用嘴啃<br>（2）偶然翻身90度<br>（3）俯卧时头可竖立中间并可自由转方向，下颚距所卧床面约5厘米 |
| 2 | 精细动作 | （1）有物体碰及手掌时会主动抓握<br>（2）手可举到头部的上方，或在身体两旁挥动拍打<br>（3）可知道一侧肢体系铃，并使铃声反复 |

续表

| 序号 | 项目 | 发展指标 |
| --- | --- | --- |
| 3 | 认知能力 | （1）见到妈妈会主动投怀<br>（2）头颈活动灵活，能上下左右环形追视红球<br>（3）见物后能舞动双臂，是自动挥舞，还不会抓取物体 |
| 4 | 语言能力 | （1）会发长元音或双元音<br>（2）在高兴时有丰富表情或手舞足蹈<br>（3）亲人引逗时有应答反应，并会发出真实的短暂的笑声 |
| 5 | 社交能力 | （1）用目光期待吃奶，见到妈妈的乳房或奶瓶时，会表现出高兴<br>（2）注视自己的手<br>（3）见到熟人微笑 |

### 4. 4个月婴儿的身心发展

4个月大的婴儿颈部肌肉变得有力，在床上趴着时，头部可以抬离床面数秒钟；平躺时可以自己翻身变成趴的姿势；手能握住玩。

4个月婴儿的身心发展指标如表2-5所示。

表2-5 4个月婴儿的身心发展指标

| 序号 | 项目 | 发展指标 |
| --- | --- | --- |
| 1 | 大动作 | （1）会翻身<br>（2）俯卧时头可抬高90度，并用手撑胸<br>（3）抓住大人手指可以从仰卧位至坐位 |
| 2 | 精细动作 | （1）会用手拍击横吊在胸前的物体<br>（2）可用手够取静止不移动的物品或玩具<br>（3）愿意抓握、触摸、摆弄玩具（物品） |
| 3 | 认知能力 | （1）听胎教音乐时安静入睡或有特殊表情<br>（2）出现主动的视觉集中，能注视较远的物体<br>（3）对逼近物体有明显的躲避反应 |
| 4 | 语言能力 | （1）咿呀作语的时间变长<br>（2）会模仿大人唇形发出辅音，成人引逗后能发声笑<br>（3）兴奋时会出现高声调的喊叫 |
| 5 | 社交能力 | （1）睡眠习惯良好，晚间能整夜入眠（中间有吃奶、换尿布的事情）<br>（2）认识亲人<br>（3）注视自己的手并能用手抓住玩具或把玩具放入口中 |

### 5. 5个月婴儿的身心发展

这个时期的婴儿，脑重是出生时的两倍，能独立坐片刻，会抓自己的脚玩耍。大人扶着站立时，婴儿两脚会做蹦跳的动作；听到名字会转头；会扔东西，能把玩具从一手传递到另一手；喜欢室外环境。婴儿开始认生，会发脾气，会用双手抱住奶瓶。

5个月婴儿的身心发展指标如表2-6所示。

表2–6 5个月婴儿的身心发展指标

| 序号 | 项目 | 发展指标 |
| --- | --- | --- |
| 1 | 大动作 | (1)仰卧时会伸起双腿，双手可抓住两脚<br>(2)仰卧时会用手足舞动，踢打吊在上方的大玩具<br>(3)扶婴儿腋下可站立，被动蹦跳会配合 |
| 2 | 精细动作 | (1)给一个小玩具，可以稳握在手<br>(2)会抱布娃娃<br>(3)自己会学着扶奶瓶，并可将奶嘴放入口中 |
| 3 | 认知能力 | (1)能手拿一物体，眼睛注视另一物体<br>(2)能寻找被遮盖的物体，注意掉落的物体<br>(3)对气味反应敏感，不喜欢时以身体动作回避 |
| 4 | 语言能力 | (1)看到熟悉的玩具及人时，会主动咿呀作语<br>(2)会快速转头寻找不同方向的声源<br>(3)无意识发出叠音词，如：妈妈、爸爸、打打 |
| 5 | 社交能力 | (1)能区分亲近的人和陌生人，见到亲近的人兴奋，见到陌生的人表情严肃<br>(2)能抓住(拉开)遮盖自己(或亲人)脸上的衣物、毯子等<br>(3)能注视镜中的自己并且轻拍、抚摸镜中的自己 |

### 6. 6个月婴儿的身心发展

6个月大的婴儿的身心发展特点同5个月大的婴儿。6个月婴儿的身心发展指标如表2-7所示。

表2–7 6个月婴儿的身心发展指标

| 序号 | 项目 | 发展指标 |
| --- | --- | --- |
| 1 | 大动作 | (1)独自坐时，能直起身子，双臂自由伸展，两只手可在平面上支撑<br>(2)扶腋下站立，可自动跳跃<br>(3)用玩具逗引时，可自行熟练翻滚 |
| 2 | 精细动作 | (1)会撕纸<br>(2)双手会传递玩具，并可抓取较小的玩具<br>(3)能单手够取吊球 |

续表

| 序号 | 项目 | 发展指标 |
|---|---|---|
| 3 | 认知能力 | （1）不让陌生人拿走自己玩具，并有反抗表示<br>（2）能根据成人说出的物品名称，用眼睛或手指准确找出两种以上物品<br>（3）躲避陌生人 |
| 4 | 语言能力 | （1）大人唱儿歌时，可配合做出简单动作<br>（2）不高兴时除哭以外，还会用不同的声音发泄情绪<br>（3）学会用动作来代替语言，如要与不要、对与不对、再见等 |
| 5 | 社交能力 | （1）大小便前有动作表示<br>（2）能吃固体食物<br>（3）喜欢户外活动，要求成人抱着外出 |

### 7. 7个月婴儿的身心发展

7个月大的婴儿开始长出门牙，能双手扶着站立，会爬，见父母及熟人要求抱，会用拇指和其他手指配合抓玩具，用一个玩具敲打另一个玩具。这个时候的婴儿能独立坐稳，会自己吃饼干，喜欢用牙齿啃东西，会寻找掉下的玩具，会推掉自己不要的东西；对周围环境的兴趣大大提高，有初步的模仿能力。

7个月婴儿的身心发展指标如表2-8所示。

表2-8　7个月婴儿的身心发展指标

| 序号 | 项目 | 发展指标 |
|---|---|---|
| 1 | 大动作 | （1）独自坐稳，会匍匐爬行<br>（2）仰卧时可以将脚放入嘴中<br>（3）拉孩子的双手或手臂，能站立片刻 |
| 2 | 精细动作 | （1）当两手各握一玩具时会对敲<br>（2）会抓住粗绳及滚动较慢的小球<br>（3）能自己吃饼干，会咬、嚼，不是简单的吸吮 |
| 3 | 认知能力 | （1）能找到当面藏起的玩具<br>（2）能准确听、指三种以上熟悉物品<br>（3）目标明确地摇动带响玩具、制造声音 |
| 4 | 语言能力 | （1）可读懂大人的表情<br>（2）可用动作表示更多的语言，如：谢谢、再见等<br>（3）可模仿咳嗽声、叭嘴声、咂舌声等 |
| 5 | 社交能力 | （1）定时睡眠，夜间不起<br>（2）有成人帮助时能用杯喝水<br>（3）能从成人说话的语调中听懂赞扬或责备的话，表现出不同的表情反应 |

## 8. 8个月婴儿的身心发展

8个月大的婴儿的身心发展特点同7个月大的婴儿。8个月婴儿的身心发展指标如表2-9所示。

表2-9　8个月婴儿的身心发展指标

| 序号 | 项目 | 发展指标 |
|---|---|---|
| 1 | 大动作 | （1）会滚<br>（2）拉双手会抬脚<br>（3）可扶物站起，并由卧位转成坐位 |
| 2 | 精细动作 | （1）能推动圆柱体的物品使之滚动<br>（2）会用食指深入洞内取小物品<br>（3）能伸手够取远处的玩具 |
| 3 | 认知能力 | （1）能根据指令指人五官（一个以上）<br>（2）能用手持续追逐移动玩具<br>（3）能寻找到遮盖大半的玩具 |
| 4 | 语言能力 | （1）知道自己的名字，成人叫自己名字有反应<br>（2）见到客人来会拍手表示欢迎<br>（3）可表示个人简单需求“要” |
| 5 | 社交能力 | （1）能根据成人要求不吸吮玩具<br>（2）能分辨成人高兴或生气的表情，知道成人的情绪变化<br>（3）便前会用声音表示 |

## 9. 9个月婴儿的身心发展

9个月大的婴儿长牙3～6颗，开始尝试着独立站立，会从抽屉或箱子中取出玩具，会用拇指和食指捏小东西。这个时期的婴儿能听懂常用词的语意，会喊妈妈，能听懂命令，理解“不”，喜欢探索周围环境，喜欢模仿动作。

9个月婴儿的身心发展指标如表2-10所示。

表2-10　9个月婴儿的身心发展指标

| 序号 | 项目 | 发展指标 |
|---|---|---|
| 1 | 大动作 | （1）会爬<br>（2）可自由改变体位，由坐至卧，由卧到坐<br>（3）扶物可站起，坐下 |
| 2 | 精细动作 | （1）将小珠子放在桌子上，能用食指和拇指捏起来<br>（2）能听指令将物品扔出<br>（3）能用食指按压开关 |

续表

| 序号 | 项目 | 发展指标 |
| --- | --- | --- |
| 3 | 认知能力 | （1）延迟性模仿能力（如按键玩具）<br>（2）能按成人嘱咐拿对2件以上玩具<br>（3）能根据名称指认五官或物品2个以上 |
| 4 | 语言能力 | （1）听到熟悉音乐时，会有动作或表情<br>（2）听故事时会有相应的面部表情<br>（3）理解“不”的词义并服从 |
| 5 | 社交能力 | （1）会给布娃娃（小动物）盖被<br>（2）能模仿成人动作加表情地表演儿歌<br>（3）有便意时会找便盆并坐盆大小便 |

### 10. 10个月婴儿的身心发展

10个月大的婴儿的身心发展特点同9个月大的婴儿。10个月婴儿的身心发展指标如表2-11所示。

表2-11　10个月婴儿的身心发展指标

| 序号 | 项目 | 发展指标 |
| --- | --- | --- |
| 1 | 大动作 | （1）能一手扶物，蹲下取物<br>（2）扶物可行走2～3步<br>（3）成人拉双手，会举起并自发向前迈步 |
| 2 | 精细动作 | （1）将毛线、细绳放在桌上，能用食指和拇指捏起<br>（2）在示范拿起及盖上杯盖后，可独自完成<br>（3）将数枚小球放在桌上，给容器一个，能在1分钟内把3个以上的小球投入容器中 |
| 3 | 认知能力 | （1）能指认图片3张<br>（2）能取出容器内的玩具<br>（3）能拉绳取物 |
| 4 | 语言能力 | （1）愿意模仿亲人的发音，对发音有兴趣（不一定标准）<br>（2）可听懂简单词句，并按要求完成动作，如能听懂“把××给我”<br>（3）可模仿汽车等的声音 |
| 5 | 社交能力 | （1）时常伸出手指指物，不固定指什么但喜欢指<br>（2）配合成人穿衣时会伸臂、伸腿 |

### 11. 11个月婴儿的身心发展

11个月大的婴儿会扶着物体行走几步，能听懂名称指出物品，认知5～6种图画，会用手势表示简单需要，对父母表示依恋之情。这个阶段婴儿还会打开、合上书本，喜欢玩藏东西的游戏，会用手掌握笔涂涂点点。他们能听懂较多的话，会听指示拿东西，听故事时会模仿动作，自我意识开始萌芽。

11个月婴儿的身心发展指标如表2-12所示。

表2-12　11个月婴儿的身心发展指标

| 序号 | 项目 | 发展指标 |
| --- | --- | --- |
| 1 | 大动作 | （1）牵手会上台阶<br>（2）可独自站立10秒钟<br>（3）会用棍够取玩具 |
| 2 | 精细动作 | （1）可在白纸上画出线条<br>（2）可打开包装物体的包装纸<br>（3）可将书打开及合上 |
| 3 | 认知能力 | （1）能打开简单的纸包装，探求、寻找里面的东西<br>（2）能找到不在眼前的物品（如藏在盒子里的玩具）<br>（3）能按成人的语言指令找出5张图片 |
| 4 | 语言能力 | （1）为表示个人需求会发音，表达特定的意思，并有相应动作，如“是”“要”“拿”等<br>（2）较专注地听故事<br>（3）开始出现难懂的2～3字语言 |
| 5 | 社交能力 | （1）妈妈抱别的孩子时会拉扯妈妈，要求抱自己<br>（2）喜欢小朋友，见到小朋友会用招手、点头、笑、发声等表示高兴的动作 |

## 12. 12个月婴儿的身心发展

12个月大的婴儿的身心发展特点同11个月大的婴儿。12个月婴儿的身心发展指标如表2-13所示。

表2-13　12个月婴儿的身心发展指标

| 序号 | 项目 | 发展指标 |
| --- | --- | --- |
| 1 | 大动作 | （1）拉一只手能走，放手可独走2～3步<br>（2）双手扶物可做跳跃姿势<br>（3）能模仿大人动作 |
| 2 | 精细动作 | （1）自己抱着奶瓶喝奶<br>（2）看成人示范后能模仿叠放积木2块<br>（3）将数枚小球和容器放于桌上，可在1分钟内将6个以上小球投入容器内 |

续表

| 序号 | 项目 | 发展指标 |
|---|---|---|
| 3 | 认知能力 | （1）会竖起食指回答询问者“1岁了”<br>（2）能按要求指认出常见的几种水果、动物、车辆等<br>（3）会指认五官，会指认室内物品 |
| 4 | 语言能力 | （1）见到亲人能主动称呼，如：爷爷、奶奶、爸爸、妈妈<br>（2）能回应成人简单的要求<br>（3）听到熟悉的或动听的音乐有手舞足蹈的表现 |
| 5 | 社交能力 | （1）能自己吃饭（自喂两三勺）<br>（2）能独自捧杯喝水（可允许洒漏）<br>（3）不同意成人意见时说“不”或用动作表示 |

## 二、1 ~ 2 岁幼儿身心发展指标

### 1. 13 ~ 15 个月幼儿的身心发展

13～15个月大的幼儿萌发好奇心，喜欢不停地运动，会经常爬到家具上，会爬上椅子并转身坐好，会蹲下和独立站立。这个阶段的幼儿会动手游戏，如从瓶中倒小球，摇动拨浪鼓；会把小球捏起，放入容器中；会尝试自己用勺子装上物品放进嘴里；会将2～4块积木叠放在一起；在成人的帮助下会把简单的图形放入模具中；能用手攥着笔杆随意涂抹。

这个时期的幼儿能听懂熟悉物品的名称，能指认熟悉的人或物，会说个别字。其有意行为开始增多，能记住自己喜欢和讨厌的东西，害怕陌生的环境和陌生的人。他们对熟悉的家人有很强的依赖感。

13～15个月幼儿的身心发展指标如表2-14所示。

表2-14　13 ~ 15个月幼儿的身心发展指标

| 序号 | 项目 | 发展指标 |
|---|---|---|
| 1 | 大动作 | （1）可独自走稳<br>（2）会跑但较慢<br>（3）扶栏杆上台阶<br>（4）爬高处取玩具<br>（5）看书时可以坐端正<br>（6）示范后会抛球 |

续表

| 序号 | 项目 | 发展指标 |
|---|---|---|
| 2 | 精细动作 | （1）积木叠放2～4块<br>（2）在纸上可较快画出连续线条<br>（3）会用拇指和食指翻开书本及合上<br>（4）能自行将洒落的珠子放置瓶中<br>（5）将球推滚至幼儿前，他可以抓住<br>（6）可以将笔插入笔筒内 |
| 3 | 认知能力 | （1）知道亲人的名字<br>（2）能准确指出自己的五官<br>（3）能根据声音寻找对应的物品（闹钟和电话）<br>（4）能从杂色的木珠中挑出红色<br>（5）能将完全相同的水果或动物图片搭配成对（2～3对）<br>（6）喜欢看图书，且能观察细节 |
| 4 | 语言能力 | （1）别人叫自己的名字时会走过来（自我意识）<br>（2）可指出身体的两个部位<br>（3）发音较准确地称呼四个以上的家人<br>（4）喜欢和成人一起哼唱童谣<br>（5）能模仿3～4种动物叫声<br>（6）对早教师出示的打击乐器及演奏的节奏感兴趣，并有模仿意愿 |
| 5 | 社交能力 | （1）见到陌生人开始出现害羞表情<br>（2）愿意和小朋友一起玩<br>（3）会用拇指、食指捏取食物，自喂食物至半饱<br>（4）能自己端杯子喝水<br>（5）会哄娃娃（动物玩具），给它们喂饭、盖被<br>（6）会把玩具给人或与人争夺玩具 |

### 2. 16～18个月幼儿的身心发展

16～18个月大的幼儿会跑，但是不稳当，常常会摔倒。他们喜欢扔球和抬脚踢球，能自己扶楼梯扶手上楼，会趴下倒退着下来，可以蹲下捡起玩具而不跌倒；会用双手端水杯，会用勺取物，会模仿简单的动作；能从熟悉的一些物体中，鉴别出其他物品；能模仿画出简单的线条。这个阶段的幼儿会执行简单的命令，要坚持自己独立做事。他们也会有无理行为，会发脾气，开始表现出对事物的偏好，对黑暗和某些动物产生恐惧。

16～18个月幼儿的身心发展指标如表2-15所示。

表2-15　16 ~ 18个月幼儿的身心发展指标

| 序号 | 项目 | 发展指标 |
| --- | --- | --- |
| 1 | 大动作 | （1）可独自站立踢球<br>（2）可以倒退走路2～3步<br>（3）可蹲下捡东西，接着站起来后再走<br>（4）可跨越较矮小的障碍物<br>（5）双臂可随成人的示范做4个方向的运动<br>（6）可模仿简单动作，如：鸟飞、兔跳 |
| 2 | 精细动作 | （1）可以将2个杯中的豆子相互倒<br>（2）可将笔插入笔帽中<br>（3）可以将半圆拼成圆、长方形拼成正方形<br>（4）会用3指握笔涂鸦<br>（5）会拿钥匙开锁<br>（6）可以将3个不同形状图块放入相应孔洞内 |
| 3 | 认知能力 | （1）在镜中真正认识自己的存在<br>（2）认识家庭照片中四个以上亲人<br>（3）能对圆形、三角形、正方形进行形状配对<br>（4）能记住并寻找到心爱物品放置的地方<br>（5）能自己翻看图书5～8页<br>（6）能认识5种以上的交通工具<br>（7）能指认出红色 |
| 4 | 语言能力 | （1）可以说出自己的年龄<br>（2）喜欢并较专注地看电视里的儿童节目，大致理解内容<br>（3）有需要时可用带动作的语言表达<br>（4）出示鞋子、帽子、勺子、铅笔、钥匙5种物品，能说出1种名称，指认2种<br>（5）可说出2～3个字组成的句子<br>（6）认识简单动物图片，并可讲出或指出其中个别特征（如小白兔、小羊等） |
| 5 | 社交能力 | （1）白天不尿裤子，大小便时自己会去坐盆<br>（2）能自己脱去鞋子或袜子<br>（3）穿衣服会很好地配合<br>（4）开始产生对黑暗和个别动物的恐惧感<br>（5）乐意帮助成人做些小事情（如拿报纸、拿杯子、捡皮球等）<br>（6）能和别人玩合作的游戏（如拉大锯等） |

### 3. 19 ~ 21 个月幼儿的身心发展

19～21个月大的幼儿能双手扶栏上下楼，能控制跑的动作，有意识地绕开障碍物；会踢球，扔球的动作更加灵活；会向前、向两侧和倒退着走路；会在地上把球滚向对方，并能接住滚回来的球；能搭5～7块积木，会倾倒容器中的物体，再将物体装入容器中；会根据颜色匹配物品，能将三角形、圆形和方形放入形状相同的孔内；进入语言发展加速期，能将2～3个词组组合起来，会用简单的短语表达自己的需要；能准确地说出自己的名字、性别；非常关心自己的物品；19～21个月大的幼儿大脑神经系统逐步成熟，可以在成人的帮助、提醒下学习控制大便。

19～21个月幼儿的身心发展指标如表2-16所示。

表2-16　19～21个月幼儿的身心发展指标

| 序号 | 项目 | 发展指标 |
|---|---|---|
| 1 | 大动作 | （1）会用脚尖走3～4步<br>（2）能倒退走5步以上<br>（3）独立站立后能双脚跳跃数次，可跨过8～10厘米高的杆<br>（4）扶栏杆快速上台阶三四个<br>（5）能走、跑交替，但控制身体能力不够灵活<br>（6）钻圈时能低头、弯腰迈步，但不够灵活（圈的直径70厘米） |
| 2 | 精细动作 | （1）在1分钟内可捡起10个以上的豆子<br>（2）可穿2个以上珠子<br>（3）模仿成人可以将手工纸对折（能将有折痕的手工纸对折）<br>（4）拆装简单玩具<br>（5）幼儿站距离目标30厘米的地方，套环共5个，可中3个<br>（6）在长棍一端用绳子悬吊小动物玩具一个，并左右摆动（速度不要太快），幼儿能抓住 |
| 3 | 认知能力 | （1）不受物品形状等因素的影响，识别红、黄、绿三种颜色<br>（2）分辨大小，能根据指令拿取相应的物品<br>（3）能说出下列物品（碗、勺子、剪刀、钥匙、鞋、笔等）中4种以上物品的用途<br>（4）了解方位概念，能按要求拿取桌子上或桌子下的物品（如桌子上、下都有皮球时）<br>（5）机械记忆1～5的口头数数（记忆数字的发音和顺序）<br>（6）开始出现行动前的思考行为 |
| 4 | 语言能力 | （1）说5个字以上的句子<br>（2）可分清你、我、他，并常用“我的”问话及答话<br>（3）能正确称呼4个（家人除外）以上的人称<br>（4）能背一两句诗<br>（5）能较专注地独自看完短小的图画故事<br>（6）可说出常见动物的饮食爱好 |

续表

| 序号 | 项目 | 发展指标 |
| --- | --- | --- |
| 5 | 社交能力 | （1）能用小勺把碗中食物吃干净<br>（2）懂得自我，能准确说出自己的名字<br>（3）能在成人的帮助下把自己的玩具放好<br>（4）自己会用手绢擦鼻涕<br>（5）拉着成人去找需要的但不在眼前的东西<br>（6）能脱去已脱了一只袖的上衣，会拉下有松紧带的裤子 |

### 4. 22 ~ 24个月幼儿的身心发展

22～24个月大的幼儿能坐在带轮子的车上自己蹬动脚蹬向前走；会弯腰捡起掉在地上的玩具；能将手中的物品朝某个目标扔去；能从楼梯矮阶上往下跳；能粗略模仿画简单的线条；会随着音乐节奏拍手；有初步的是非观；白天能控制大小便，晚间不尿床。

22～24个月幼儿的身心发展指标如表2-17所示。

表2-17 22 ~ 24个月幼儿的身心发展指标

| 序号 | 项目 | 发展指标 |
| --- | --- | --- |
| 1 | 大动作 | （1）用脚尖走路约3米<br>（2）大人接一只手会双脚跳<br>（3）单脚独站片刻<br>（4）自由下楼梯<br>（5）在听到命令后可用脚尖踢球<br>（6）可以将球举过肩扔出 |
| 2 | 精细动作 | （1）可模仿贴图（如脸谱）<br>（2）会用筷子夹纸球<br>（3）会倒液体<br>（4）会做拧的动作<br>（5）将点连成线<br>（6）可用食指和拇指一页一页地翻书 |
| 3 | 认知能力 | （1）可分辨镜子中的人物并用名字表示<br>（2）知道手心、手背<br>（3）能准确指出身上7个以上部位<br>（4）了解3种职业的名称及形象特征<br>（5）有简单的是非观念，如：这是粗野的行为，别人的东西不能拿<br>（6）有危险意识，如：害怕、当心 |

续表

| 序号 | 项目 | 发展指标 |
| --- | --- | --- |
| 4 | 语言能力 | （1）能说出自己和父母的名字<br>（2）可用语言描述自己的行为，如会说“我在吃饭”“我在拼图”<br>（3）能区别并会用“你”“我”，如会说“你几岁了”“我2岁了”<br>（4）爱问问题，如问“这是什么”<br>（5）喜欢哼唱儿童歌曲<br>（6）用“要”与“不要”，“是”与“不是”来回答简单问题 |
| 5 | 社交能力 | （1）能独自用小勺把饭吃完<br>（2）会自己解开衣扣，穿袜子<br>（3）知道自己的东西及衣物如何摆放<br>（4）喜欢帮助别人<br>（5）知道帮助家长做简单家务，如：擦灰、取东西<br>（6）有人敲门或打电话来时会问简单的话，如问“你找谁” |

## 三、2 ~ 3 岁幼儿身心发展指标

### 1. 25 ~ 27 个月幼儿的身心发展

25～27个月大的幼儿行走自如，走路时能看着要去的地方，会主动地避开障碍物；会双脚跳起，会踮起脚尖走路，能自己上下楼梯；跑得很好，能单脚站立两秒钟左右；手指的动作越来越灵活、协调；能叠放多块积木，能两手配合做事；会串珠，会把积木连接成桥；手的控制能力有很大的提高，能模仿，会画垂直线、水平线和圆圈等；认识简单的图形，如圆形、正方形、三角形等；能判断物体的远近、大小、里外，对发现不同的物体的不同特点感兴趣，知道自己身体各部分的名称；会脱简单的衣服，穿松紧带的裤子和解纽扣。

25～27个月幼儿的身心发展指标如表2-18所示。

表2-18　25 ~ 27个月幼儿的身心发展指标

| 序号 | 项目 | 发展指标 |
| --- | --- | --- |
| 1 | 大动作 | （1）跑步时动作较协调、较稳，约30秒可跑25～30米<br>（2）能跨过15～20厘米高的横杆<br>（3）可跟着成人做类似的动作，如做广播体操<br>（4）无需准备即可跳跃，并且是双足同时离开地面<br>（5）可以自己骑上木马并摇晃，无需他人帮助<br>（6）可帮成人做简单家务（扫地、擦灰、拿拖鞋等） |

续表

| 序号 | 项目 | 发展指标 |
|---|---|---|
| 2 | 精细动作 | （1）正确地使用小勺吃饭<br>（2）会自己开关水龙头<br>（3）可用3块积木搭出有洞的桥<br>（4）用两个半圆拼成一个圆<br>（5）画的线条逐步变直<br>（6）能动作准确地抓住从对面滚来的皮球<br>（7）根据示范折纸，角度偏差小于20度 |
| 3 | 认知能力 | （1）认识6种常见动物<br>（2）能说出6个部位的名称，如当成人指着胳膊肘问这是什么时，能作出回答<br>（3）能分清前后<br>（4）对有兴趣的事情注意力可以维持20分钟以上<br>（5）可分清谁的东西，如邀请幼儿在若干皮包中寻找妈妈的皮包 |
| 4 | 语言能力 | （1）能快速准确地回答自己的年龄<br>（2）能回答“你用什么看或听”等问题<br>（3）可说出家庭住址、门牌号及电话，但不够流利<br>（4）能根据音色分辨2～3种打击乐器（配对）<br>（5）成人的语言多数可听懂，如成人说“请你帮我做……”，幼儿可按要求完成<br>（6）能用3～4个字组成完整句子，表达需要和感受 |
| 5 | 社交能力 | （1）可以自己脱掉裤子<br>（2）会自己正确地洗手、擦手<br>（3）会诉说大小便的需求<br>（4）可根据成人的外部特征分辨男女，如根据头发、衣着<br>（5）禁止做的事有一定的控制力不去做<br>（6）自我意识及个性初步建立 |

### 2. 28～30个月幼儿的身心发展

28～30个月大的幼儿的身心发展特点同25～27个月大的幼儿。28～30个月幼儿的身心发展指标如表2-19所示。

表2-19 28 ~ 30个月幼儿的身心发展指标

| 序号 | 项目 | 发展指标 |
| --- | --- | --- |
| 1 | 大动作 | （1）上楼梯时可一步一台阶<br>（2）可以从高15厘米的平面上跳下<br>（3）独自下楼梯<br>（4）可以做攀登、钻爬等游戏<br>（5）可以玩双手拍接球的游戏（反跳的球可接住）<br>（6）会骑三轮车，会双足用力蹬，使车前行 |
| 2 | 精细动作 | （1）每分钟捡豆子可达20颗左右<br>（2）会解系扣子<br>（3）折纸进步较大，可将正方形对角折成三角形<br>（4）用穿线板会做缝的工作<br>（5）可将5组打乱的螺钉和螺母配对<br>（6）可模仿画平行线、交叉线 |
| 3 | 认知能力 | （1）在小区内可认识回家的路<br>（2）认识常见蔬菜及水果，并能说出名称<br>（3）能在两个同类物体中做出大小、多少的比较<br>（4）可以辨别简单图形，如可从有多个图形的纸张中指出圆形、三角形<br>（5）会将物品分类，如将红色、绿色，大的、小的分别放在一起<br>（6）认识太阳、月亮、星星等自然事物 |
| 4 | 语言能力 | （1）能说出人体10个部位的名称<br>（2）句子有明显的名词、动词<br>（3）会回答下列问题：<br>①宝宝吃饭用什么（筷子、勺子）<br>②宝宝在什么上面睡觉（床）<br>③买东西用什么（钱）<br>（4）说话时有明显的语调及感叹词、形容词<br>（5）句子组成达到8个字以上<br>（6）听完故事后能说出故事中的主要人物 |
| 5 | 社交能力 | （1）可以自己脱袜子，分别指认左右脚<br>（2）自己会穿外套、穿裤子<br>（3）在成人帮助下洗脸、洗脚<br>（4）会使用礼貌用语，如“谢谢”“再见”“对不起”“没关系”<br>（5）有情感表露，如自尊心、同情心、怕羞，在不顺心时会发脾气或不理其他人<br>（6）可以分辨并知道什么情况下要保持安静，如：别人在休息时不可大声喧哗 |

### 3. 31 ~ 33 个月幼儿的身心发展

31～33个月大的幼儿跑步平稳，会骑乘小三轮脚踏车；能单足站立，会两脚交替上楼梯；能原地向前、向上跳，会从高处向下跳；会手臂举起从肩上投掷东西；会折长方形、正方形，能系扣子、解扣子；能画圆形和交叉线。这个年龄段的幼儿向杯中倒水时能控制流量；表现力出现，开始进行装扮游戏，会使用一些新的社交技巧来博得他人的喜爱和夸奖；喜欢和伙伴玩耍，但常常有冲突发生。

31 ～ 33个月幼儿的身心发展指标如表2-20所示。

表2-20 31 ～ 33个月幼儿的身心发展指标

| 序号 | 项目 | 发展指标 |
|---|---|---|
| 1 | 大动作 | （1）可单足站立5秒钟以上<br>（2）双脚交替下楼梯<br>（3）成人拉一只手可平稳走马路沿达3米<br>（4）双脚同时向前跳可达2米左右，原地连续跳15次左右<br>（5）可跳过5 ～ 10厘米高的横杆<br>（6）可跨过25 ～ 30厘米高的横杆 |
| 2 | 精细动作 | （1）会剥鸡蛋皮<br>（2）能持笔画出简单的图形<br>（3）可用积木搭较复杂的图形<br>（4）可按图形的特定形状撕纸，如撕出苹果、黄瓜的形状<br>（5）会用剪刀剪直线<br>（6）会做“石头、剪刀、布”的游戏，但不懂输赢 |
| 3 | 认知能力 | （1）可观察图片中人物缺少的部分，如嘴、鼻、耳朵等<br>（2）能够正确识别男、女<br>（3）在一些相同物品中放入一个不同的物品，可找出<br>（4）可排列出颜色的深浅<br>（5）有一定的观察力，可将两幅简单图画中不一样的地方找出来<br>（6）知道常见动物的主要外形特点，如将一个动物的外形特征分开后，幼儿能指认 |
| 4 | 语言能力 | （1）能说出5个以上反义词，如：大——小、高——矮、长——短、胖——瘦、多——少、粗——细<br>（2）会使用“和”“但是”“如果”<br>（3）可以重复成人说过的词<br>（4）会用“很多”“很少”表达正确的概念<br>（5）喜欢向别人讲述自己的故事，能较完整地叙述刚刚经历的事情<br>（6）成人说出常听故事的名称，幼儿可简短复述故事 |
| 5 | 社交能力 | （1）开饭时会帮爸妈摆餐桌<br>（2）养成了早晚刷牙的习惯<br>（3）会整理自己的玩具<br>（4）会用脸盆洗手绢<br>（5）不愿意将自己的食品、玩具与他人分享，但经家长鼓励会同意<br>（6）能根据他人表情理解高兴、生气、难过、愤怒等情绪 |

### 4. 34 ~ 36个月幼儿的身心发展

34～36个月大的幼儿的身心发展特点同31～33个月大的幼儿。34～36个月幼儿的身心发展指标如表2-21所示。

表2-21 34 ~ 36个月幼儿的身心发展指标

| 序号 | 项目 | 发展指标 |
|---|---|---|
| 1 | 大动作 | （1）会用脚尖或用脚跟走路<br>（2）单脚原地跳2～4次<br>（3）无需人扶可走马路沿<br>（4）能跳过30厘米的宽度<br>（5）玩攀登架可翻过130厘米高度<br>（6）能接住传递准确的皮球，能将球双手抛向目标，但准确性差 |
| 2 | 精细动作 | （1）能自己倒水<br>（2）会给布娃娃穿衣服<br>（3）能整理自己的东西<br>（4）可模仿画十字，两条直线相交，角度不一定是90度<br>（5）站在1米外投球，5次中能中1～2次<br>（6）在家长帮助下会做简单的手工作品，如贴画 |
| 3 | 认知能力 | （1）做“石头、剪子、布”的游戏时懂输赢<br>（2）认识1～10的数字<br>（3）会记住昨天所发生的事情的简单情节<br>（4）让幼儿画一个人像，可画出5个以上部位<br>（5）在众多物品中可按用途分类<br>（6）对生物的特征较清晰，能够发现问题，找出不符合之处，如能发现猫头兔嘴不合理 |
| 4 | 语言能力 | （1）能随着节奏感鲜明的乐曲拍手<br>（2）能准确说出“里面、外面、上面、下面、旁边”等方位词<br>（3）可用语言直接表达个人想法<br>（4）较灵活地运用动词、名词<br>（5）能够完整地表达自己真实的感情，不管是高兴的，还是不愉快的情绪<br>（6）能较完整地叙述事情的经过 |

续表

| 序号 | 项目 | 发展指标 |
| --- | --- | --- |
| 5 | 社交能力 | （1）会自己用手纸<br>（2）能自己洗脚<br>（3）会根据家里人数摆餐具<br>（4）看动作可分辨事物，如成人做手触摸胃部的动作，幼儿便知道是累了或是肚子痛<br>（5）可模仿成人的交往活动，如买东西<br>（6）学会观察，如在大自然中玩耍时，会惊喜地告诉成人他发现了有只蚂蚁在搬粮食等 |

## 相关链接：

### 某早教机构培训目标

#### 一、0到1岁（婴儿期）目标

1.健康

（1）建立婴儿自主免疫力，少生病。

（2）通过前庭训练，让婴儿不吐奶，从而营养全面。

（3）排除睡眠障碍，让婴儿自然入睡。

（4）充分运动，让婴儿远离便秘、胀气、腹泻、肠绞痛。用健康天然产品，消除湿疹。

（5）喂养均衡，调理脾胃，身体匀称。

2.智力

（1）正确认识家庭成员的文字，并和家庭成员沟通。

（2）认识10种以上水果、颜色或用品，并用简单数字表达出来。

3.品德

（1）不会无理取闹、爱哭、发脾气。

（2）良好的意志力，当碰到困难时，会想办法去完成。

4.心理发育

（1）10个月后具备初级人际交往能力。

（2）直立行走和简单语言交流。

5. 动作发育

（1）2个月抬头90度。

（2）4个月翻身自如。

（3）5个月独坐。

（4）7个月爬行自如。

（5）10个月直立行走。

（6）没有X型腿O型腿，没有内外八字脚。走路不踮脚。无肘关节形变。

## 二、1岁到3岁（幼儿期）培训目标

1. 健康

（1）完全建立幼儿自主免疫力，相比同龄宝宝生病次数明显减少。

（2）标准健康体型。

（3）良好运动能力，身体协调能力。

2. 智力

（1）简单的阅读能力。

（2）音乐、舞蹈、体操表演能力。

（3）沟通能力：与玩伴、老师、家长交流畅通。

3. 品德

（1）懂得基本的人际交往礼仪礼貌。

（2）日常生活自理。

（3）具正确是非观，能够听懂道理并实施。

4. 心理发育

（1）具备儿童的人际交往能力。

（2）具备初级创造能力，爱动手，勤于思考。

（3）有初级的想象思维，学习力强，求知欲强。

（4）和同龄孩子相比，学习知识要快、容易，花费时间短，效果更好。

# 第三章 早期教育训练实践

**导言：**

早教一般是指 0～3 岁的教育，它是人生教育中最重要的阶段，而婴儿期又是重中之重，它是早教中普遍认为教育比较困难的时期，因此婴儿教育是本书的重点，2～3 岁的幼儿教育本书也有独特的见解。

# 第一节

# 0 ~ 1 岁婴儿早期教育

## 一、新生儿早期教育

### 1. 1 月龄婴儿第 1 课

1月龄婴儿第1课训练项目与方法如表3-1所示。

表3-1　1月龄婴儿第1课训练项目与方法

| | |
|---|---|
| 项目一：听懂新生儿哭声 | |
| 目的 | 刚刚出生的新生儿只能用哭声同成人交流，他们不会无理取闹。但是成人常常容易解读错新生儿的哭声，比如新生儿饿了，成人却让他睡觉，这样新生儿肯定继续哭，经过几次折腾，成人才会给他喂奶。这时新生儿得到的经验是只有哭闹得厉害大人才会满足自己的要求，那么慢慢就造成了新生儿无理取闹。所以，成人听懂新生儿的哭声是一件非常重要的事情 |
| 方法 | 在新生儿诞生第一天就应该记录24小时的生活流水账，让妈妈尽快听懂新生儿的哭声。但是妈妈生孩子第一天是无法完成这件事的，因此需要新生儿的爸爸或其他护理人员帮助她完成。日记的内容应该包括吃奶、睡觉、大小便、醒来的时间及其他内容，特别要清楚记下新生儿一天内吃、睡、大小便大概的时间间隔 |
| 项目二：左右、前后轻柔摆动 | |
| 目的 | 主要是锻炼新生儿的前庭功能，其作用有两点<br>（1）防止吐奶，人的呕吐中枢主要接受胃和前庭的刺激产生呕吐，新生婴儿的胃在第一次吃奶前从来没有接受过刺激，如果前庭的功能发育不完全就很容易吐奶，因此保持并提高新生儿母体带来的前庭功能是防止婴儿吐奶的最有效方法<br>（2）发展空间感觉，前庭的稳定性是直立行走的条件之一 |
| 方法 | 由于新生儿还小，不会坐也不能站立，因此要让新生儿躺卧在旋转器里旋转。成人抱起新生儿让其头部先放进去，让新生儿仰卧在旋转器内，然后左右、前后摇晃新生儿 |
| **注意点** | **（1）启动和停止时变速要缓慢，发现眼震颤马上停止练习，左右、前后四个方向都要做**<br>**（2）新生儿第一次进行摇晃时，幅度要小一些，各做2个8拍**<br>**（3）旋转器可以挂在蹦蹦乐的架子上使用，也可以用童车作为旋转器** |

续表

| 项目三：音乐律动（摇篮曲、进行曲） | |
|---|---|
| 目的 | 提高新生儿对律动音乐的兴趣。音乐是人的综合智力的组成部分，它还可以调节气氛，睡觉前放摇篮曲、运动时放进行曲都会起到良好的效果 |
| 方法 | 音乐可以在网上搜索，在这里简单介绍两首音乐<br>（1）摇篮曲：儿童歌曲《睡吧小宝贝》，睡觉前播放，音量低一些<br>（2）进行曲：《拉德斯基进行曲》，运动时播放，音量略高一些 |
| 项目四：抱新生儿 | |
| 目的 | 视觉是最重要的感觉，而感觉是婴儿心理发育的第一步，是心理发展的基础。婴儿在能够独立坐以前，抱可以改善婴儿的视觉效果，促进婴儿的心理发育 |
| 方法 | 新生儿出生后最初几个月的抱，应该让宝宝的头和上体尽量垂直于地面，使头部的重力距为0，新生儿在这个体位对头部的倾斜能够自己调节。如果成人始终用手托着新生儿的头部，会造成新生儿颈部肌肉得不到锻炼而无力，因此，只有当头部和地面倾斜比较多时要托住头部 |

**小提示：**

以上训练项目分散在每天的各个时段中进行，每次时间不要超过15分钟，而且这15分钟内还必须有间隙休息；婴儿喂奶后半小时内不可进行大运动。

## 2. 1月龄婴儿第2课

1月龄婴儿第2课训练项目与方法如表3-2所示。

表3-2　1月龄婴儿第2课训练项目与方法

| 项目一：音乐律动《泰迪熊》 | |
|---|---|
| 目的 | 提高新生儿对音乐律动的兴趣，调节活动气氛，锻炼孩子空间感 |
| 项目二：被动操10节 | |
| 目的 | 被动操是在婴儿还不能主动地全身运动以前帮助婴儿运动的一种方法，为以后婴儿完成翻身、爬等动作做准备，同时促进亲子交流 |
| 项目三：左右旋转 | |
| 目的 | 训练新生儿的前庭功能，发展空间感觉，防止吐奶 |
| 方法 | 将新生儿放在蹦蹦乐的摇床里，让他仰卧在摇床内，成人左右旋转蹦蹦乐。第一次进行旋转时，2～3秒1圈，左右各5圈，共10圈左右 |
| **注意点** | **（1）启动和停止时变速要缓慢，发现婴儿眼震颤马上停止练习**<br>**（2）左右两个方向都要做**<br>**（3）旋转训练是要长期坚持做才会有效果的，在家中可在睡篮上安装轴承，挂起来就可做旋转训练；也可以利用童车做旋转训练** |

续表

<table>
<tr><td colspan="2">项目四：抓、握海绵球</td></tr>
<tr><td>目的</td><td>发展手的小动作，为发展精细动作打下基础</td></tr>
<tr><td>方法</td><td>成人用手把球放到孩子手中，同时告诉孩子要抓住并向孩子描述抓住的球的样子，在练习抓、握的同时把语言带给孩子</td></tr>
<tr><td>注意点</td><td>球的大小要适当，要让婴儿抓得住，但是又吃不下</td></tr>
<tr><td colspan="2">项目五：轻柔拉伸运动</td></tr>
<tr><td>目的</td><td>胎儿在子宫狭小的空间内，全身蜷缩地生活了好几个月，四肢处于轻微的痉挛状态，轻柔拉伸新生儿的关节、肌肉、韧带，可以大大提高其活动能力</td></tr>
<tr><td>方法</td><td>（1）上肢：新生儿仰卧，成人位于他的头部上方，握住手腕向他的头部上方轻轻拉直手臂，停留10～15秒<br>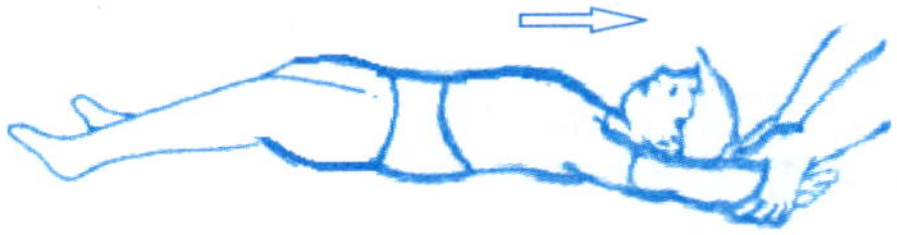<br>（2）下肢：新生儿仰卧，成人位于他的脚底部位，握住脚踝向他的脚底部上方轻轻拉直双腿，停留10～15秒<br>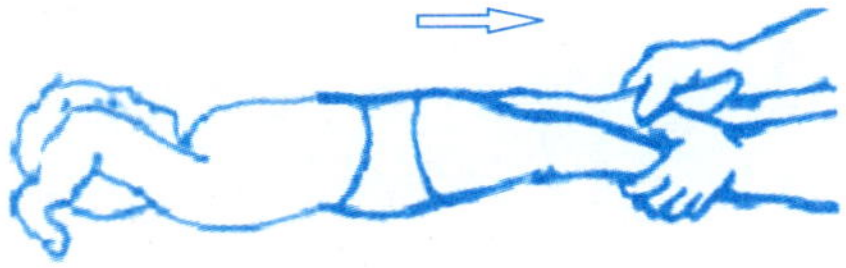<br>（3）躯干：在仰卧的新生儿腰部垫上一个小枕头，保持此姿势10～15秒<br>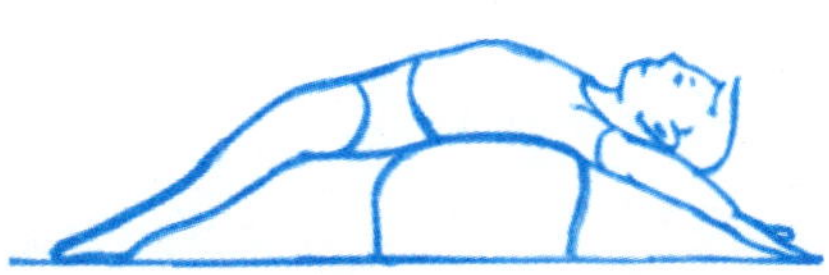<br>（4）双向拉伸：两个成人分别握住新生儿的双手和双脚，向两头轻柔牵拉并停留5～10秒<br>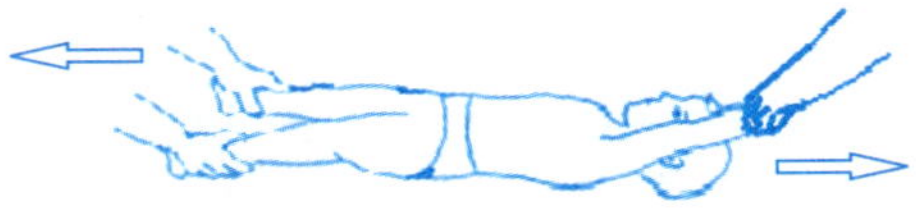<br>（5）手：把新生儿的手轻柔掰开、伸直，停留5秒<br>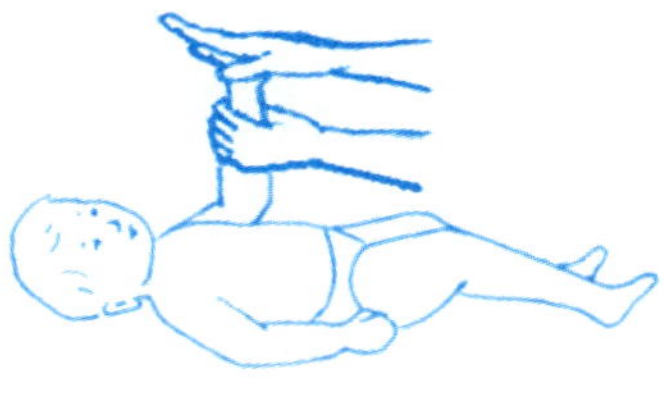<br>以上动作每天早、中、晚各做1次</td></tr>
</table>

续表

| 项目六：初步俯卧抬头 | |
|---|---|
| 目的 | 俯卧抬头是爬行的第一步，可以锻炼新生儿颈部后群肌肉和背部的肌肉，改善新生儿的视觉效果，有利于婴儿的心理发展，也为翻身和坐奠定了基础 |
| 方法 | 在倒悬垂抬头的基础上，成人可以把新生儿从仰卧翻成俯卧，并在这个位置上停留，一般新生儿都会抬起头；如果他没有能力抬头，那么停留时间不要超过3秒，就要把他翻回仰卧<br> |

### 3. 1 月龄婴儿第 3 课

1月龄婴儿第3课训练项目与方法如表3-3所示。

表3-3　1月龄婴儿第3课训练项目与方法

| 项目一：音乐律动（同1月龄婴儿第2课训练项目一） | |
|---|---|
| 项目二：听力训练（给新生儿穿衣服） | |
| 目的 | 通过穿衣服这件日常生活中的事，对婴儿进行早期语言教育。穿衣服是一种动作，在完成动作的同时加上丰富的语言，对于婴儿听力的提高有着极其重大的意义。可把这种方法推广到日常生活的所有方面 |
| 方法 | （1）脱衣服。给新生儿脱衣服前，成人先说“宝宝，我们来脱衣服了”，然后再给孩子脱去衣服。在脱衣服的过程中，每操作一步，就跟新生儿解释动作要领，比如说：“宝宝，把左手举起来”“宝宝，把右手弯一下”<br>（2）穿衣服。给新生儿穿衣服前，成人先说“宝宝，我们来穿衣服了”，然后再给孩子穿衣服。在穿衣服的过程中，每操作一步，就跟新生儿解释动作要领，比如说：“宝宝，把左手伸进袖子里”“宝宝，把右手伸进袖子里” |
| 项目三：左右旋转（同1月龄婴儿第2课训练项目三） | |
| 项目四：抓、握各种软硬球 | |
| 目的 | 发展婴儿的触觉功能，训练婴儿学会手的握放动作，为其以后精细动作发展打基础 |
| 方法 | 把一个硬的木球、一个软的海绵球放在新生儿手中，同时要用语言说明：“这是硬的木球，这是软的海绵球。”可每天训练5～8次，每次做30秒左右 |

续表

| 项目五：初步转头训练 | |
|---|---|
| 目的 | 婴儿诞生1个月左右视觉有了一定的发展，也有了比较好的听力。由于婴儿动作发展的首尾规律，颈部肌肉发育较早，利用这些条件可以让婴儿做转头动作。转头动作通过颈部肌肉转动头部，帮助发展婴儿的听觉、视觉。这也是翻身的辅助练习之一 |
| 方法 | 婴儿仰卧，成人叫婴儿的名字，婴儿会转头注视发出声音的方向，并看着成人的脸。成人两边来回走动，并叫婴儿的名字，婴儿就会来回地转动头部，从而使颈部两侧肌肉得到锻炼<br>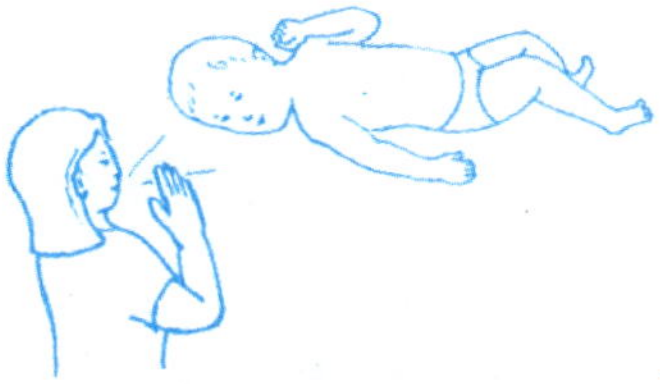 |
| 注意点 | **让婴儿转头，熟人发出的声音比陌生人的声音有效得多** |
| 项目六：轻柔全身按摩 | |
| 目的 | 新生婴儿不能主动进行全身运动，通过成人的按摩，直接接触婴儿的皮肤，间接作用于肌肉、内脏，能提高皮肤的触觉能力，增加内脏器官的活动，促进新陈代谢。在按摩时辅以语言，可以促进婴儿听力和语言的发展，同时可增加成人和他们之间的交流 |

## 4. 1月龄婴儿第4课

1月龄婴儿第4课训练项目与方法如表3-4所示。

表3–4 1月龄婴儿第4课训练项目与方法

| 项目一：音乐律动《泰迪熊》（同1月龄婴儿第2课训练项目一） | |
|---|---|
| 项目二：被动操10节（同1月龄婴儿第2课训练项目二） | |
| 项目三：颈部前群肌肉训练 | |
| 目的 | 颈部肌肉训练是婴儿动作发展的第一步，提高颈部肌肉的力量是婴儿翻身、坐、爬行、直立行走的重要一步 |
| 方法 | 成人坐在地上或有靠背的沙发上，双腿并拢，脚踏在同沙发等高的凳子上，让大腿形成一个斜面。新生儿双腿分开仰卧在成人的大腿上，成人可以轻柔牵拉新生儿的双手让他做仰卧起坐的动作。成人可以通过腿的收、放调整大腿和地面的角度，从而调整新生儿用力的大小<br>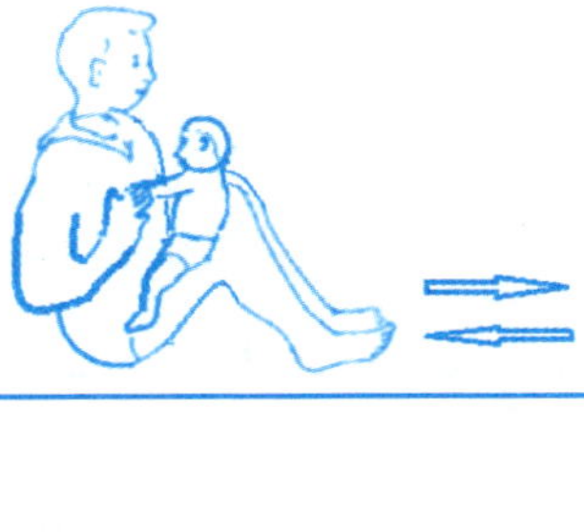 |

续表

| | |
|---|---|
| 项目四：摇摆和左右旋转 | |
| 目的 | 在上一周左右旋转的基础上，这次训练进行摇摆和旋转全部内容，以更好地锻炼宝宝前庭器官，发展空间感觉，杜绝吐奶现象 |
| 方法 | 让宝宝仰卧在旋转器内，边摇晃、旋转，边放音乐。先前后摇晃，然后左右旋转各10圈 |
| **注意点** | **启动和停止时变速要缓慢，发现眼震颤马上停止练习，左右两个方向都要做** |
| 项目五：牵拉手（半悬垂训练） | |
| 目的 | 新生儿有抓、握反射，一般3个月左右大的时候会消失。所以利用这段时间牵拉婴儿双手，可提高婴儿的抓、握和悬垂能力，为以后做仰卧起坐、攀登、悬垂等动作做好力量上的准备 |
| 方法 | 新生儿仰卧或斜卧，成人的大拇指放在新生儿手心里让他握住，四指放在新生儿的手背上并抓住他的手，向上轻轻提拉新生儿。当新生儿用力牵拉后，成人再轻柔用力向上拉，在新生儿用力拉动身体后稍定1～3秒再放下。注意动作一定要轻柔，以防用力过猛将新生儿手腕拉脱臼<br>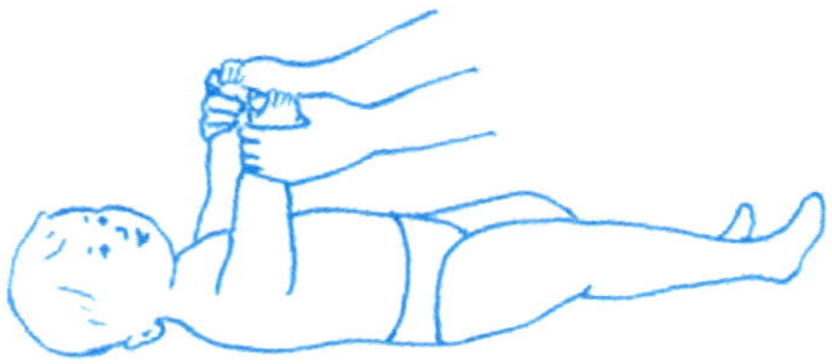 |
| **注意点** | **（1）个别新生儿出生不久就能吊起自己的身体，但是大人不要让他们试做这种过度强烈的动作。如果牵拉是以不完全离开仰卧的平面为限，则新生儿是能胜任的**<br>**（2）由于新生儿肌肉力量弱小，如果没有准备地突然用力牵拉，会发生关节脱臼。成人一定要在新生儿用力后，才可以用大一点的力量牵拉** |
| 项目六：翻身训练（仰卧→俯卧、俯卧→仰卧） | |
| 目的 | 翻身是婴儿整体移动身体的第一步，也是婴儿感知觉发展的关键动作，对于脑发育和健康起到至关重要的作用。这也是爬行、坐的开始动作，对婴儿的动作发展有着重大意义，可以防止婴儿窒息，为连续翻身做准备 |
| 方法 | （1）仰卧翻身成俯卧（以左翻身为例）：婴儿仰卧（如图①），成人位于婴儿头上方；成人用左手拉婴儿左手，使婴儿左手上举并伸直紧贴左耳侧（如图②）；成人右手拉婴儿右手，帮助婴儿翻身成俯卧（如图③）；同时把婴儿的双手拿到肩的上方使婴儿成为俯卧（如图④） |

续表

| 项目六：翻身训练（仰卧→俯卧、俯卧→仰卧） | |
|---|---|
| 方法 | 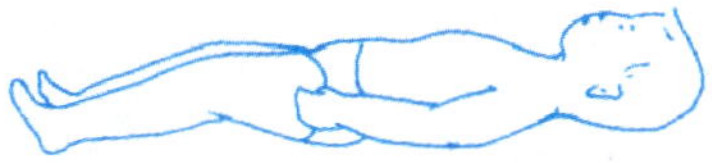<br>①<br>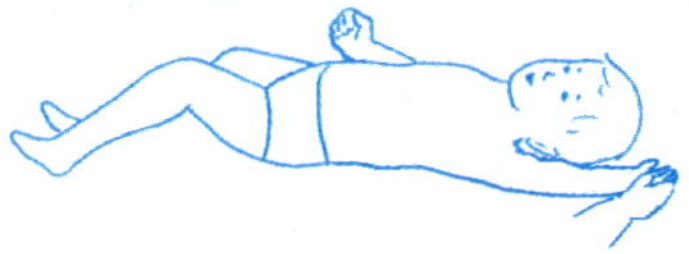<br>②<br><br>③<br>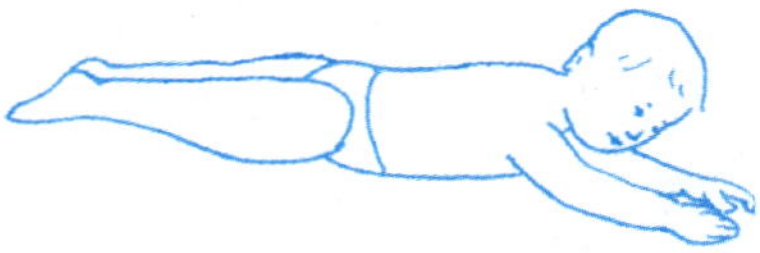<br>④<br>（2）俯卧翻身成仰卧（以右翻身为例）：婴儿俯卧在垫子上，成人位于婴儿的头前方，先把婴儿的右手向左上拉直（如图⑤），接着另一手推婴儿左肩（如图⑥），帮助婴儿翻身成仰卧（如图⑦）<br>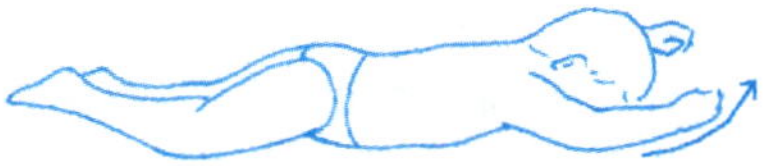<br>⑤<br>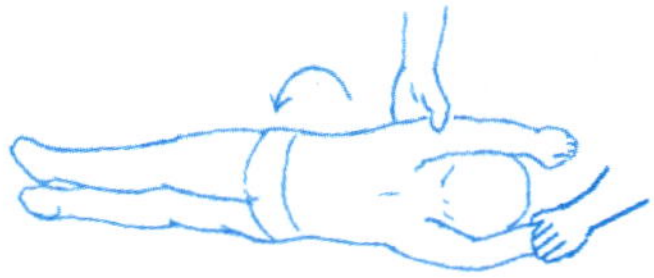<br>⑥<br><br>⑦ |
| 注意点 | 翻身有4个动作，即仰卧翻俯卧左右两个方向，俯卧翻仰卧左右两个方向，这4个方向都要练习 |

## 相关链接：

### 新生儿早教要做的12件事

早期教育是人生教育中很重要的时期，婴儿教育是早期教育中的重中之重，而做好婴儿教育的关键是新生儿教育，因此我们把新生儿教育要做的事情列了出来。

（1）登记新生儿第一天的生活流水账。母亲和护理人员在一周内听懂新生儿的哭声，是防止婴儿日后无理取闹的关键。

（2）轻柔拉伸和柔软训练。由于胎儿6个多月时已经充满子宫，手脚基本不能伸展，整个身体3个多月保持蜷曲状态，因此每个新生儿都有轻度肌肉痉挛的现象，解除新生儿的轻度肌肉痉挛有利于婴儿的生长发育和动作发展。

（3）初步转头训练。控制头部是婴儿动作发展的第一步，为翻身、坐、爬行、走、跑、跳奠定良好基础。

（4）被动操。对于基本不会运动的新生儿来说，被动运动是拉伸婴儿关节、帮助婴儿体会全身各部分运动的有效方法，为翻身、爬行、直立行走、跑、跳和精细动作的发展奠定了基础。

（5）翻身。翻身是婴儿翻转全身的动作，也是改善婴儿视觉效果、感知觉的关键动作，可以提高躯干、手、腿的肌肉力量，为坐奠定基础。

（6）前庭训练。利用蹦蹦乐的摇篮进行摇晃、旋转，巩固、提高婴儿在胎儿期所获得的感觉人体运动和方位的功能，这也是防止吐奶的关键运动。

（7）按摩。按摩可促进不能主动全身运动的婴儿的新陈代谢，还具有预防疾病的功能。

（8）音乐。学习儿歌、音乐律动和进行曲可提高婴儿音乐智力，音乐智力是人的综合智力的重要组成部分。

（9）手舞足蹈。少抱，让新生儿仰卧着自己进行手舞足蹈的运动，同时播放进行曲，这是婴儿早期最重要的全身运动之一。

（10）气球游戏。发展婴儿的视觉、听觉、触觉，提高颈部肌肉力量，促进手、脚、眼的协调配合。

（11）语言。日常生活中成人做什么事情都要动作和语言同步，以提高婴儿的听力。对新生儿的"婴语"要及时做出回复。不要阻止新生儿适度吃自己的手，这是婴儿训练舌头和口腔的最主要方法。双语（方言和普通话也可）同步进行，促进尾状核发育。

（12）童车操。每个婴儿都有童车，而且现在的童车都比较灵活，因此可以通过轻轻推拉童车来训练婴儿的前庭感觉，提高婴儿的空间感觉，防止吐奶，在婴儿浅睡眠状况下还可以起到哄睡的效果。

做到这几件事，可使新生儿睡眠正常、"哭"声减少、不吐奶、解除肌肉痉挛并且逐步建立自主免疫力，让孩子减轻疾病的困扰。这些训练让新生儿在适应外部大千世界的同时，和母亲及护理人员进行良好的磨合，使婴儿的生活逐步走上正轨，并为以后的喂养和教育奠定良好的基础。

## 二、2 月龄婴儿早期教育

### 1. 2 月龄婴儿第 5 课

2月龄婴儿第5课训练项目与方法如表3-5所示。

表3-5　2月龄婴儿第5课训练项目与方法

| | |
|---|---|
| 项目一：音乐律动《找朋友》 | |
| 目的 | 提高宝宝对音乐律动的兴趣，调节活动气氛，锻炼宝宝社会交往能力，促进亲子感情 |
| 项目二：被动操10节（同1月龄婴儿第2课训练项目二） | |
| 项目三：借用枕头轻柔翻身 | |
| 目的 | 通过枕头同床面的落差，利用重力作用，让婴儿在成人的帮助下完成翻身。通过这样的训练，婴儿很快能够掌握自主翻身的动作 |
| 方法 | 让婴儿仰卧在枕头上，成人在一旁翻动枕头（如图①），让婴儿轻轻滚下枕头（如图②）<br>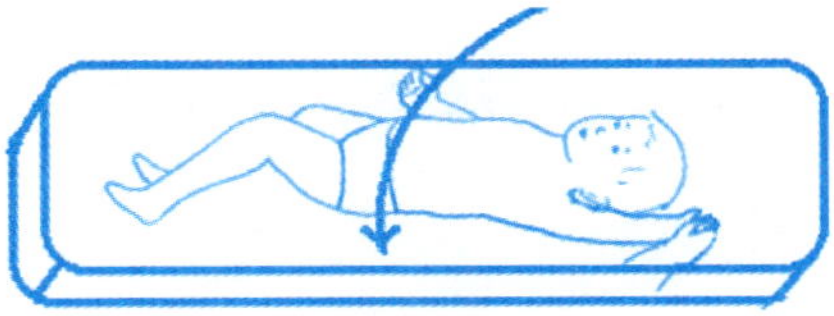<br>①<br>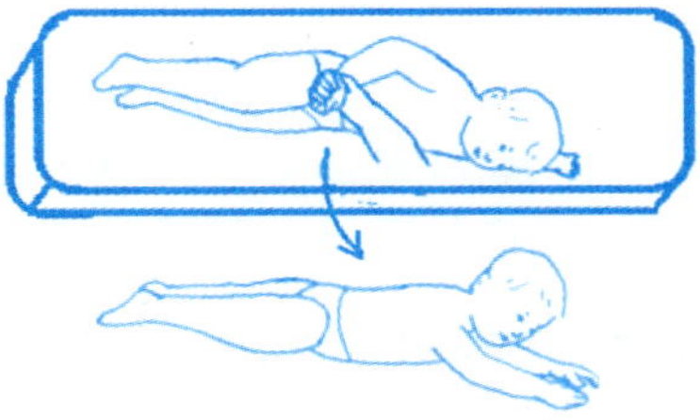<br>② |
| 项目四：尝试肘撑俯卧抬头 | |
| 目的 | 俯卧抬头可以提高颈部肌肉的力量，是翻身、爬行的基础，肘撑俯卧为直臂支撑做准备 |
| 方法 | 婴儿肘撑，即是用肘关节和手支撑起上体的俯卧。婴儿会俯卧抬头后，慢慢自然会有肘撑动作。开始时婴儿支撑比较低，成人可用双手托一下婴儿的头和胸部，帮助他抬高上身<br>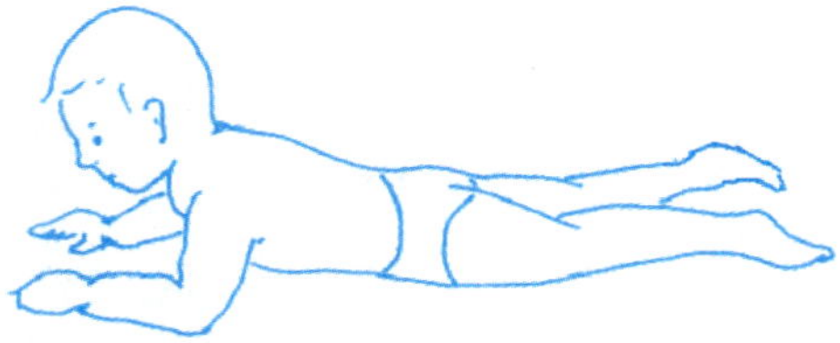 |
| 项目五：童车操 | |
| 目的 | 每个婴儿都有童车，而且每天都会坐在或躺在童车中出行、休息，可以利用轻轻推、拉、旋转来训练婴儿的前庭感觉，提高婴儿的平衡能力和空间感觉，提高胎儿先天具有的前庭反射 |

续表

| 项目六：髋关节柔软训练 | |
|---|---|
| 目的 | 婴儿的肌肉还不够有力量，韧带比较松，在婴儿2个月大时，对他进行柔软训练，能起到事半功倍的效果。从小开始柔软训练可以使孩子的肌肉、韧带更有弹性，运动幅度更大，也可以让孩子学会放松，减少受伤 |
| 方法 | 髋关节柔软训练包括横一字、纵一字两种训练方法<br>（1）横一字：婴儿仰卧屈膝，成人轻轻地向下压膝盖，当手上感到有一些紧绷时停顿3～5秒（如图①）<br>（2）纵一字：成人用一只手轻轻压住婴儿一条腿的膝部使它伸直，另一只手抓住另一条腿小幅度压向胸部停顿3～5秒（如图②）<br>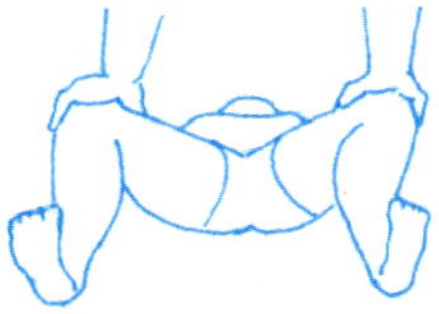<br>①<br>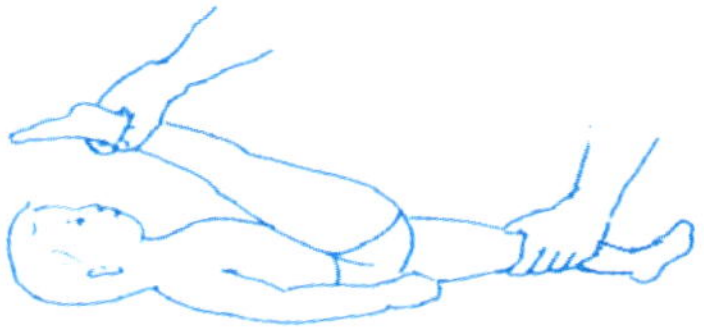<br>② |
| **注意点** | **因为每个婴儿的柔软性都不一样，在对婴儿进行柔软训练时，动作力度不宜太大，当手上感到有一些紧绷时要及时停下来。这是一个循序渐进的过程，千万不能操之过急** |

## 2. 2月龄婴儿第6课

2月龄婴儿第6课训练项目与方法如表3-6所示。

表3–6　2月龄婴儿第6课训练项目与方法

| 项目一：音乐律动（同2月龄婴儿第5课训练项目一） | |
|---|---|
| 项目二：轻柔全身按摩（同1月龄婴儿第3课训练项目六） | |
| 项目三：尝试自主翻身训练（90度侧卧翻身） | |
| 目的 | “俯卧→仰卧”比“仰卧→俯卧”容易很多，但是不训练的话，一般婴儿往往不会做，下面就是由易到难的第一步——90度侧卧翻身 |
| 方法 | 以向左翻身为例，成人把婴儿放成90度侧卧位（如图①），使婴儿的身体基本上同地面垂直，然后发出翻身的口令，让婴儿通过自己的努力翻成仰卧（如图②）。刚开始训练时，成人可用右手推婴儿右肩帮助翻身成仰卧。经过多次反复训练，让婴儿听懂翻身口令<br>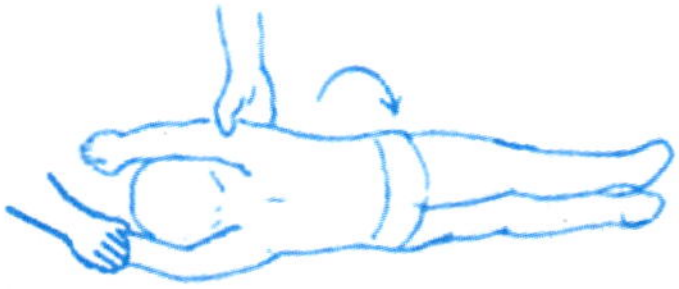<br>①<br><br>② |

续表

| 项目四：轻柔拉手悬垂 | |
|---|---|
| 目的 | 帮助提高宝宝的肩带力量，为攀登、扶手旋转做准备。经常做拉手悬垂的婴儿由于肩、肘关节的力量增强，很少出现关节脱臼 |
| 方法 | 成人抓住婴儿的手腕，轻柔缓慢提起孩子的整个身体，稍停，不可用力过猛，不可勉强行事  |
| **注意点** | **（1）拉婴儿时，力度要适当，以免伤到婴儿**<br>**（2）柔软性的训练是要长期坚持做才会有效果** |
| 项目五：尝试肘撑俯卧抬头（同2月龄婴儿第5课训练项目四） | |

### 3. 2月龄婴儿第7课

2月龄婴儿第7课训练项目与方法如表3-7所示。

表3-7　2月龄婴儿第7课训练项目与方法

| 项目一：音乐律动（同2月龄婴儿第5课训练项目一） | |
|---|---|
| 项目二：仰卧手舞足蹈 | |
| 目的 | 婴儿仰卧时的手舞足蹈是一项主动的全身运动，这是婴儿在不能翻身前的一种自我保护式的健身运动，可以利用它来提高婴儿的主动运动量，从而提高自主免疫力，促进他们的健康，同时提高婴儿的智力 |
| 方法 | 婴儿在仰卧时经常会舞动自己的手、脚，这个时候成人可站立在婴儿的脚跟位置，一边拍手，一边叫“1、2、1”的口令，当婴儿停止舞动时成人发出立停的口令，反复练习，让婴儿把拍手、听口令同他的手舞足蹈之间形成条件反射 |
| 项目三：尝试以手击球 | |
| 目的 | 通过玩球协调孩子的眼手配合的能力，提高他的空间感知力，调节眼球肌肉的功能，提高视力 |
| 方法 | 让婴儿靠坐在成人的身边，成人一只手拿气球，另一只手抓住婴儿的前臂，帮助婴儿去拍气球。拍完几次后，成人再引导婴儿主动击球 |
| **注意点** | **给婴儿拍的气球，千万不要充气太足，以免气球爆炸吓到婴儿** |

续表

| 项目四：摇摆和左右旋转（同1月龄婴儿第4课训练项目四） | |
|---|---|
| 项目五：婴儿的“吃” | |
| 目的 | 6个月以前的孩子一般还没有牙齿，因此他们所谓的吃实际上是用舌头舔东西，这个过程中孩子运动了舌头，经过大约一年时间的运动，舌头和口腔可以灵活使用了，孩子发出的声音就形成了语言 |

### 4. 2月龄婴儿第8课

2月龄婴儿第8课训练项目与方法如表3-8所示。

表3-8　2月龄婴儿第8课训练项目与方法

| 项目一：音乐律动（同2月龄婴儿第5课训练项目一） | |
|---|---|
| 项目二：仰卧，左、右脚踢气球 | |
| 目的 | 发展婴儿眼、脚的协调配合能力，促进神经髓鞘化，为翻身做准备 |
| 方法 | 使婴儿仰卧，在一个充了气的气球上连一根绳子，成人手抓住绳子放在婴儿的胸部上，然后抓住婴儿小腿，再发出踢球的口令，同时帮助他踢气球<br>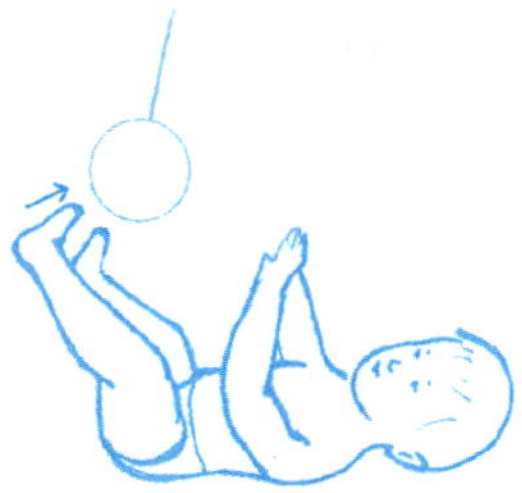 |
| 项目三：尝试完成俯卧→仰卧 | |
| 目的 | 完成全身运动对于早期婴儿建立自主免疫力有重大作用，能够促进婴儿的健康 |
| 方法 | 在90度侧卧翻身训练的基础上，逐步减小角度，直至婴儿身体完全同床面平行，独立完成从俯卧（如图①）到仰卧（如图②）的翻身运作<br>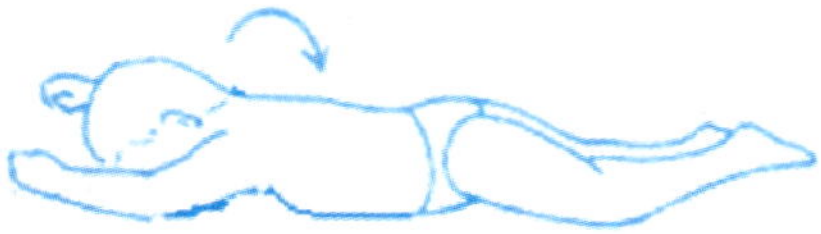 ①<br> ② |

续表

| 项目四：荡秋千 | |
|---|---|
| 目的 | 促进婴儿平衡器官的发育及空间感觉的发展；帮助婴儿了解儿歌的韵律，培养其对音乐律动的兴趣；在音乐声中，按节拍荡漾能促进右脑的发育 |
| 方法 | 帮婴儿仰卧在大浴巾内，父母分别拉浴巾的两角，然后向左、右，上、下，前、后，顺时针、逆时针摆动<br>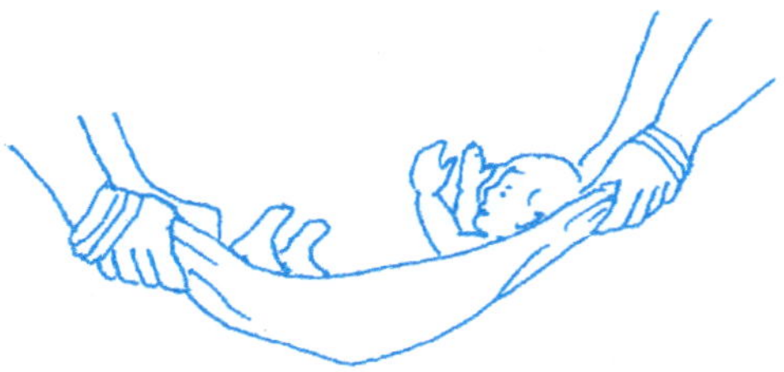 |
| **注意点** | **拉浴巾时成人将浴巾在双手转一圈，一定要注意婴儿安全，防止浴巾脱手** |
| 项目五：玩自己的脚 | |
| 目的 | 平时会看到宝宝躺在床上，手和脚不停在动，但这种动是先天性无意识的动，利用宝宝的这种潜能，让宝宝的手主动抓脚，可以发展婴儿眼、手、脚的协调配合 |
| 方法 | 让婴儿仰卧，然后抓住婴儿小腿和手帮助他双手抓住一条腿（脚），然后换另一条腿（脚） |
| 项目六：手的抓放训练 | |
| 目的 | 通过手的抓放训练，积累婴儿的视觉和触觉经验 |
| 方法 | 把积木摆在距宝宝20厘米左右的地方（这个距离是宝宝观察物体大小、形状的最佳距离），让宝宝自由摆弄积木。婴儿有抓握反射，所以开始时往往会抓住不放，因此成人要轻轻掰开婴儿的手同时跟婴儿说："宝宝，把手松开。"当婴儿对积木有一定的熟悉以后，成人可引导婴儿把积木抓起来，放到准备好的篮子里（抓到某个积木时，成人要告诉宝宝这个积木的形状、颜色和大小），并把"抓"和"放"两个字与动作结合教给宝宝 |

## 三、3 月龄婴儿早期教育

### 1. 3 月龄婴儿第 9 课

3月龄婴儿第9课训练项目与方法如表3-9所示。

表3-9　3月龄婴儿第9课训练项目与方法

| 项目一：音乐律动《小铃铛》 | |
|---|---|
| 目的 | 提高婴儿对音乐律动的兴趣，调节活动气氛，训练婴儿左右手抓握铃铛的能力 |
| 项目二：主动全身运动 | |
| 目的 | 提高婴儿的主动运动量，从而促进他们的健康，同时提高婴儿的智力 |
| 方法 | （1）婴儿仰卧时，成人一边喊口令，一边原地踏步，一般婴儿会做出手舞足蹈的动作（如图①），成人在婴儿手舞足蹈有点累的时候发出立停的口令，这时婴儿也会顺势休息（如图②）。成人要及时鼓掌鼓励，让婴儿把拍手、口令同他的手舞足蹈之间形成条件反射<br>（2）在图①的基础上，让婴儿仰卧，成人拍手后开始喊“1、2、1”的口令同时原地踏步，婴儿会跟着手舞足蹈，10～15秒后成人发出“立停，1、2”（如图②），婴儿停留休息5秒。之后重新进行第二次手舞足蹈运动，一般可以重复3～4次<br>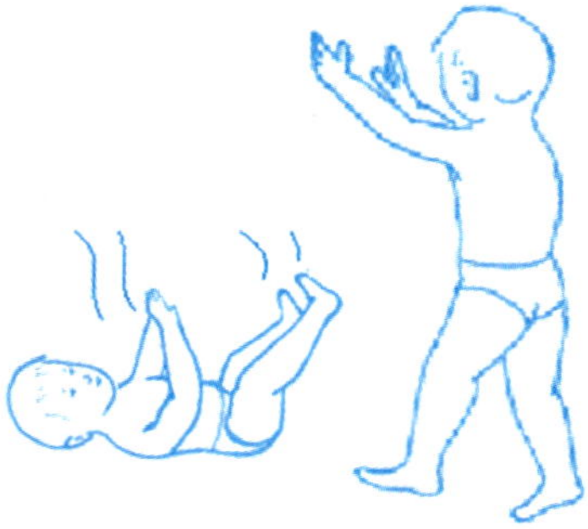<br>①<br>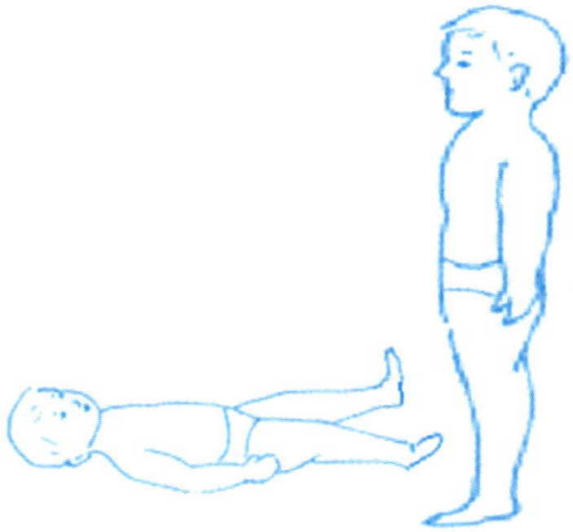<br>② |
| 项目三：手、脚悬垂游戏 | |
| 目的 | 这个动作可培养婴儿矢状轴方向的空间感觉和勇敢精神，锻炼婴儿的肌肉、韧带 |
| 方法 | 成人用双手分别抓住仰卧婴儿的右脚踝和右手腕，提起婴儿成悬垂，轻轻摇晃3～5次顺势放下。然后抓住婴儿左脚踝和婴儿左手腕再摇晃3～5次<br>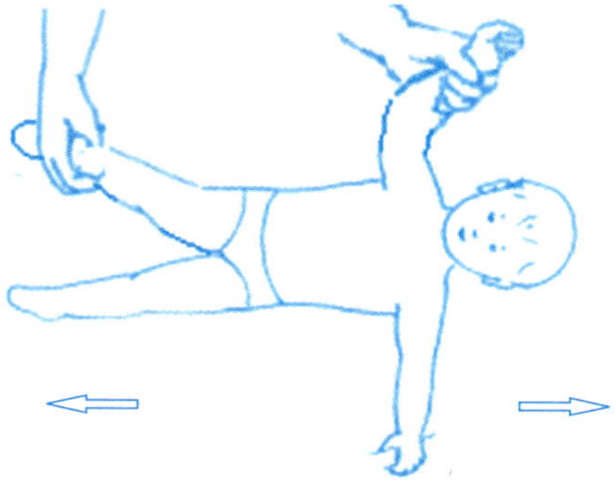 |

续表

| 项目四：斜面仰卧起坐 | |
|---|---|
| 目的 | 仰卧起坐可以增强婴儿的颈部和腹部力量，为爬行动作做好力量上的准备 |
| 方法 | 婴儿仰卧在垫子上，成人把大拇指放在婴儿手心中，当婴儿抓住成人大拇指后，成人握住婴儿腕部，向上轻轻提拉（如图①）。当婴儿用力牵拉后，成人再第二次用力向上拉，在婴儿用力拉到坐位后稍定1～3秒再放下。经过一段练习后，婴儿能以平地开始姿势（如图②）完成<br>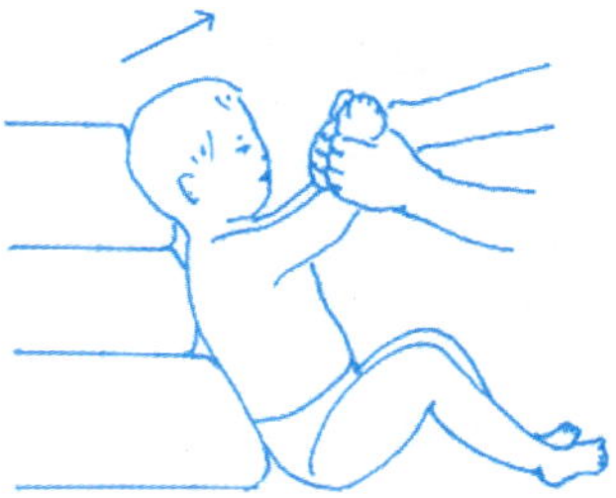<br>①<br>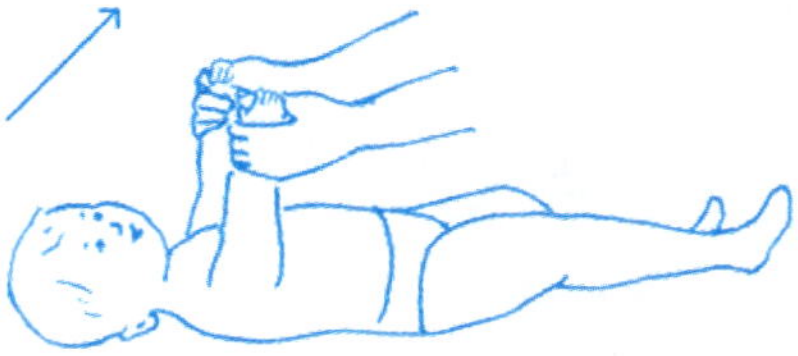<br>② |
| 注意点 | **（1）由于婴儿还小，手臂的力量有限，所以开始练习时，在高斜面上做，逐步降低斜面，最后在平地上完成**<br>**（2）不要快速地拉起婴儿，以免伤到婴儿的手臂关节** |

| 项目五：尝试脚夹球 | |
|---|---|
| 目的 | 发展婴儿的腿部肌肉协调性，眼和脚、手的配合能力 |
| 方法 | 让婴儿躺在垫子上，成人把用绳子连着的气球放在婴儿脚的上方，让婴儿用脚夹住球，并配合语言“夹球”<br>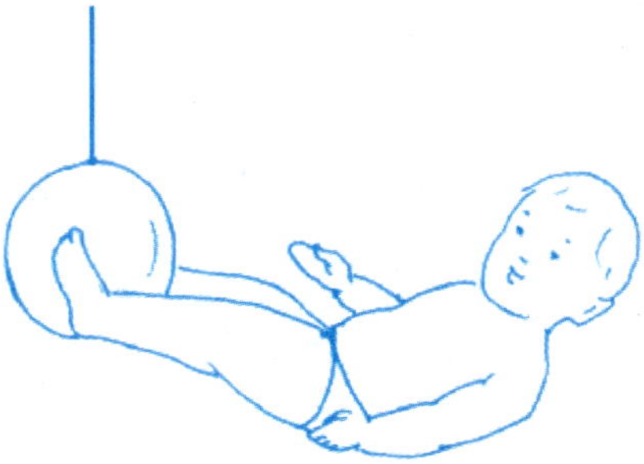 |
| 注意点 | **不要让婴儿用手用力抓气球，以免气球爆炸** |

续表

<table>
<tr><th colspan="2">项目六：尝试学习手语（拍手、再见）</th></tr>
<tr><td>目的</td><td>这个阶段的婴儿已经能够随意地在成人怀中靠坐了，因此可以开始学习一些可以坐着做而且比较简单的手语，在提高婴儿手指灵活性的同时发展婴儿的人际交往能力</td></tr>
<tr><td>方法</td><td>成人坐抱婴儿靠在体前，握着婴儿的手让他做拍手等动作。练习开始时成人要手把手地帮助婴儿完成动作，然后逐步让婴儿独立完成。每天可训练5～10次<br></td></tr>
</table>

## 2. 3 月龄婴儿第 10 课

3月龄婴儿第10课训练项目与方法如表3-10所示。

表3-10　3月龄婴儿第10课训练项目与方法

<table>
<tr><th colspan="2">项目一：音乐律动（同3月龄婴儿第9课训练项目一）</th></tr>
<tr><th colspan="2">项目二：成人扶婴儿腋下轻轻旋转</th></tr>
<tr><td>目的</td><td>这个动作可培养婴儿的空间感觉和勇敢精神，提高前庭的稳定性，防止吐奶</td></tr>
<tr><td>方法</td><td>成人从后面抱住婴儿，双手扶婴儿腋下并抓紧，然后原地轻轻转圈，婴儿就随着成人的旋转腾空转圈，根据婴儿接受情况，从旋转一圈慢慢尝试旋转两圈、三圈，一定要循序渐进<br></td></tr>
</table>

续表

| 项目三：玩七彩大木珠 | |
|---|---|
| 目的 | 让宝宝感知不同的色彩，促进视觉器官的发展；通过抓握训练宝宝手的灵活性 |
| 方法 | 开始时成人把大木珠放在婴儿手的前面，让婴儿抓成人手中的木珠；然后引导婴儿用手抓篮子里的木珠，放到地上，同时告诉婴儿木珠的颜色、形状，跟着婴儿一起数木珠<br> |
| 注意点 | **一定要让婴儿的左右手都要拿取。木珠的大小要让婴儿拿得住但吃不下，千万不能用较小的木珠，以防婴儿误食** |
| 项目四：尝试斜面翻身 | |
| 目的 | 提早完成翻身的动作。斜面翻身比从枕头上滚下更接近平面翻身，婴儿在斜面上能独立完成翻身后一周一般就能在平地上独立翻身了 |
| 方法 | 以“左俯卧→仰卧”翻身为例，翻身时婴儿左臂弯曲贴于胸前。婴儿翻身将过未过时，成人若帮助，用力要恰当，以增加孩子自己完成的成分<br>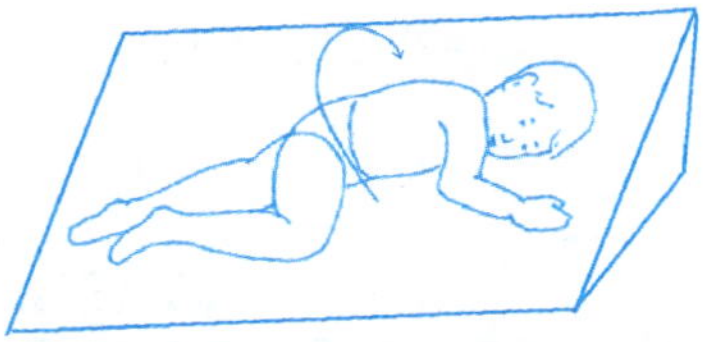 |
| 注意点 | **仰卧→俯卧，俯卧→仰卧，左、右两个方向都要做。没有斜面垫子也可以用枕头代替** |
| 项目五：尝试双手击吊球 | |
| 目的 | 通过练习协调宝宝的眼手配合能力，同时提高听力和空间感觉 |
| 方法 | 婴儿仰卧，一个成人的两只手拿气球，另一个成人抓着婴儿前臂帮助拍气球。拍完几次后，成人引导婴儿主动击球<br>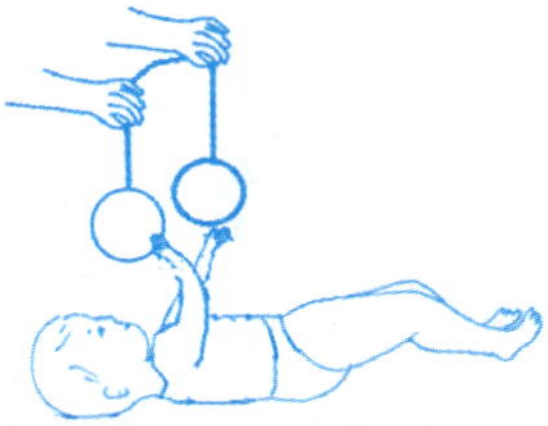 |
| 注意点 | **（1）成人帮助时，必须抓婴儿的前臂，因为抓手的话，婴儿体会不到击球的感觉**<br>**（2）抓上臂刚刚开始很难击到球，需反复练习**<br>**（3）左右手都要练习击球** |

续表

| 项目六：仰卧蹬腿 | |
|---|---|
| 目的 | 蹬腿是婴儿爬行的重要动作之一，而仰卧蹬腿是最容易的练习方法，是爬的辅助练习 |
| 方法 | 婴儿仰卧在垫子上，成人用手轻轻顶住婴儿的双脚底，并使他双腿弯曲，稍停后发出蹬腿口令。如果婴儿从小就开始做被动操，做这个蹬腿的动作就比较容易；如果婴儿不会蹬腿，可采用斜面由上向下做蹬腿练习<br>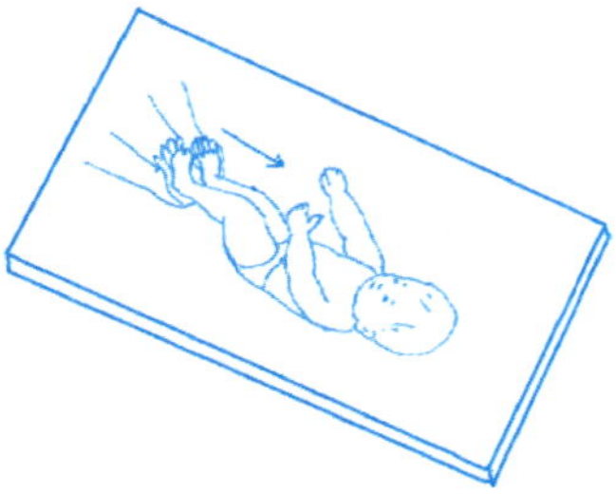 |
| 注意点 | **（1）此项目需每天坚持练习，婴儿的腿部力量才能够得到提高**<br>**（2）在家里练习的时候，不要把宝宝放在床上练习，床的阻力太大，宝宝比较累，会让宝宝失去信心和兴趣，尽量把宝宝放在相对光滑的平面上** |

### 3. 3 月龄婴儿第 11 课

3月龄婴儿第11课训练项目与方法如表3-11所示。

表3–11　3月龄婴儿第11课训练项目与方法

| 项目一：音乐律动（同3月龄婴儿第9课训练项目一） | |
|---|---|
| 项目二：轻柔拉手、脚旋转 | |
| 目的 | 进一步训练婴儿的空间感觉 |
| 方法 | 成人用手分别轻轻抓住婴儿的右手腕和右脚踝，做2～3圈的向左旋转（如图①），然后放下婴儿。再用手分别轻轻抓住婴儿的左手腕和左脚踝做向右的2～3圈的旋转（如图②）<br>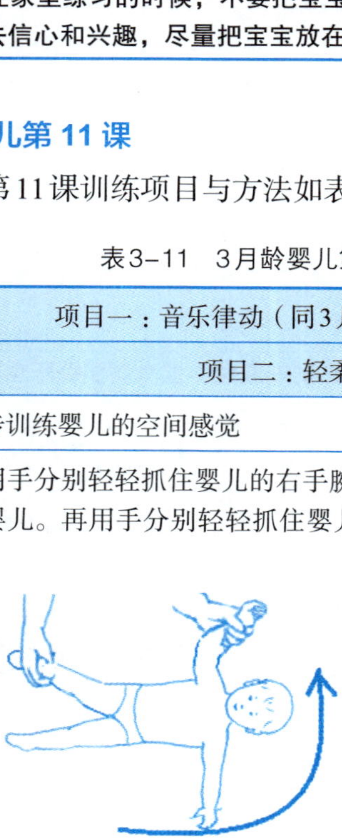<br>①<br>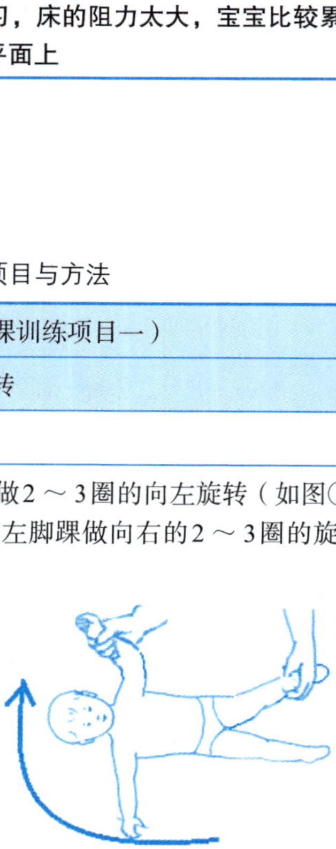<br>② |
| 注意点 | **旋转方向必须是图示的方向，不然婴儿的髋关节处就会出现反关节运动，容易受伤** |

续表

| 项目三：尝试连续翻身 | |
|---|---|
| 目的 | 在婴儿掌握翻身动作后，让他连续翻身，使他的翻身动作熟练自如，从而提高整体移动身体的能力 |
| 方法 | 成人位于婴儿的头部位置，按2月龄婴儿第8课训练项目三“尝试完成俯卧→仰卧”的训练方法做连续的“仰卧→俯卧→仰卧”的翻身训练。可让婴儿躺在垫子的一端，在垫子的另一端放一个玩具，一个成人摇动玩具逗引婴儿，另一个成人帮婴儿连续翻身到另一端拿到玩具。婴儿拿到玩具后，成人要抱着婴儿亲一下，表示鼓励 |
| 项目四：尝试吹气游戏 | |
| 目的 | 人类语言的形成是由舌头和口腔运动的结果，而听力是前提。吹气游戏可以使婴儿口腔得到充分运动，从而提早形成语言功能 |
| 方法 | 3～6个月婴儿有玩嘴巴的先天性反射，吹气可使嘴巴上下抖动，成人可以同婴儿一起玩。当婴儿能够吹得嘴唇上下抖动以后，再给婴儿买个小喇叭，他一吹就响了，提高婴儿对吹气的兴趣 |
| 项目五：尝试传递球游戏 | |
| 目的 | 让婴儿学会分享 |
| 方法 | 成人握住婴儿拿球的前臂，把球送给他人，同时要说鼓励的话，如“宝宝，把球给他，我们就可以一起玩了”，然后另外一位成人帮助把球传递回来 |
| 项目六：尝试摇沙锤 | |
| 目的 | （1）沙锤是有响声的玩具，很容易吸引婴儿，可借此来训练婴儿的抓握能力<br>（2）沙锤很容易摇出节奏，可以培养婴儿的节奏感 |
| 方法 | 帮助婴儿手拿沙锤，边念儿歌边有节奏地摇动沙锤：“小沙锤，真好玩，左摇摇，右摇摇，沙沙沙，会唱歌” |

### 4. 3月龄婴儿第12课

3月龄婴儿第12课训练项目与方法如表3-12所示。

表3-12　3月龄婴儿第12课训练项目与方法

| | |
|---|---|
| 项目一：音乐律动（同3月龄婴儿第9课训练项目一） | |
| 项目二：舌头运动 | |
| 目的 | 语言是喉、声带等发音器官和口、舌运动的结果，而使发出的声音变成语言主要通过变化舌头的位置、舌头的形态和口型，所以训练婴儿的舌头能使他们更快学会说话，同时也能锻炼婴儿的模仿能力，促进婴儿的语言发展 |
| 方法 | 给婴儿创造一个良好的“吃”的环境<br>（1）保证卫生：把婴儿喜欢的“吃”的东西（主要是玩具）放在一个容器中，容器和玩具都要洗干净，婴儿的手也要洗干净<br>（2）解决安全：玩具大小应是婴儿能抓、握又吃不下去的大小，绝不要有尖锐的棱角，以防出现危险<br>（3）提高兴趣：容器和玩具要及时更换，因为喜新厌旧是婴儿的特点；使用过的东西过一段时间还可以重复使用，因为遗忘快是婴儿早期的另一个特点 |
| 项目三：轻柔拉手仰卧起坐 | |
| 目的 | 拉手仰卧起坐可增加婴儿的腹部、颈部、上肢、肩带力量和手的握力，为腹部离地的跪撑爬行、攀登做力量上的准备，是牵拉的后续动作 |
| 方法 | 婴儿仰卧，成人把大拇指放入婴儿手掌中（如图①），待婴儿抓住后，先轻轻拉一下婴儿的手，感觉到婴儿的手在用力时，再缓慢往上拉（如图②），握住婴儿的手轻轻提起成坐位（如图③）<br>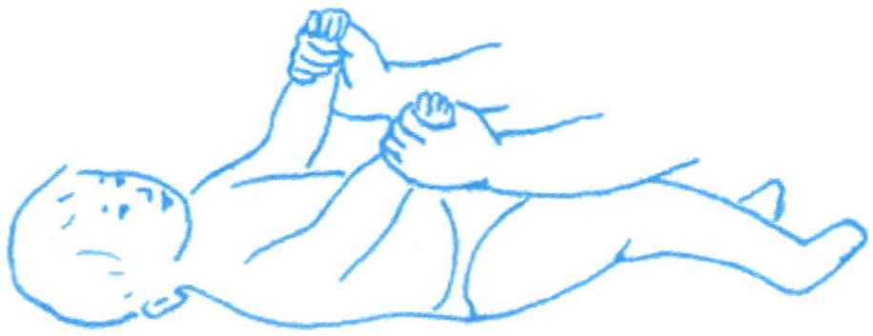<br>①<br><br>②<br>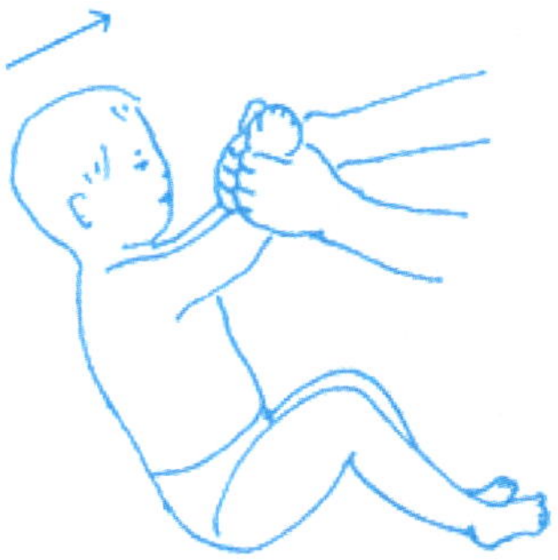<br>③ |
| 注意点 | **拉宝宝手时力量一定要适当，循序渐进，不可操之过急** |

续表

| 项目四：俯卧蹬腿 | |
|---|---|
| 目的 | 爬行是婴儿第一个能远距离移动身体的动作。爬行时人的重心比较低，支撑点多，支撑面积大，容易掌握平衡。但爬行又是一个比较复杂的动作，这个阶段的宝宝还没有具备标准爬行的能力，所以可让婴儿在光滑的垫子上面练习俯卧蹬腿，这是爬行前的辅助练习 |
| 方法 | 把婴儿抱到光滑的垫子上，在婴儿的面前放一个发声的玩具。成人用双手顶住婴儿的脚底，使婴儿的大腿和身体、大腿和小腿均弯成90度左右，同时发出蹬腿口令，一般婴儿在稍停后会做出双腿蹬的动作，使自己匍匐前进<br>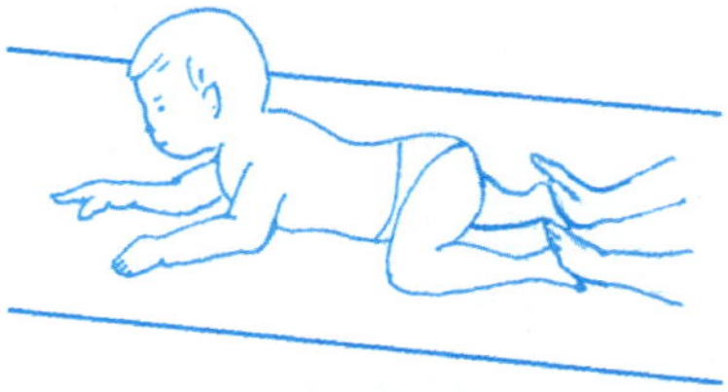 |
| 项目五：翻身取物 | |
| 目的 | 翻身取物涉及完整的高级心理活动，它是促使婴儿脑发育进入迅速发展的主要动作 |
| 方法 | 婴儿仰卧，用一个玩具逗引婴儿后放在他头部侧面（如图①），婴儿会尝试翻身去拿（如图②），如果婴儿翻身有困难，成人应稍稍帮助一下，使婴儿完成从仰卧到俯卧的翻身动作（如图③），婴儿取到玩具后要马上鼓掌以示鼓励<br><br>①<br>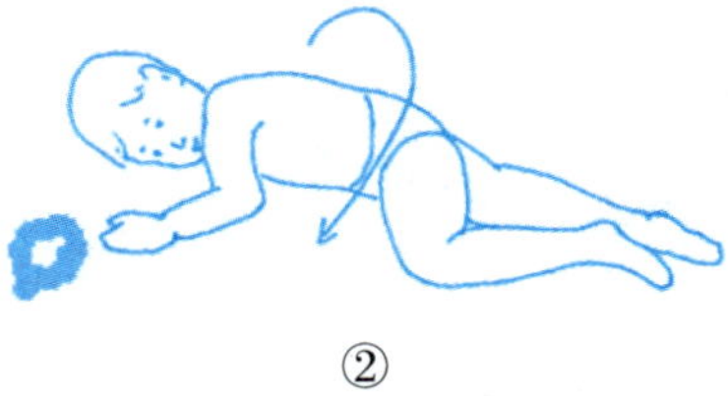 ② 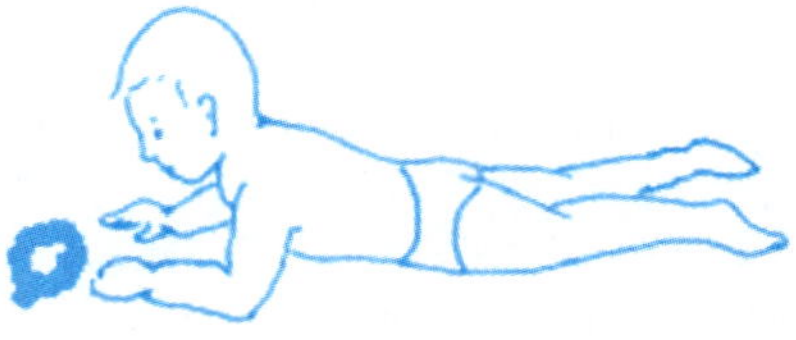 ③ |
| 项目六：看图画 | |
| 目的 | 图画是比较容易理解的信息，有了这个基础，后续再逐步转向比较困难的文字符号 |
| 方法 | （1）用爸爸、妈妈的照片进行示范，对婴儿来说这是两张最容易熟悉和认识的图片。先只看图片，再真人和图片一起看<br>（2）让婴儿先看香蕉图片，再看实物香蕉，然后再给婴儿闻一闻，以后婴儿看见香蕉的图片就会同实物香蕉建立起条件反射 |

## 四、4月龄婴儿早期教育

### 1. 4月龄婴儿第13课

4月龄婴儿第13课训练项目与方法如表3-13所示。

表3-13　4月龄婴儿第13课训练项目与方法

| | |
|---|---|
| 项目一：音乐律动《两只老虎》 | |
| 目的 | 提高宝宝对音乐律动的兴趣，调节活动气氛，学习简单的拍手等手部动作 |
| 项目二：髋关节柔软训练（横一字） | |
| 目的 | 在前2个月的柔软训练基础上，可以尝试让婴儿完成横一字的动作，切记不可勉强 |
| 方法 | 婴儿处于仰卧状态，早教师帮助孩子分开伸直双腿，然后轻轻地向下压脚踝，当手上感到有一些紧绷时停顿3～5秒<br>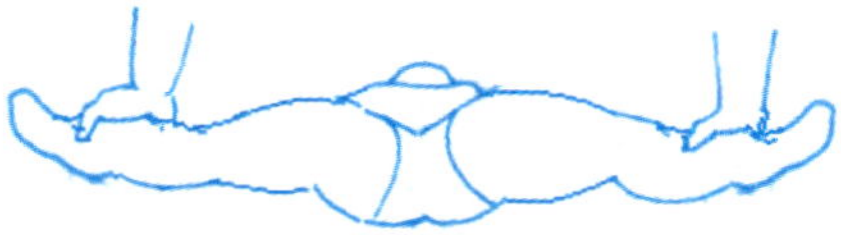 |
| 注意点 | **早教师进行柔软训练时，动作力度切记不宜太大，轻轻地压，当手上感到有一些紧绷时停顿3～5秒。等训练一段时间后，婴儿的肌肉、韧带就会比以前更有弹性，这是一个循序渐进的过程，千万不能操之过急** |
| 项目三：滚球游戏 | |
| 目的 | 滚球游戏能提高婴儿的空间感觉和眼手配合能力，促进成人与婴儿之间的交往，为其今后的社交奠定基础，同时有利于婴儿视力的提高 |
| 方法 | 当婴儿能够很稳地独立坐后，可以进行互动球类游戏。成人坐地，分腿至90度把婴儿抱坐在身体前，然后把球放在婴儿的双手里，接着成人抓住婴儿的前臂，帮助婴儿把球滚向坐在对面的成人，对面成人帮助婴儿接住来球，反复练习 |
| 注意点 | **成人在帮助婴儿滚球时，帮助婴儿的手只能握他的前臂，这样既起到帮助的作用又不会造成包办。因为握上臂起不到帮助作用，握手就完全是成人在滚球了，婴儿失去了主动性** |
| 项目四：俯卧直臂支撑 | |
| 目的 | 训练婴儿手臂的支撑力量以及上肢的肩带力量，为跪撑爬行做准备 |
| 方法 | 婴儿成俯卧位，成人双手将婴儿的手臂缓慢伸直支撑其身体。如果婴儿自己不能伸直，在肘撑的基础上，成人在婴儿背后用手轻轻把婴儿的肘关节顶直，帮助婴儿支撑起上体<br> |

续表

| 项目五：小竹竿拉手仰卧起坐 | |
|---|---|
| 目的 | 增加婴儿的腹部、颈部、上肢、肩带力量和手的握力，为腹部离地的跪撑爬行、攀登做力量上的准备，是牵拉的后续动作 |
| 方法 | 婴儿仰卧，把竹竿放入婴儿手掌中（如图①）。婴儿抓住竹竿后，成人发出口令："宝宝，我们坐起来。"然后把婴儿轻轻提起（如图②），同时，在婴儿身后垫软垫或棉被加以保护，直至将婴儿拉提成坐位（如图③）<br>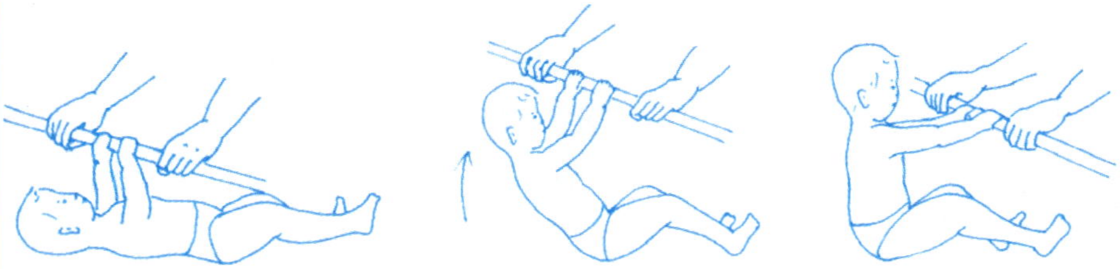<br>① ② ③ |
| 注意点 | **开始练习时，可让婴儿在高斜面上做，然后逐步降低斜面坡度，最后在平地上完成** |
| 项目六：扶腋下下蹲起跳 | |
| 目的 | 成人扶着婴儿的腋下做下蹲起跳，可增强婴儿腿部肌肉力量并提高放松肌肉的能力，为匍匐前进、走、跑、跳做准备 |
| 方法 | 成人从后面抱住婴儿，双手从背后扶婴儿腋下让他坐在地上（如图①）。然后轻轻扶起婴儿，接着发出"下蹲"的口令，同时把婴儿的身体向后下方轻柔放下（如图②），使他成下蹲姿势（如图③）。接着发出"起跳"的口令，同时扶婴儿轻轻跳起来（如图④）<br>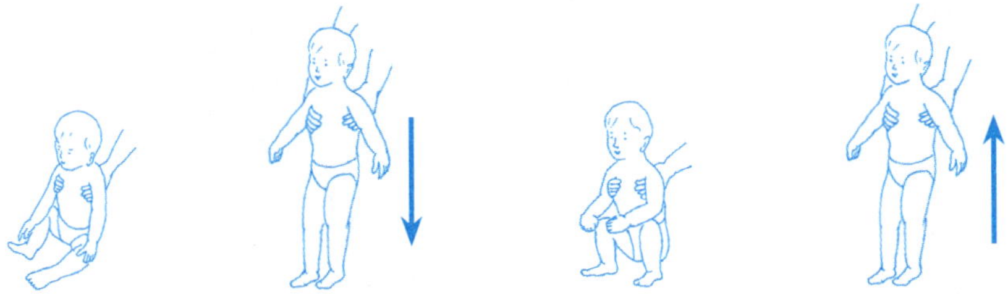<br>① ② ③ ④ |
| 注意点 | **（1）训练时一定要记住动作与语言的结合。经过这样的多次训练以后，只要大人说出"下蹲"或"起跳"，婴儿就能够做出相应的动作了**<br>**（2）这个动作的关键是下蹲，因为婴儿放松肌肉的能力比收紧肌肉的能力差**<br>**（3）训练时动作一定要轻柔，随时观察婴儿适应能力** |

## 2. 4 月龄婴儿第 14 课

4月龄婴儿第14课训练项目与方法如表3-14所示。

表3-14　4月龄婴儿第14课训练项目与方法

| | |
|---|---|
| 项目一：音乐律动（同4月龄婴儿第13课训练项目一） | |
| 项目二：靠坐 | |
| 目的 | 坐是人的基本动作之一，坐位比仰卧视觉效果好得多，婴儿能坐后可以“见多识广”，在感觉发展上获得一次飞跃。这个阶段的婴儿已经能够靠在成人的怀中坐了，让婴儿独立靠坐是提高婴儿控制能力的方法之一 |
| 方法 | 练习坐可以利用斜面让婴儿斜靠，使他稳定地坐下来。开始可让婴儿斜靠在被子上，被子慢慢垫高，最后使婴儿成上体垂直的坐位<br>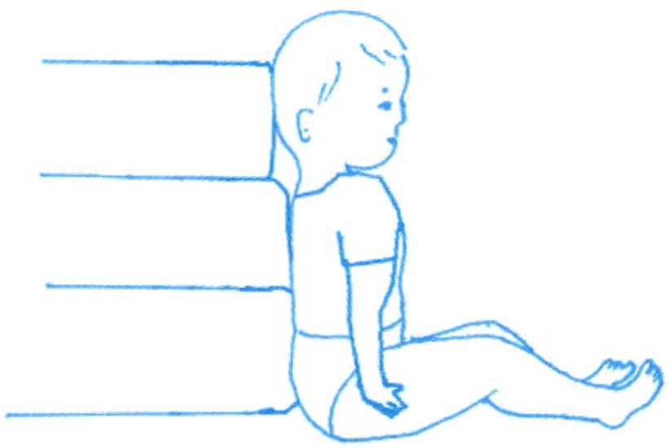 |
| 项目三：尝试连续翻身取物 | |
| 目的 | 在婴儿掌握翻身动作后，用玩具诱使孩子连续翻身，使孩子的翻身动作熟练自如，提高整体移动身体的能力，让孩子有人生第一次主动获得东西的体会 |
| 方法 | 让婴儿侧躺在垫子上（如图①），在离垫子稍远处放一个玩具，成人摇动玩具逗引婴儿，另一成人帮婴儿连续翻身（如图②）直到拿到玩具（如图③）<br><br>①<br><br>②<br>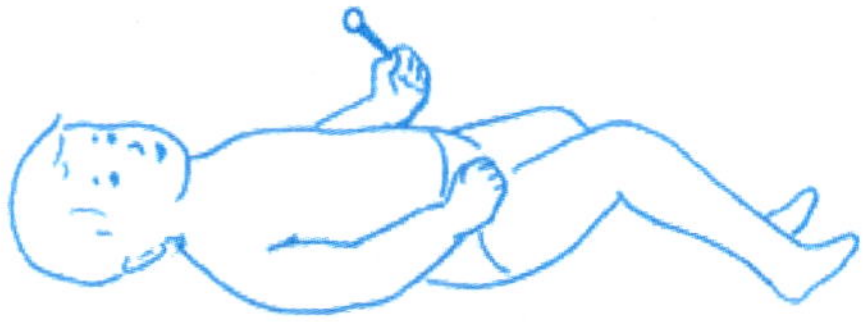<br>③ |
| **注意点** | **婴儿成功拿到玩具后，成人要及时表扬，让婴儿感到有成就感** |

续表

<table>
<tr><td colspan="2">项目四：学习手语（你、我、他、睡觉、吃、好）</td></tr>
<tr><td>目的</td><td>学习一些可以坐着做而且比较简单的手语，提高婴儿手指灵活性，同时发展婴儿的人际交往能力</td></tr>
<tr><td>方法</td><td>成人坐抱婴儿靠在身体前，练习开始时手把手帮助，然后逐步让婴儿独立完成<br>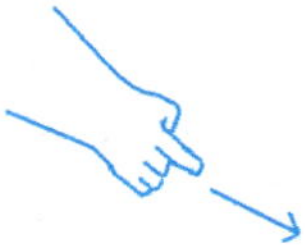<br>你<br><br>我<br><br>他<br><br>睡觉<br><br>吃<br><br>好</td></tr>
<tr><td colspan="2">项目五：斜手倒立</td></tr>
<tr><td>目的</td><td>增强婴儿的手臂支撑力量，为爬行做准备</td></tr>
<tr><td>方法</td><td>成人一手托婴儿胸部，另一手轻柔抓住婴儿小脚腕，把婴儿的身体托成和垫子成45度的斜手倒立状，稍停3～5秒。成人托胸的手要适当地增加或减少用力，慢慢地让婴儿靠自己的力量支撑斜手倒立，但婴儿力量较小，千万不可勉强<br>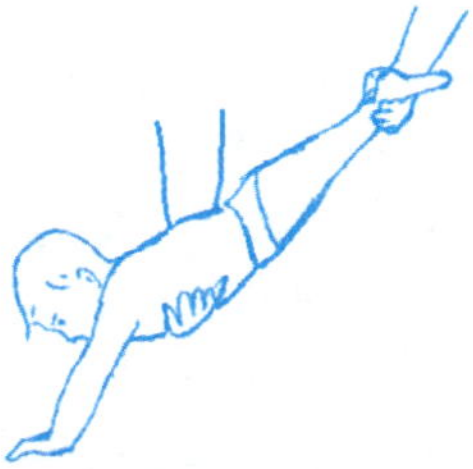</td></tr>
<tr><td colspan="2">项目六：左右传手</td></tr>
<tr><td>目的</td><td>发展婴儿手部动作的同时，促进其心理发展，使婴儿明白“交换”的意思，左右传手属于精细动作</td></tr>
<tr><td>方法</td><td>让婴儿靠坐在垫子上，拿一块积木放在婴儿的左手（非优势手）上，让婴儿抓好，然后把婴儿的两只手放到一起，帮助他右手拿积木，同时对他说：“宝宝，用右手拿积木。”</td></tr>
<tr><td>注意点</td><td>练习的时候一定要注意语言的配合，给婴儿传手的玩具可以是不同材质、不同颜色、不同形状的，这样可促进婴儿感觉、知觉的发展</td></tr>
</table>

## 3. 4 月龄婴儿第 15 课

4月龄婴儿第15课训练项目与方法如表3-15所示。

表3-15　4月龄婴儿第15课训练项目与方法

<table>
<tr><td colspan="2">项目一：音乐律动（同4月龄婴儿第13课训练项目一）</td></tr>
<tr><td colspan="2">项目二：婴儿俯卧撑</td></tr>
<tr><td>目的</td><td>婴儿练习俯卧撑是提高上肢、肩带力量的有效方法</td></tr>
<tr><td>方法</td><td>婴儿俯卧（如图①），成人轻轻托住婴儿肩部发出“撑起来”的口令，同时扶婴儿肩部缓慢向上提，使婴儿听懂撑起来的意思。多次重复后尝试让婴儿自主地完成俯卧撑（如图②）<br><br>①<br>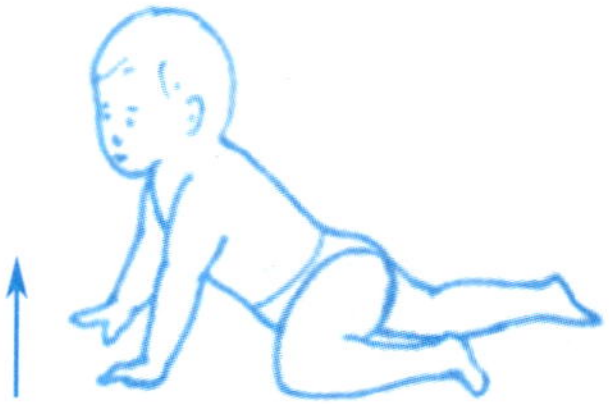<br>②</td></tr>
<tr><td>注意点</td><td>在婴儿根据口令做出俯卧撑的动作后，要及时进行表扬</td></tr>
<tr><td colspan="2">项目三：识字游戏</td></tr>
<tr><td>目的</td><td>使婴儿能初步认识到文字与实物之间的联系，发展孩子的大脑中枢</td></tr>
<tr><td>方法</td><td>（1）成人抱着婴儿，同时指着电视、椅子、镜子、门、窗、墙等的字，跟孩子讲：“这是电视，这是椅子，这是镜子……”让孩子看到实物的同时也看一下文字<br>（2）成人抱着婴儿，同时指着一家人的挂图讲：“这是爸爸、妈妈、爷爷、奶奶、外公、外婆、阿姨。”然后再拿爸爸、妈妈、爷爷、奶奶、外公、外婆、阿姨的字卡，跟婴儿讲：“这是爸爸、妈妈、爷爷、奶奶、外公、外婆、阿姨。”让孩子逐步把人和字联系起来<br>（3）数字的学习是从数数开始，让婴儿看着数字掰手指是最简单有效的方法<br>（4）学习动物相关文字除了看图识字外，在这个基础上带婴儿去动物园观察动物效果很好。成人的口技也很有成效，比如成人说：“宝宝，狗在哪里？”，并发出“汪、汪、汪”的狗叫声，然后拿出“狗”的字卡给婴儿看<br>（5）开始学习人的身体各部位时，镜子是最好的辅助老师。让婴儿对着镜子学习，认识自己身体各部位。成人一边指着他的鼻子、耳朵、手、脚……一边告诉他这是鼻子、耳朵、手、脚……另一成人可以在同时出示相应的字卡</td></tr>
<tr><td>注意点</td><td>（1）成人需布置一个认字的家庭环境，可在房间的实物上贴上相应的文字，可自做相应的人物字卡，可买一些看图识字的卡片</td></tr>
</table>

续表

| | |
|---|---|
| 项目三：识字游戏 | |
| 注意点 | （2）婴儿学习动词是必须同动作相结合的，没有与动作相结合，婴儿很难学会动词的语言和文字。成人在给婴儿做动作前先让他看一下字卡，日子长了，婴儿会在字卡同动作之间形成条件反射<br>（3）婴儿认字初期不要求他马上认识，更不要讲解字的意义。这仅仅是发展感觉的一种方法，目的在于通过这种感觉促进婴儿的大脑相应中枢的发育<br>（4）婴儿认识文字是一个系统又漫长的过程，成人一定要有足够的耐心和坚定的信心<br>（5）每次认识一个字或字组的时间不要超过3秒<br>（6）看图识字卡片上的字和图要分开在正、反两面<br>（7）婴儿认字时要创造一个良好的氛围，逐步培养婴儿对认字的兴趣，更不要有什么指标。婴儿认识一个字或拿对一张字卡后，成人马上要鼓掌或亲他一下以示鼓励 |
| 项目四：拉脚成手倒立 | |
| 目的 | 训练前庭器官，发展孩子的空间感觉，增加支撑能力，提高爬行的能力，也是自我保护的重要方法 |
| 方法 | 成人双手握住婴儿双脚踝，把婴儿慢慢提起成手倒立，停留3～5秒<br> |
| 注意点 | （1）开始做这个动作时，成人向上提的力量一定要大一些，让婴儿双手支撑用力小一些，以后逐步减少助力<br>（2）地面要铺有地毯或保护垫，保护婴儿安全<br>（3）由于婴儿胃、肠的固定体系发育还没有完全完成，所以做手倒立开始和结束时要缓慢地提起，缓慢地放下，且持续时间不可过长，以3～5秒为宜 |
| 项目五：摇拨浪鼓 | |
| 目的 | 训练宝宝手部的灵活性；使婴儿感知音乐的节奏 |
| 方法 | 让婴儿手握拨浪鼓，成人抓住婴儿的前臂有节奏地左右摇动，使拨浪鼓发出“咚咚咚”的声音，边摇边念儿歌：“拨浪鼓摇一摇，咚咚咚咚真好听” |
| 注意点 | 婴儿的左右手都要进行训练 |

## 4. 4月龄婴儿第16课

4月龄婴儿第16课训练项目与方法如表3-16所示。

表3-16　4月龄婴儿第16课训练项目与方法

| 项目一：音乐律动（同4月龄婴儿第13课训练项目一） | |
|---|---|
| 项目二：竹竿操1～2节 | |
| 目的 | 锻炼婴儿的抓、握能力，培养婴儿使用工具的能力，为以后的徒手操做准备 |
| **注意点** | **如果婴儿还不会握竿，成人要握住婴儿的手帮助其握竿，然后在做操的过程中慢慢放手** |
| 项目三：坐位后滚翻 | |
| 目的 | 通过亲子游戏的交流培养成人和孩子的感情，训练婴儿的前庭器官，提高孩子的空间感知能力。后滚翻也是一个重要的自我保护动作 |
| 方法 | 成人抱着婴儿坐在椅子上，让婴儿分腿仰卧在成人的大腿上，成人双手抓住婴儿使婴儿大腿靠近胸部团身，接着把婴儿轻轻向上提一下，同时成人双膝微分（让婴儿的头能够转过去，但是肩不能过），让婴儿轻柔翻转完成动作<br> |
| **注意点** | **成人只能坐椅子的1/2，以免翻转的时候婴儿的头碰到椅子** |
| 项目四：学习手语（球、不要、要、上、下） | |
| 目的 | 学习一些需要坐甚至直立着做的比较复杂的手语，提高婴儿手指灵活性的同时发展婴儿的人际交往能力 |
| 方法 | 成人坐抱婴儿靠在身体前，练习开始时手把手帮助，然后逐步让婴儿独立完成<br>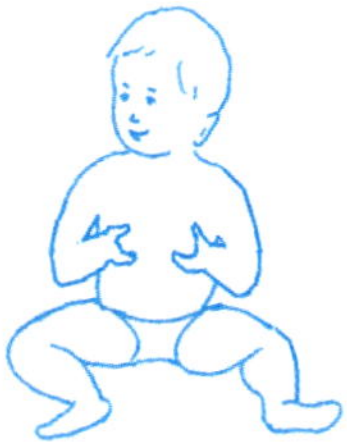<br>球<br><br>不要<br><br>要<br><br>上<br><br>下 |

续表

| 项目五：轻柔拉手悬垂上下震动 | |
|---|---|
| 目的 | 在婴儿经过2个月的悬垂训练的基础上，进一步提高婴儿肩带力量，同时发展其空间智力 |
| 方法 | 成人轻轻握住婴儿的手腕，首先让婴儿悬垂，然后轻轻把婴儿的双手向上提拉同时向两侧分开，使婴儿向上（如图①），接着成人放松向上的力量让婴儿慢慢下降（如图②），如此反复3～5次。随着孩子能力的提高，上下幅度可以慢慢加大，切忌用力过猛、动作幅度过大，以免拉伤婴儿<br>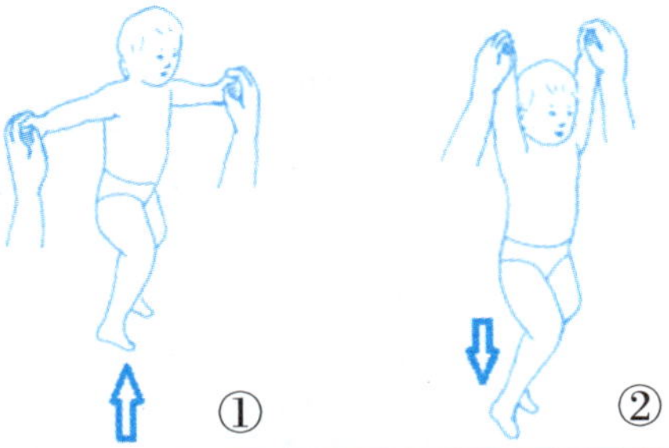<br>①　②  |

## 五、5月龄婴儿早期教育

### 1. 5月龄婴儿第17课

5月龄婴儿第17课训练项目与方法如表3-17所示。

表3-17　5月龄婴儿第17课训练项目与方法

| 项目一：音乐律动《小手爬》 | |
|---|---|
| 目的 | 提高婴儿对音乐律动的兴趣，调节活动气氛，发展婴儿手的精细动作 |
| 项目二：接反弹球 | |
| 目的 | 进行球类运动可以发展婴儿的空间感觉和眼手配合能力，促进成人与婴儿之间的交流，为婴儿今后的社交能力发展奠定基础。在滚球的基础上让婴儿接空间移动的球，可进一步发展婴儿的空间感觉 |
| 方法 | 成人抱着婴儿坐在凳子上，训练者把弹力气球经过地上反弹到婴儿面前，家长轻轻抓住婴儿前臂帮助其接球，婴儿接到球后，训练者马上鼓掌表扬<br>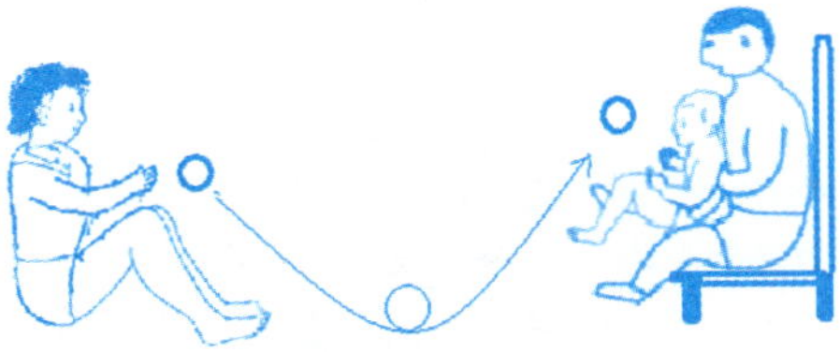 |
| **注意点** | **弹力气球一定要柔软有弹性，训练时注意不可用力过猛** |

续表

| | |
|---|---|
| 项目三：看图画识字（爸爸、妈妈） | |
| 目的 | 从5个月开始，逐步让婴儿从看图画这种比较容易的信息，转向比较困难的文字符号 |
| 方法 | 拿出“爸爸”“妈妈”的字卡，让婴儿先看图片，再看文字，然后让婴儿从中指出哪个是“爸爸”，哪个是“妈妈” |
| **注意点** | **字卡上必须一面是文字，一面是相应的图片** |
| 项目四：跪撑 | |
| 目的 | 在婴儿移动身体的各种方法中，跪撑爬行是最高效的方法，跪撑是爬行的第一步 |
| 方法 | 婴儿肘撑俯卧（如图①），成人在婴儿身体后上方帮助婴儿成直臂支撑（如图②），然后尝试放手让婴儿自主地直臂跪撑（如图③），切记不可勉强<br> ①  ② 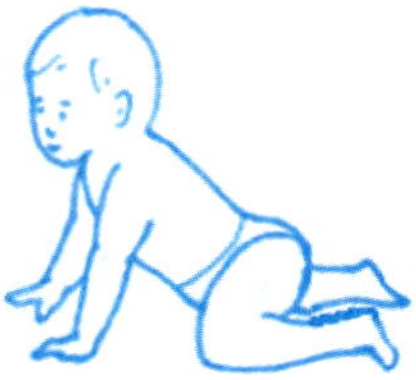 ③ |
| 项目五：尝试独坐 | |
| 目的 | 练习婴儿独坐除了可以开拓婴儿的视野外，也使婴儿的颈部和躯干肌肉力量大大提高，同时使婴儿控制平衡的能力大幅提升，为直立行走打下基础 |
| 方法 | 婴儿独坐时，首先把他的两腿分开至60度，双手放在体前扶地或放在大腿上，让婴儿的重心尽可能在支撑面的中间。成人一定要用手在婴儿胸前和背后保护，防止婴儿摔倒。在婴儿能独立地从仰卧成坐后，可让婴儿自己控制<br>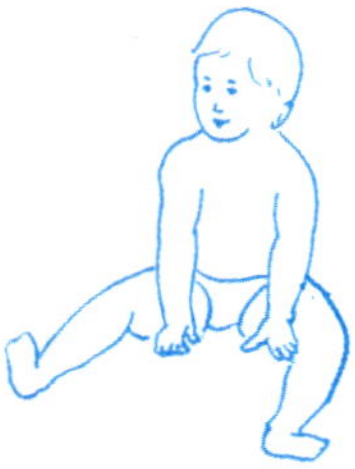 |
| **注意点** | **（1）坐时重心位于支撑面上方属于不稳定平衡，婴儿初学时容易失去重心倒下，成人不要马上扶住，而是保护着让他轻轻倒下，多次训练后孩子控制身体重心的能力会大大提高**<br>**（2）练习开始阶段每次时间要短，即使宝宝已经能独立坐也只让他坐3～5秒就休息，防止骨骼畸形** |

续表

| 项目六：手棒击球 | |
|---|---|
| 目的 | 通过练习协调婴儿的眼手配合，提高其使用工具的能力 |
| 方法 | 在婴儿前方挂一气球，让婴儿握住竹棒，成人轻轻握住婴儿的前臂，帮助他击球，并说："宝宝，看，球飞起来了！"重复训练几次后，可让婴儿尝试独立击球<br> |
| **注意点** | **左右手都要训练** |

## 2. 5月龄婴儿第18课

5月龄婴儿第18课训练项目与方法如表3-18所示。

表3-18　5月龄婴儿第18课训练项目与方法

| 项目一：音乐律动（同5月龄婴儿第17课训练项目一） | |
|---|---|
| 项目二：扶肩空中后滚翻 | |
| 目的 | 锻炼婴儿前庭器官，发展横轴方向的空间感觉。良好的前庭稳定性是婴儿直立行走的条件之一，锻炼前庭可提高婴儿的自我保护能力 |
| 方法 | 成人握住婴儿的靠肩部的上臂部位（如图①），前后摇晃两下，然后把婴儿向后上方翻身至倒立位时（如图②），稍稍松一点手让婴儿在成人手中旋转360度完成空中的后滚翻（如图③），随时观察婴儿适应能力，切记不可勉强<br>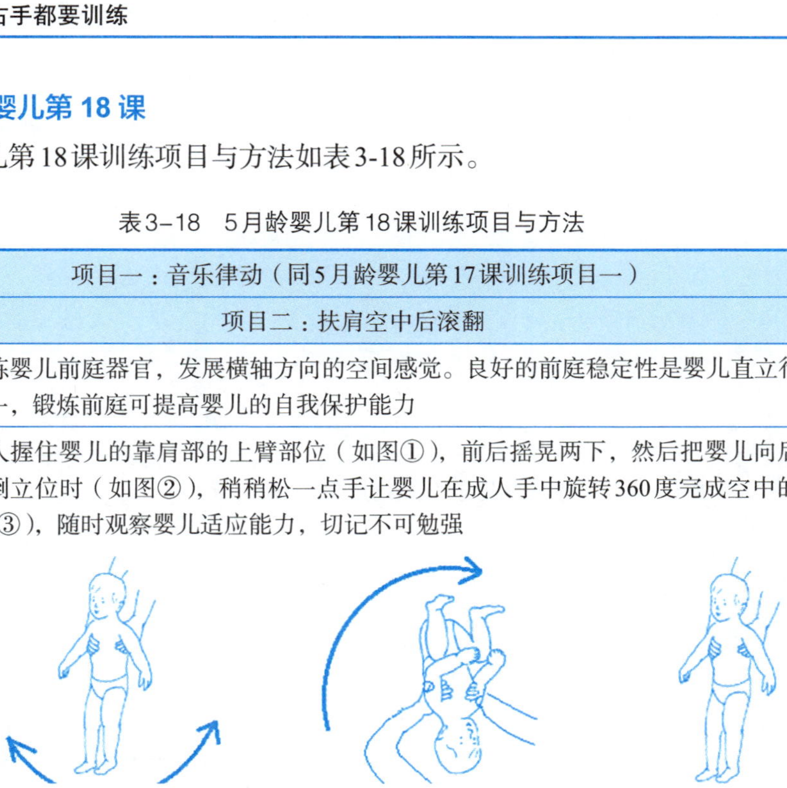<br>①　②　③ |
| **注意点** | **婴儿颈部肌肉力量良好是完成这个动作的首要条件，只有当婴儿俯卧能自如地控制抬头时，才可以做这个动作，才不会出现颈部肌肉的受伤** |

续表

<table>
<tr><td colspan="2">项目三：坐位左右旋转</td></tr>
<tr><td>目的</td><td>锻炼婴儿前庭器官，发展空间感觉，良好的前庭稳定性是坐稳的基本条件之一，坐位左右旋转的训练同时也为婴儿的直立行走做准备</td></tr>
<tr><td>方法</td><td>让婴儿坐在旋转器内，手扶围栏边，成人在一旁操作。让旋转器先顺时针旋10圈，2秒1圈；然后逆时针旋转10圈，2秒1圈。反复练习5分钟左右</td></tr>
<tr><td>注意点</td><td>旋转器启动和停止时变速要缓慢，发现婴儿眼震颤马上停止练习</td></tr>
<tr><td colspan="2">项目四：仰卧→坐</td></tr>
<tr><td>目的</td><td>让婴儿自己能成坐的姿势，可以主动地观察周围事物，充分使用视觉发展感知觉来促进脑发育</td></tr>
<tr><td>方法</td><td>婴儿仰卧（如图①），成人帮助婴儿轻轻弯曲左腿成盘腿，同时弯曲右腿，接着帮助婴儿左手成肘撑，同时右手手掌支撑地面（如图②），然后帮助婴儿稍稍向左转体并用力成坐<br><br>①<br>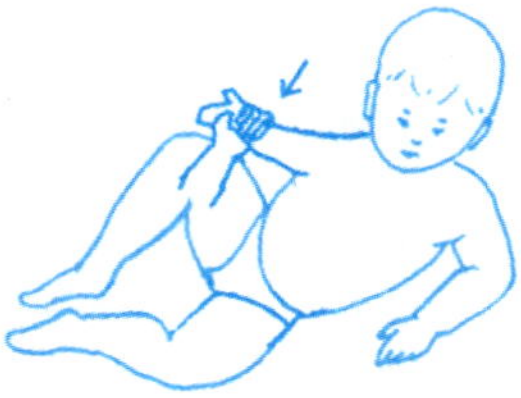<br>②</td></tr>
<tr><td>注意点</td><td>左右两边都要训练，如果婴儿做不到，切记不可勉强</td></tr>
<tr><td colspan="2">项目五：跪撑爬行</td></tr>
<tr><td>目的</td><td>爬行是婴儿能远距离移动身体的第一个动作。爬行时人的重心比较低，支撑点多，支撑面积大，容易掌握平衡，所以对于婴儿弱小的肌肉来讲，是最适合在平地上移动身体的方法</td></tr>
<tr><td>方法</td><td>婴儿能肘撑后，让婴儿俯卧在地上，成人用手把婴儿肘关节顶直，成直臂支撑，同时使婴儿大、小腿之间弯成90度左右，成人的双膝夹住婴儿双膝，防止婴儿双腿向外分，使婴儿的整体成拱桥形，然后帮助婴儿稍稍地依次移动手臂和腿，慢慢地向前</td></tr>
</table>

### 3. 5月龄婴儿第19课

5月龄婴儿第19课训练项目与方法如表3-19所示。

表3-19　5月龄婴儿第19课训练项目与方法

<table>
<tr><td colspan="2">项目一：音乐律动（同5月龄婴儿第17课训练项目一）</td></tr>
<tr><td colspan="2">项目二：仰卧→坐（同5月龄婴儿第18课训练项目四）</td></tr>
<tr><td colspan="2">项目三：仰卧后滚翻</td></tr>
<tr><td>目的</td><td>可以训练婴儿前庭器官，提高婴儿的空间感觉。后滚翻也是一个重要的自我保护动作</td></tr>
<tr><td>方法</td><td>婴儿仰卧，一个成人帮助婴儿团身，另一成人帮助婴儿双臂弯曲，使婴儿的手放在两耳侧面（开始练习时因为全部在成人帮助下完成，因此可以不考虑手的位置），接着成人抓婴儿的大腿前推，帮助婴儿团身、翻臀（如图①），然后稍稍上提（如图②），向前（对婴儿来讲是向后）完成滚翻（如图③）<br><br>①　②　③</td></tr>
<tr><td>注意点</td><td>（1）一定要保护好婴儿颈椎<br>（2）婴儿头部必须是正直的，歪斜时不能做<br>（3）婴儿刚吃完奶或辅食后不要做此项训练，要在吃完1个小时以后做</td></tr>
<tr><td colspan="2">项目四：扶手下蹲起立</td></tr>
<tr><td>目的</td><td>在下蹲起立的基础上提高动作的难度，通过这个动作锻炼孩子腿部肌肉力量，为爬行和以后的直立行走做力量方面的准备</td></tr>
<tr><td>方法</td><td>婴儿坐在垫子上，成人轻轻扶婴儿的手由坐到下蹲（如图①），再拉成起立（如图②），同时用语言与动作配合起来，让婴儿理解语言与动作之间的联系<br><br>①　②</td></tr>
</table>

续表

| 项目五：尝试爬下沙发 | |
|---|---|
| 目的 | 让婴儿学习能够独立从沙发上安全地到地面上，这是日常生活中的技能，还能够提高婴儿独立思维的能力，培养勇敢精神 |
| 方法 | 让婴儿从坐的位置转体180度成俯卧或跪撑（如图①），接着面朝沙发靠背向后慢慢地倒退爬行，到沙发（最好柔软有海绵垫）的边上趴下，慢慢地向后移动，让脚先着地，手扶着沙发退到地面（如图②），成人在婴儿身边随时准备做好保护，以防婴儿磕碰摔倒<br>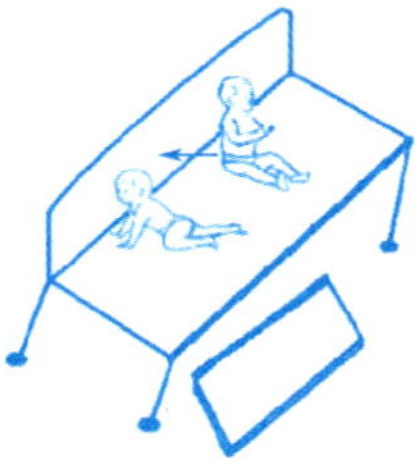 ① 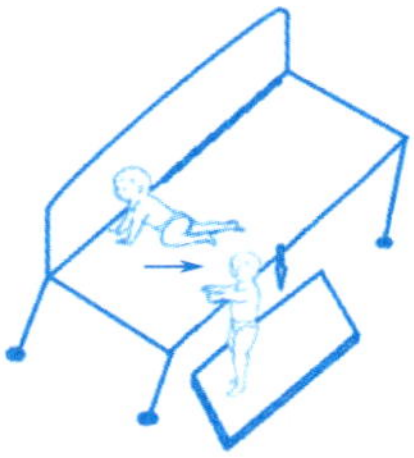 ② |
| 项目六：识字（爸爸、妈妈） | |
| 目的 | 在上一次看图认字的基础上提高一点难度，这次是用没有照片的字卡，让婴儿直接认识文字，促进大脑中枢的发育，培养婴儿未来的阅读习惯 |
| 方法 | 成人拿着写有“爸爸”“妈妈”的字卡，让婴儿多次辨认，帮助他形成记忆 |

### 4. 5月龄婴儿第20课

5月龄婴儿第20课训练项目与方法如表3-20所示。

表3-20　5月龄婴儿第20课训练项目与方法

| 项目一：音乐律动（同5月龄婴儿第17课训练项目一） | |
|---|---|
| 项目二：跪撑爬行（同5月龄婴儿第18课训练项目五） | |
| 项目三：学习手语（来、去、鸭子、大象、牛奶、帽子、汽车、灯） | |
| 目的 | 5个月的婴儿已经能够随意地坐和勉强地爬行了，因此学习一些需要坐着做且比较复杂的手语，能提高婴儿手指灵活性，发展婴儿人际交往能力 |
| 方法 | 婴儿呈坐的姿势，练习开始时成人手把手帮助，然后逐步让婴儿独立完成，成人在一旁指导<br> 来  去  鸭子  大象 |

续表

| | |
|---|---|
| 项目三：学习手语（来、去、鸭子、大象、牛奶、帽子、汽车、灯） | |
| 方法 | 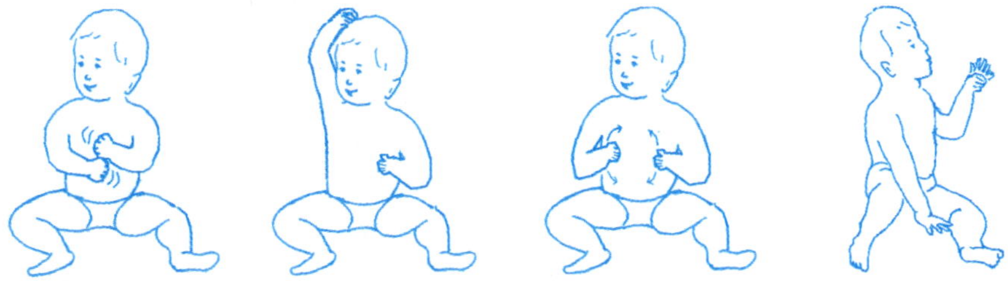<br>牛奶　帽子　汽车　灯 |
| 项目四：后滚翻经手倒立成俯卧 | |
| 目的 | 有利于婴儿前庭分析器的发育和消化系统功能的增强，发展婴儿上肢、肩带力量，同时培养婴儿的勇敢品质，提高其自我保护的能力 |
| 方法 | 宝宝处于仰卧位，成人在婴儿的身体侧面双手轻轻抓住婴儿的双脚踝（如图①），提成手倒立（如图②），然后慢慢地放下成俯卧（如图③），同时成人的脚要注意移动，切记做好保护直到婴儿俯卧动作的完成<br><br>①　②　③ |
| 项目五：吹喇叭 | |
| 目的 | 吹喇叭能训练婴儿的口腔，同时提高呼气能力，也是游泳时水中换气的辅助练习之一。在婴儿玩吹气游戏的基础上，让婴儿吹喇叭可以提高他们的积极性 |
| 方法 | 先让婴儿玩吹气游戏，用气把上下嘴唇吹得抖动起来，在这个基础上再让婴儿吹小喇叭 |
| 项目六：竹竿操3～4节 | |
| 目的 | 让能坐不能站立的婴儿做竹竿操，为以后站立做竹竿操做准备 |

## 六、6月龄婴儿早期教育

### 1. 6月龄婴儿第21课

6月龄婴儿第21课训练项目与方法如表3-21所示。

表3-21　6月龄婴儿第21课训练项目与方法

| | |
|---|---|
| 项目一：音乐律动《马来了》 | |
| 目的 | 让婴儿感受儿歌的节奏以及和家长一起游戏的乐趣 |
| 项目二：上坡爬行 | |
| 目的 | 婴儿爬行时最主要的困难是上肢力量不足，利用斜坡让婴儿爬行时重心后移，使上臂伸直变得容易些 |
| 方法 | 婴儿匍匐在斜坡的下方，一成人拿一玩具在斜坡的上方逗引，另一成人顶住婴儿的脚，同时发出蹬腿的口令，让婴儿往上爬 |
| 项目三：握竹竿仰卧起坐→直立 | |
| 目的 | 仰卧起坐为爬行增加腹部力量，用手握竹竿站是为攀登做准备 |
| 方法 | 婴儿坐在垫子上，成人帮助婴儿用手抓住竿（如图①），然后对婴儿说："宝宝站起来。"同时向上拉，帮助婴儿直立（如图②）<br>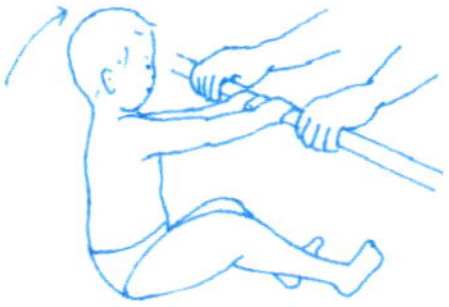<br>①<br><br>② |
| **注意点** | **此项训练，最好有两个成人协作完成，一成人坐在婴儿后面做保护，一成人拿竹竿帮助婴儿完成动作，切记动作柔和，量力而为** |
| 项目四：团身练习 | |
| 目的 | 团身练习是前、后滚翻的辅助练习，同时可以增强婴儿腹部力量 |
| 方法 | （1）让婴儿仰卧（如图①），一成人轻轻抓住婴儿的双手，另一成人轻轻抓住婴儿的双脚，同时帮婴儿用其双手抱住膝部成团身姿势（如图②）。练熟以后，可由一成人操作，一手托婴儿的头，一手托膝部，帮婴儿团身<br>（2）做2个8拍，第1、2拍是帮婴儿屈膝双手抱住膝部成团身，第3、4拍还原仰卧姿势<br><br>①<br><br>② |

续表

| 项目五：击打玩具 | |
|---|---|
| 目的 | 提高婴儿的眼手配合能力。击打玩具需要一定的力量，通过游戏，同时也提高婴儿的力量，促进婴儿协调性的发展 |
| 方法 | 成人用木锤击打玩具架上的球给婴儿看，并把打下的球放回原来的位置，同时告诉婴儿什么颜色的球对应什么颜色的洞<br>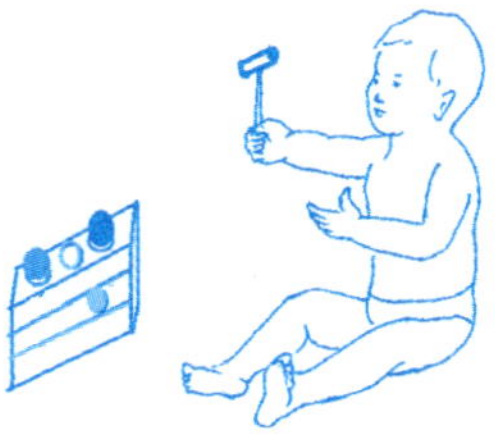 |
| **注意点** | **刚开始时可手把手教婴儿，然后再用语言引导婴儿击打** |
| 项目六：手倒立爬行 | |
| 目的 | 手倒立属于逆行运动范围，有利于婴儿前庭分析器和消化系统的发育，是发展上肢、肩带力量的好方法，同时培养婴儿的勇敢品质，提高自我保护的能力 |
| 方法 | 让婴儿俯卧，成人双手握住婴儿双脚踝，把婴儿慢慢提起成手倒立，稍停，然后帮助婴儿向前爬行。帮助时，成人用脚顶婴儿的前臂。如果有两位成人，可以一人扶手倒立，另一人移动婴儿的手<br>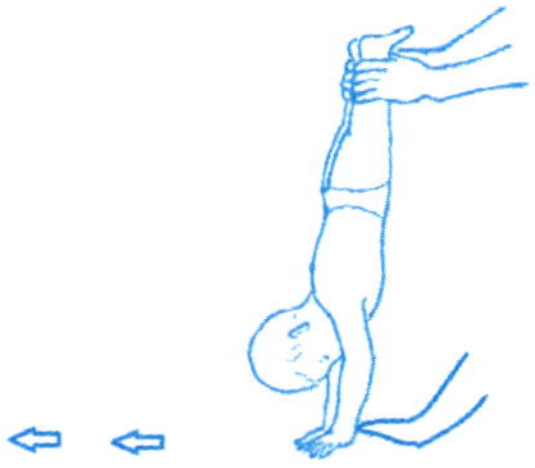 |
| **注意点** | **（1）此项训练务必注意婴儿的安全，量力而为，婴儿刚吃完奶或辅食后不要做此项训练**<br>**（2）刚开始训练时成人向上提的力量大一些，让婴儿双手支撑用力小一些，以后逐步减少助力**<br>**（3）由于婴儿胃、肠的固定体系发育还没有完全完成，所以做手倒立在开始和结束时要缓慢地提起，缓慢地放下**<br>**（4）每次爬行距离在3米内，刚开始也就是几步，且爬行的地面最好铺有地毯或保护垫** |

## 2. 6月龄婴儿第22课

6月龄婴儿第22课训练项目与方法如表3-22所示。

表3-22　6月龄婴儿第22课训练项目与方法

| | |
|---|---|
| 项目一：音乐律动（同6月龄婴儿第21课训练项目一） | |
| 项目二：竹竿操1～4节（同4月龄第16课训练项目二、5月龄第20课训练项目六） | |
| 项目三：前滚翻 | |
| 目的 | 在旋转器中只能做矢状轴、垂直轴两个方向的旋转，还缺少横轴旋转，前（后）滚翻就弥补了这个缺陷，而且还是两个重要的自我保护动作，可终身受用 |
| 方法 | 让婴儿蹲撑，成人站在婴儿身后，双手托住婴儿的腰（如图①），再提起婴儿的腰部，同时发出“低头”的口令（如图②），当婴儿低头后，成人及时向前送出并放手（如图③），让婴儿完成前滚翻（如图④）<br><br>①<br><br>②<br><br>③<br><br>④ |
| **注意点** | **（1）如果婴儿还不会低头，家长要帮助并教会婴儿低头；如果婴儿的头还不能低下去，切记不宜做此滚翻的动作，以免伤到婴儿的颈椎。教婴儿低头时，语言和动作要结合起来并不断练习**<br>**（2）成人放手时要特别注意婴儿安全，婴儿低头后马上放手，过早或过晚都不行** |
| 项目四：盒子中取物 | |
| 目的 | 在婴儿拿球到手里的同时，可以练习从盒子或袋子中拿球，发展婴儿的触觉，培养婴儿的冒险精神 |
| 方法 | 在纸盒子上开一个比婴儿手略大一些的圆洞，里面放几个各种颜色的小球。当着婴儿的面，成人先把纸盒子拆开，然后把球放进中间，再把盒子折叠起来，以消除婴儿的恐惧心理。接着手把手帮助婴儿从盒子中拿取球 |

续表

| 项目五：帮助跪撑爬行 | |
|---|---|
| 目的 | 在婴儿具有匍匐前进的能力后，成人帮助其跪撑爬行，进一步提高婴儿的爬行能力 |
| 方法 | 方法一：成人把毛巾折三下吊在婴儿的腰部，在婴儿爬行时稍稍提起他的腹部，使婴儿跪撑爬行（如图①）。如果婴儿不会往前爬，成人可用双手顶紧婴儿脚底，使他的大小腿深度弯曲，成跪撑爬行的姿势，再引导他向前爬行（如图②）<br>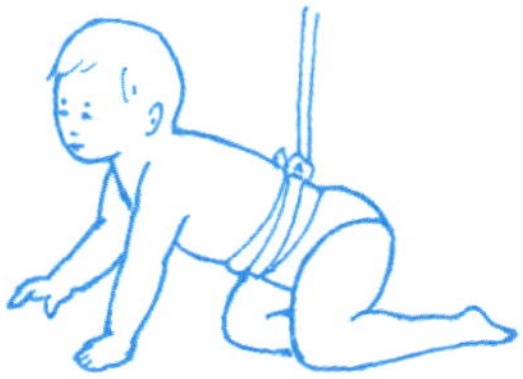<br>①<br><br>②<br>方法二：成人跪撑，让婴儿在自己的腹部底下，成人用膝部顶在婴儿的脚底并使婴儿双腿弯曲，接着发出蹬腿的口令（如图③）。如果婴儿不蹬腿，这时成人可以用手帮助婴儿的手、脚稍稍向前爬动<br>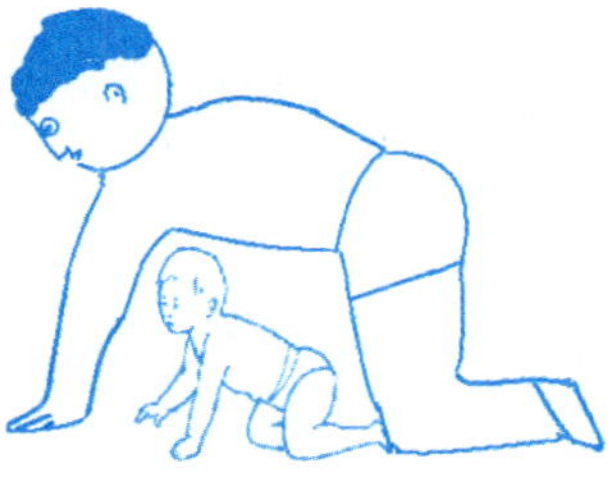<br>③ |

### 3. 6月龄婴儿第23课

6月龄婴儿第23课训练项目与方法如表3-23所示。

表3-23　6月龄婴儿第23课训练项目与方法

| 项目一：音乐律动（同6月龄婴儿第21课训练项目一） | |
|---|---|
| 项目二：识字（数字1、2） | |
| 目的 | 区分最简单的两个数字，为以后认识复杂数字打基础 |
| 方法 | 把字卡1、2放在婴儿前面让他拿取。成人用游戏的形式对婴儿进行训练，每次时间30秒左右，根据婴儿的兴趣，每天可进行多次 |
| **注意点** | **字卡的正面为数字，背面画黑点，数字是几就画几个黑点** |

续表

| | |
|---|---|
| 项目三：不倒翁 | |
| 目的 | 感受亲子游戏的快乐，提高婴儿空间感觉，培养勇敢精神 |
| 方法 | 成人盘腿坐位，双手十指交叉，勾住双脚，婴儿坐于成人双腿之间，双臂放置于成人的腋下。成人随着儿歌（说你呆，你不呆，胡子一把，样子像小孩，说你呆，你不呆，推你倒下，你又站起来）节奏，前后摇晃，摇晃3次（如图①）；之后再抱着婴儿进行左、右侧滚翻（如图②）<br>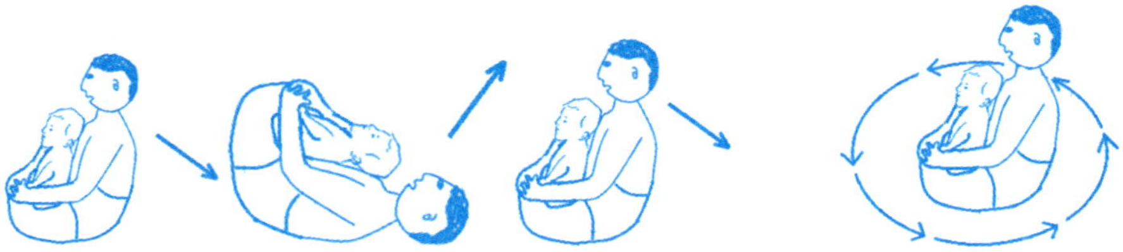<br>① ② |
| 项目四：撕纸 | |
| 目的 | 锻炼婴儿手的肌肉，发展精细动作；培养婴儿的手眼协调能力 |
| 方法 | 婴儿坐立，给他一张餐巾纸，引导他用食指和拇指对撕，尽量让婴儿把餐巾纸撕得越细越好，撕完后放到一旁的篮子里。婴儿做完后，成人拍手鼓掌表扬他。切记不要用硬纸，以免割伤婴儿皮肤 |
| 项目五：捉迷藏 | |
| 目的 | 训练婴儿手的精细动作，提高婴儿的反应、观察、思维、想象能力，言语与动作的协调能力 |
| 方法 | 方法一：成人和婴儿面对面坐好，成人用毛巾盖住自己的脸，并问："宝宝，老师在哪里？"引导婴儿用手拉毛巾<br>方法二：用一张A4大小的白纸，中央开一个直径2厘米的小孔，成人躲在纸后面，呼唤婴儿的名字，引起婴儿的注意后，成人在纸的一侧露出脸并发出"喵喵"的声音（注意移动脸不要移动纸）反复做两次，观察婴儿的反应 |
| 项目六：双手捧杯喝水 | |
| 目的 | 通过日常生活培养婴儿的动手能力，这对于婴儿未来的发展有着重要的意义 |
| 方法 | 成人在儿童水杯中倒少许水，然后让婴儿双手拿住杯子，成人抓住婴儿的前臂帮助婴儿把水送入口中 |
| **注意点** | **刚开始训练时要体现婴儿自己动手的重要性，而不是完成喝水的动作，逐步让婴儿喜欢自己动手喝水。注意水量要少，以婴儿一口喝完为宜，以免呛到婴儿** |

### 4. 6月龄婴儿第24课

6月龄婴儿第24课训练项目与方法如表3-24所示。

表3–24　6月龄婴儿第24课训练项目与方法

| | |
|---|---|
| 项目一：音乐律动（同6月龄婴儿第21课训练项目一） | |
| 项目二：前滚翻（同6月龄婴儿第22课训练项目三） | |
| 项目三：躺→爬行 | |
| 目的 | 当孩子学会爬后，这个动作可以帮助他们扩大活动范围，实现动静交替 |
| 方法 | 以由仰卧向右转体成跪撑爬行姿势为例：<br>让婴儿躺在垫子上（如图①），引导他向右翻身成俯卧（如图②），接着伸直手臂成跪撑姿势稍向前爬行（如图③）<br> ① 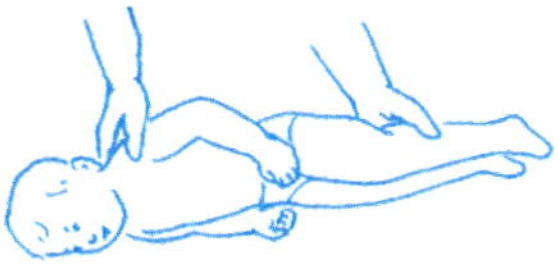 ②  ③ |
| 注意点 | **刚开始练习的时候，可以在婴儿的面前放一个玩具，逗引他从躺到爬，并过去拿玩具。一开始，婴儿还不会自主做这个动作的连接，但是多次训练后，婴儿就会自主地把动作连接起来了** |
| 项目四：跪的训练 | |
| 目的 | 培养婴儿跪的感觉，为跪撑爬行做辅助 |
| 方法 | 让婴儿俯撑（如图①），成人从背后双手扶婴儿的腋下成双膝跪地的姿势（如图②），稍停3～5秒。这个动作每天可以做10～20次，慢慢婴儿就会习惯跪，对于跪撑爬行有一定帮助<br> ①  ② |
| 项目五：相互递物 | |
| 目的 | 锻炼婴儿手的灵活性；促进宝宝的交往能力 |
| 方法 | 地上放一个积木，让婴儿自己拿取，待婴儿玩了一会儿积木后，成人对婴儿说：“宝宝，把积木传递给我。”传递成功后，成人拍手鼓掌表扬他 |
| 注意点 | **在要求婴儿把积木传递给他人时，要有另一个玩具给他，使他愿意交换** |

续表

| 项目六：手拉竹竿悬垂 | |
|---|---|
| 目的 | 发展婴儿肩带、上肢力量，提高攀登能力，防止肘关节形变 |
| 方法 | 让婴儿双手握住小竹竿，然后成人慢慢提起小竹竿，把婴儿提得双脚离地，稍停3～5秒钟，再把婴儿慢慢放下 |
| **注意点** | **（1）训练刚开始时，成人可以用手压住婴儿的手背，帮助婴儿握住竹竿，但是要逐步让婴儿自己悬垂，这是一个循序渐进的过程，切不可操之过急**<br>**（2）训练时，拉起来的速度和放下去的速度要缓慢，以免婴儿脱手摔到，同时婴儿身后应放软垫予以保护** |

## 七、7月龄婴儿早期教育

### 1. 7月龄婴儿第25课

7月龄婴儿第25课训练项目与方法如表3-25所示。

表3-25　7月龄婴儿第25课训练项目与方法

| 项目一：音乐律动《我有小手》 | |
|---|---|
| 目的 | 提高婴儿对律动音乐的兴趣，调节活动的气氛，让婴儿认知小手，学习小手的基本动作，如拍拍、摸摸、搓搓、摇摇 |
| 项目二：坐→爬行 | |
| 目的 | 当婴儿学会坐和爬后，这个连接动作可以帮助他们扩大活动范围，实现动静交替，得到充分休息 |
| 方法 | 以向左转体为例：婴儿坐位（如图①），成人先帮婴儿把左腿弯曲，然后向左转体（如图②），成跪撑爬行姿势（如图③）<br><br>①　②　③ |
| 项目三：徒手操1～2节 | |
| 目的 | 徒手操同被动操的区别是要求宝宝会主动做操，对于婴儿来讲在健身和开发智力方面主动运动比被动运动的效果好得多 |

续表

| 项目四：爬行钻山洞 | |
|---|---|
| 目的 | 让婴儿从泡沫塑料制成的半圆形洞中穿过，可增加婴儿对爬行的兴趣，培养勇敢精神 |
| 方法 | 将婴儿放在山洞的入口，成人拿一个玩具在山洞的出口叫婴儿的名字，逗引婴儿爬过来。婴儿爬过去以后，要拍手鼓掌表扬他。也可用垫子或纸箱子打开两头的盖子做成山洞，让婴儿钻进钻出<br> |
| **注意点** | **构成“山洞”的材料一定要轻、软，如果“山洞”塌下，要及时搬掉** |
| 项目五：照镜子 | |
| 目的 | 通过镜子让婴儿对光的反射有第一次了解，同时培养婴儿对自身器官及其功能的认识 |
| 方法 | 成人和婴儿一起做亲子游戏。成人抱着婴儿坐在镜子前，对着镜子先让婴儿指自己的鼻子、嘴巴、耳朵，然后让婴儿指成人的鼻子、嘴巴、耳朵 |
| **注意点** | **照了镜子之后，成人要给婴儿看镜子的后面，使婴儿知道镜子里面的人就是自己，而不是镜子后面有另外一个人** |
| 项目六：攀登→悬挂 | |
| 目的 | 提高婴儿的胆量和悬挂能力，为攀登做准备 |
| 方法 | 成人双手扶婴儿腋下并抱起婴儿，使他双脚踏在梯子的横杠上，然后成人帮助婴儿双手握住头部上方的横杠，成人可以采用虚托的方法让婴儿独立地挂在攀登架上。在婴儿手脚都固定在横档上后，成人双手慢慢地放开，在腋下虚托2～3秒后把婴儿抱下来<br>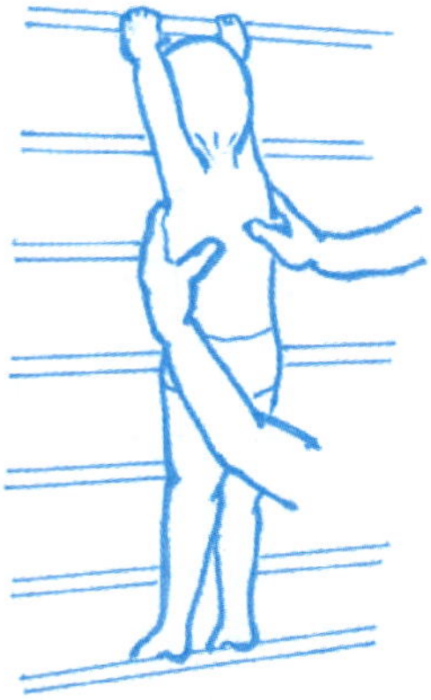 |
| **注意点** | **成人切记进行此项训练时为婴儿做好保护，以免摔伤婴儿** |

## 2. 7 月龄婴儿第 26 课

7月龄婴儿第26课训练项目与方法如表3-26所示。

表3-26 7月龄婴儿第26课训练项目与方法

| 项目一：音乐律动（同7月龄婴儿第25课训练项目一） | |
|---|---|
| 项目二：徒手操1～3节 | |
| 目的 | 复习前面学习的徒手操1～2节，学习第3节，让孩子能够体会手臂的位置变化，发展腰部肌肉，让婴儿体会转体的感觉，提高空间智力 |
| 项目三：识字（香蕉、苹果） | |
| 目的 | 文字学习与婴儿未来的阅读能力有着密切的联系。这节课先从婴儿经常吃到的香蕉、苹果开始学习，为以后认识各种各样水果打基础 |
| 方法 | 成人抱着婴儿或与婴儿面对面坐着，然后成人出示字卡给婴儿看，先让婴儿看字卡“香蕉”的图片，再看文字，同时告诉婴儿：“宝宝，这是香蕉。”用同样的方法，教婴儿看字卡“苹果”。每次训练时间30秒左右，视孩子的兴趣，每天可进行多次 |
| 项目四：爬行取球 | |
| 目的 | 让婴儿在心理发展上得到飞跃，进入自主的高级心理活动 |
| 方法 | 成人把球放在婴儿的面前，逗引他爬过来拿球 |
| **注意点** | **把球放在适当的距离，让婴儿把球取到，当他拿到球后，要及时表扬他** |
| 项目五：成人扶持站立取小铃 | |
| 目的 | 当婴儿能够爬行自如后，直立行走就是主要的学习内容，站立取物是方法之一 |
| 方法 | 把小铃铛挂在婴儿站立举起手能够得着的地方。成人扶婴儿的腋下，帮助婴儿站立，引导婴儿举起手拿小铃铛。婴儿熟练后，在这个基础上可以把小铃铛再提高一点，让婴儿踮脚拿取，婴儿拿到后成人要拍手鼓掌表扬或者亲他一下，给予鼓励 |

## 3. 7 月龄婴儿第 27 课

7月龄婴儿第27课训练项目与方法如表3-27所示。

表3-27 7月龄婴儿第27课训练项目与方法

| 项目一：音乐律动（同7月龄婴儿第25课训练项目一） | |
|---|---|
| 项目二：攀登→悬挂（同7月龄婴儿第25课训练项目六） | |
| 项目三：徒手操4～5节 | |
| 目的 | 协调肢体，感觉下肢在空间的位置，为直立行走后的踢腿动作做准备 |

续表

| | |
|---|---|
| 项目四：爬行→坐 | |
| 目的 | 这是一个连接动作，婴儿学会后可以自由地在坐和爬行两个动作之间转换，有利于扩大婴儿的活动范围 |
| 方法 | 以向左转成坐为例，婴儿跪撑（如图①），双臂用力把双腿向后弯曲，然后右手用力把重心移向左侧面，臀部继续后移（如图②），同时左手向左侧撑地保持身体平衡（如图③），成坐的姿势（如图④）。训练过程中，成人在前面扶住婴儿的双肩帮助他弯曲左腿、后移重心，变成坐的姿势<br>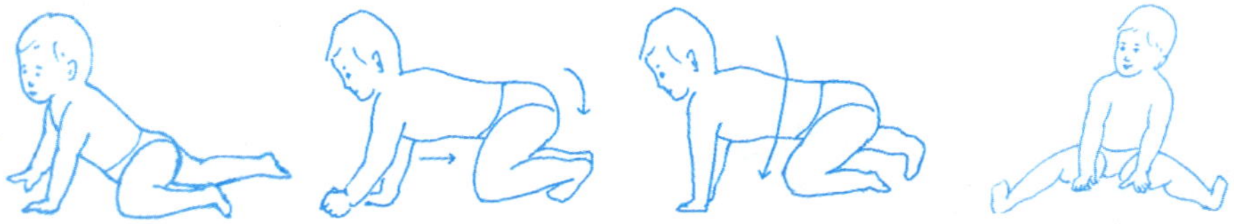<br>① ② ③ ④ |
| 项目五：单臂荡秋千 | |
| 目的 | 随着婴儿悬垂能力的提高，在可以同成人一起做悬垂旋转游戏后，为了进一步提高婴儿的上肢肩带、肘关节的牢固度，防止肩、肘关节的脱臼，可进行过渡性的单臂悬垂游戏 |
| 方法 | 成人在婴儿背后，握住婴儿的双手腕成双脚离地的悬垂，然后轻轻左右摇晃，在摇晃向右时成人放松婴儿的左手，只握婴儿的右手；回摆向左时放松婴儿的右手，只握婴儿的左手。让婴儿体会单臂悬垂的感觉，逐步提高上肢的悬垂力量 |
| 项目六：手指游戏 | |
| 目的 | 锻炼手部的精细动作能力 |
| 方法 | 让婴儿握拳，手指依次伸小指、无名指、中指、食指、大拇指，然后屈大拇指、食指、中指、无名指、小指，这样来回活动左右手的手指，同时数数<br> |
| **注意点** | **伸手指时，大拇指必须压着食指和中指** |

## 4. 7月龄婴儿第28课

7月龄婴儿第28课训练项目与方法如表3-28所示。

表3-28　7月龄婴儿第28课训练项目与方法

<table>
<tr><td colspan="2">项目一：音乐律动（同7月龄婴儿第25课训练项目一）</td></tr>
<tr><td colspan="2">项目二：蹦蹦乐</td></tr>
<tr><td>目的</td><td>当婴儿在成人的帮助下，能熟练完成下蹲起跳的动作后，可以利用蹦蹦乐把深蹲起跳改为浅蹲起跳，进行跑、跳的基础练习</td></tr>
<tr><td>方法</td><td>把婴儿固定在蹦蹦乐上，成人扶着腋下帮助他做几次上下的跳动。等婴儿有了感觉后会自己利用蹦蹦乐的弹性上下跳动<br>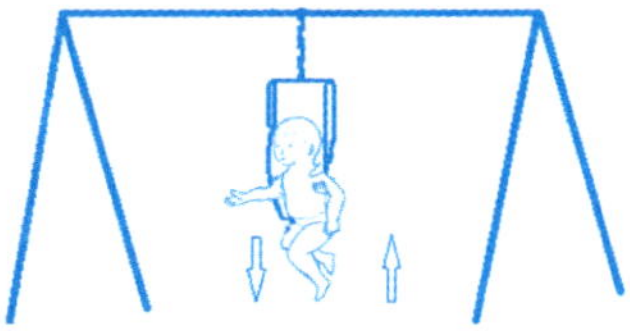</td></tr>
<tr><td>注意点</td><td>切记保护婴儿安全，避免摔伤、砸伤，连续跳跃的时间一次不要超过3分钟</td></tr>
<tr><td colspan="2">项目三：徒手操1～5节（同7月龄婴儿第26课训练项目二、7月龄婴儿第27课训练项目三）</td></tr>
<tr><td colspan="2">项目四：爬上矮桌</td></tr>
<tr><td>目的</td><td>爬高可发展婴儿的空间感觉，提高胆量，同时爬高需要婴儿全身的整体能力，因此可以提高婴儿日常生活中的自主能力</td></tr>
<tr><td>方法</td><td>成人帮助婴儿先抬右腿（如图①），然后右手向左移动（如图②），接着左腿抬上矮桌（如图③）<br>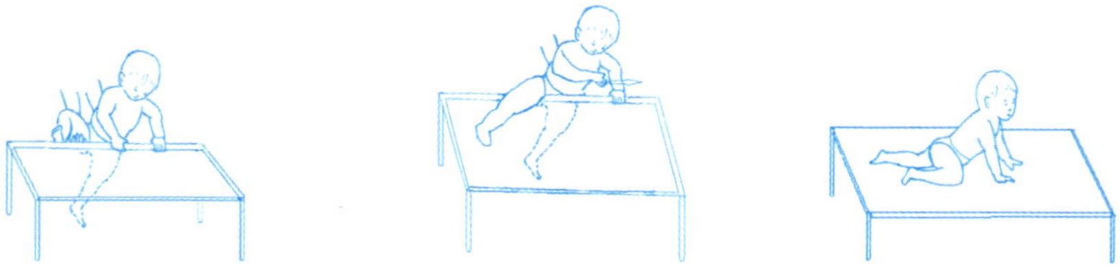<br>①　②　③</td></tr>
<tr><td>注意点</td><td>切记保护好婴儿安全，以免摔伤</td></tr>
<tr><td colspan="2">项目五：垒沙包</td></tr>
<tr><td>目的</td><td>通过垒高沙包培养婴儿的手眼协调、空间感觉和双手配合能力</td></tr>
<tr><td>方法</td><td>成人先把一个沙包放在婴儿体前，然后垒一个沙包上去，再给婴儿一个沙包让他垒上去<br></td></tr>
</table>

续表

| 项目六：爬楼梯滑下 | |
|---|---|
| 目的 | 爬楼梯可以减轻婴儿爬行时上肢的力量负担，对快速形成跪撑爬行能力有帮助，可培养孩子爬行的能力，提高孩子的爬行兴趣 |
| 方法 | 这是针对已经能够独立匍匐爬行的婴儿进行的练习。成人在婴儿爬行时，只要做好保护和鼓励即可。保护方法：双手扶住孩子腋下 |

## 八、8月龄婴儿早期教育

### 1. 8月龄婴儿第29课

8月龄婴儿第29课训练项目与方法如表3-29所示。

表3-29　8月龄婴儿第29课训练项目与方法

| 项目一：音乐律动《小猪睡觉》 | |
|---|---|
| 目的 | 提高婴儿对音乐律动的兴趣，调节活动气氛，让婴儿初步学习手语，模仿成人动作 |
| 项目二：攀登梯子 | |
| 目的 | 攀登作为爬行和直立行走之间的过渡动作，为直立行走打基础。由于手的帮助，在攀登时腿部的负担不会太重，可以防止婴儿因为直立行走产生X形腿，同时也可以通过攀登培养孩子的勇敢精神和顽强意志 |
| 方法 | 一位成人双手在婴儿腋下保护，另一位成人负责帮助婴儿移动手脚，要先移右手然后移右脚（如图①），接着移左手然后移左脚（如图②），同时还要有语言配合，如告诉婴儿"右手上去抓住，左脚蹬一下……"，让婴儿在练习攀登时也能慢慢区分左右<br>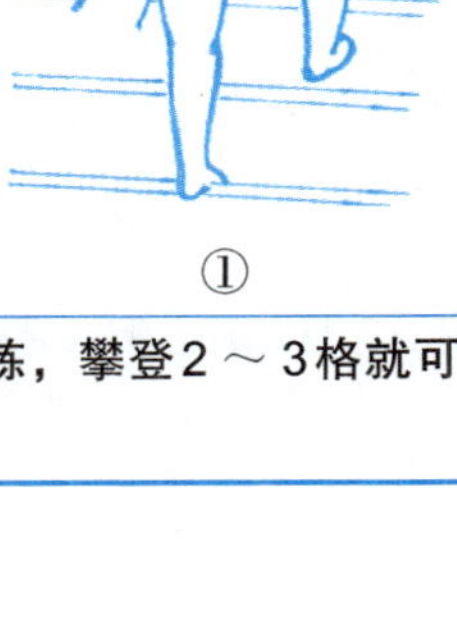 ①<br>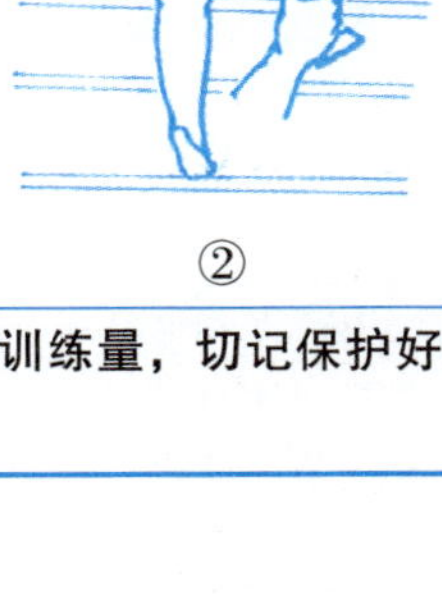 ② |
| **注意点** | **第一次训练，攀登2～3格就可以了，以后逐渐增加训练量，切记保护好婴儿，避免摔伤** |

续表

| 项目三：徒手操5～6节 | |
|---|---|
| 目的 | 第5节操是直立行走时的屈膝抬腿的辅助练习，第6节操可提高婴儿的整体协调性和腹部力量 |
| 项目四：爬行比赛 | |
| 目的 | 提高孩子的爬行能力和兴趣，适应公平竞争的环境 |
| 方法 | 此训练以多名婴儿参加为好，训练方法如下：<br>当早教师发出“预备”的口令时，家长拉住自己孩子的脚，在早教师发出“开始”口令后，家长顶住孩子脚底，使孩子向前。早教师可在孩子前面用喜欢的玩具引诱，玩具放置距离要适当，一般在婴儿手前面1米左右 |
| 项目五：积木垒高3～4块 | |
| 目的 | 发展婴儿手眼协调能力，培养动手操作能力和简单的思维 |
| 方法 | 垫子上放置2块方木，如婴儿能自主把两块方木拿在手上，成人再拿出1块放置在垫子上，做示范让婴儿将手上的积木搭到垫子上的积木的上面，并用好奇的语气对婴儿说：“宝宝，你看，积木长高了！”接着帮助婴儿搭第3块、第4块。垒高后，亲亲婴儿，并表扬：“宝宝，你真棒！” |
| **注意点** | **以语言指挥为主，施以帮助时成人应握婴儿的前臂** |
| 项目六：双语教育 | |
| 目的 | 只要创造一个双语的环境，那么婴幼儿就可以自然而然、轻松地学会两种语言 |
| 方法 | 家庭中必须有语言环境，就是说家庭中必须有一个人同婴儿只讲外语、不讲中文，这样婴儿就能自然形成双语 |
| **注意点** | **如果仅仅每周一次，一次一个小时，那双语早教的作用是微乎其微的，要每天坚持才有效果** |

### 2. 8月龄婴儿第30课

8月龄婴儿第30课训练项目与方法如表3-30所示。

表3-30　8月龄婴儿第30课训练项目与方法

| 项目一：音乐律动（同8月龄婴儿第29课训练项目一） | |
|---|---|
| 项目二：识字游戏（电视机、冰箱、空调） | |
| 目的 | 通过对日常生活用品的文字学习，让婴儿在文字和生活用品之间建立条件反射并促进婴儿大脑文字中枢的发育，为以后的阅读奠定良好基础 |
| 方法 | 家中布置一个文字学习的环境，把家中固定的大件用品都贴上相应的文字，成人每天用零星时间随意而不断地让婴儿认识相应的文字，如开冰箱前让婴儿看一下文字——冰箱，并说这是“冰箱”，其他生活用品以此类推，时间一长婴儿就会将家中的生活用品文字都认识了 |

续表

| 项目三：手指抠洞 | |
|---|---|
| 目的 | 随着婴儿手指动作的发展，这时候婴儿很喜欢抠小洞，可以利用这个特点来发展婴儿的精细动作，锻炼婴儿手眼协调的能力和手指灵活性 |
| 方法 | 让婴儿坐在垫子上，将洞穴板放在垫子上（有孔的一面向上），成人做示范将手指插入小孔，鼓励婴儿模仿。当婴儿练习爬行的时候，可以将洞穴板放在婴儿前面的地面上，让婴儿爬过来抠小洞 |
| **注意点** | **平时不要阻止宝宝抠小洞、拿细小东西，只要注意卫生和安全即可** |
| 项目四：翻越围栏 | |
| 目的 | 在成人保护下让婴儿在40～50厘米高的围栏里翻进翻出，可以增加婴儿的胆量，锻炼婴儿克服困难的意志力 |
| 方法 | 以右腿先跨越为例：把婴儿抱进围栏里，让他双手扶好围栏上沿，成人一手抓孩子左上臂，另一手托婴儿右大腿，把婴儿托上围栏（如图①），此时成人要帮助婴儿将右手移动到左手前面（如图②），并让他自己用力翻出去，围栏下垫保护垫，以免磕伤婴儿<br>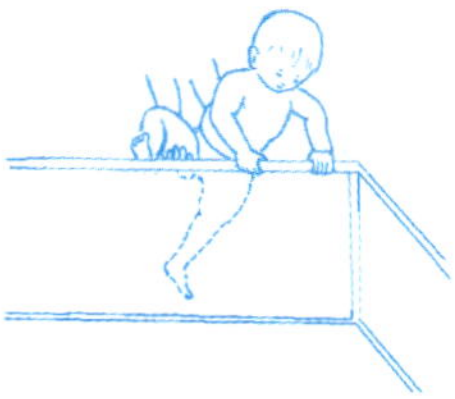<br>①<br>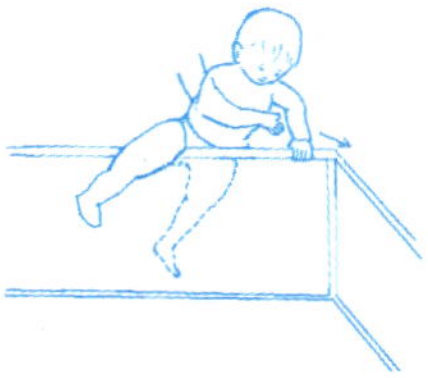<br>② |
| 项目五：取出碗内的玩具 | |
| 目的 | 发展婴儿的高级心理活动，培养想象力、手眼协调能力及创造思维能力 |
| 方法 | 成人把2个碗和一个小玩具放在地上然后把碗翻过来，把玩具扣压在其中一个碗里面。首先翻出空碗，并说："看，这是空的。"接着翻出另一个碗，说："原来玩具在这里。"以此引起宝宝的兴趣，然后再重复将碗翻过来扣住玩具，引导婴儿去翻碗取出玩具 |

### 3. 8月龄婴儿第31课

8月龄婴儿第31课训练项目与方法如表3-31所示。

表3-31　8月龄婴儿第31课训练项目与方法

| 项目一：音乐律动（同8月龄婴儿第29课训练项目一） | |
|---|---|
| 项目二：倒立爬行比赛 | |
| 目的 | 倒立有利于婴儿前庭分析器和消化系统的发育，是发展上肢、肩带力量的好方法。同时，通过比赛的形式，培养婴儿的竞争意识 |
| 方法 | 家长带婴儿到起跑线上，早教师拿一玩具在对面逗引婴儿，听到老师的口令后，家长双手握住婴儿双脚踝，把婴儿慢慢提起成手倒立，让婴儿向前爬。谁先爬到对面拿到玩具，谁就是冠军 |

续表

<table>
<tr><td colspan="2">项目三：攀登梯子（同8月龄婴儿第29课训练项目二）</td></tr>
<tr><td colspan="2">项目四：绳子拉汽车</td></tr>
<tr><td>目的</td><td>训练婴儿手指的灵活性，并教婴儿使用工具（绳子），发展婴儿的观察能力和初步的思维能力</td></tr>
<tr><td>方法</td><td>将玩具汽车有绳的一端对着婴儿，成人做示范拉住绳子，拿到玩具汽车。待婴儿熟悉后，把玩具汽车放远点，引导婴儿爬过去拉绳子</td></tr>
<tr><td>注意点</td><td>（1）开始婴儿往往会不拉绳子而直接去拿汽车，因此可先用报纸把汽车遮挡，让婴儿看到彩色的绳子，他就会去拉绳子了<br>（2）也可以把汽车放在婴儿拿不到的桌子上，迫使他拉绳子</td></tr>
<tr><td colspan="2">项目五：爬越障碍</td></tr>
<tr><td>目的</td><td>提高婴儿的爬行能力，培养婴儿克服困难的意志力</td></tr>
<tr><td>方法</td><td>让婴儿在15度左右的斜面上爬上爬下。当然，斜坡的角度要根据婴儿的能力随时调整，即婴儿稍作努力就能完成的程度。家庭中，斜坡可用各种材料搭成，比如垫子、被子、木板搭的“桥”等，障碍物切记无尖角<br>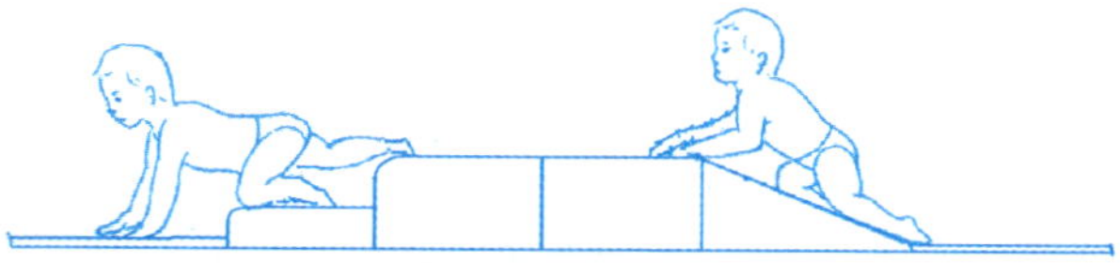</td></tr>
<tr><td colspan="2">项目六：竹竿操第5节</td></tr>
<tr><td>目的</td><td>使用工具来做操，可增强婴儿腿部力量，是跳跃的辅助练习</td></tr>
<tr><td>方法</td><td>成人把竿子夹于婴儿的两臂腋下，让婴儿抓好竿子站立（如图①），两个成人分坐婴儿两边，各握一根竿子的两端。第1拍，宝宝蹲下（如图②）；第2拍，宝宝跳起来（如图③）。连续做两个8拍<br>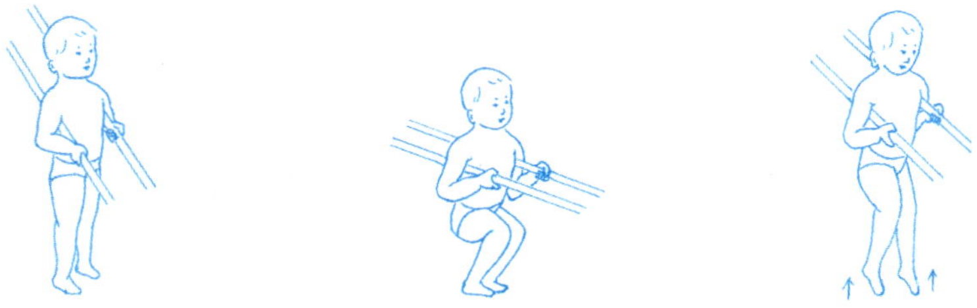<br>① ② ③</td></tr>
<tr><td>注意点</td><td>婴儿放松肌肉的能力比较差，所以下蹲比起跳困难，成人要让婴儿缓慢落地，防止脑部损伤。另外，在做操时，把竿子往中间夹紧些，成人做好婴儿保护，防止婴儿摔倒</td></tr>
</table>

## 4. 8月龄婴儿第32课

8月龄婴儿第32课训练项目与方法如表3-32所示。

表3-32 8月龄婴儿第32课训练项目与方法

<table>
<tr><td colspan="2">项目一：音乐律动（同8月龄婴儿第29课训练项目一）</td></tr>
<tr><td colspan="2">项目二：翻越围栏（同8月龄婴儿第30课训练项目四）</td></tr>
<tr><td colspan="2">项目三：悬垂→半翻转</td></tr>
<tr><td>目的</td><td>提高婴儿的肩带力量，发展空间智力</td></tr>
<tr><td>方法</td><td>成人在婴儿背面双手握住婴儿的手腕，做两次预摆（如图①），然后顺势把婴儿向上带起并做半翻身（如图②），然后用大拇指和食指托住婴儿的腰腹部或大腿部位，让婴儿翻转过来，随时观察婴儿的接受能力，量力而为<br>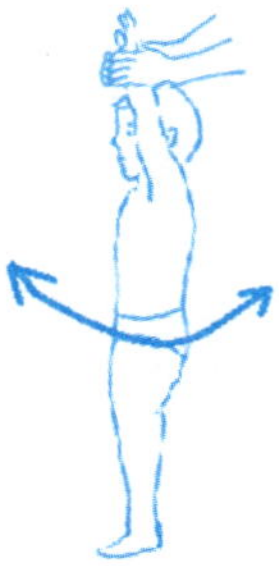<br>①<br><br>②</td></tr>
<tr><td colspan="2">项目四：后滚翻倒立爬行</td></tr>
<tr><td>目的</td><td>把后滚翻和倒立爬行两个动作结合起来，通过提高动作难度，锻炼婴儿的协调能力</td></tr>
<tr><td>方法</td><td>让婴儿仰卧在垫子上，并将他的双手放在耳朵两侧，成人抓住婴儿脚踝，然后向上提（如图①），当婴儿倒立后，另一成人在婴儿前面用玩具和语言引诱他向前爬行<br>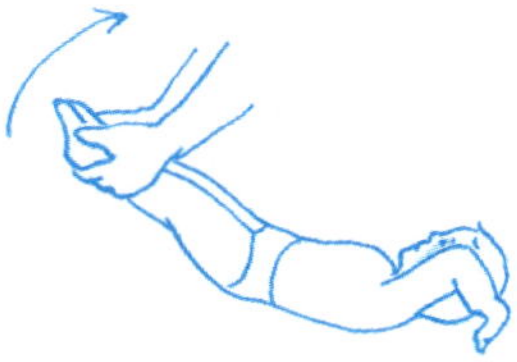<br>①<br><br>②</td></tr>
<tr><td>注意点</td><td>（1）做手倒立训练，在开始和结束时，成人要缓慢地提起，缓慢地放下<br>（2）每次爬行距离在3米内，刚开始也就是几步<br>（3）爬行的地面最好铺有地毯或保护垫，饮食后1小时内不宜进行，注意务必保护好婴儿颈椎</td></tr>
</table>

续表

<table>
<tr><th colspan="2">项目五：前滚翻组合</th></tr>
<tr><td>目的</td><td>全面发展婴儿的时间、空间感觉，发展婴儿全身的肌肉力量，促进成人和婴儿之间的感情</td></tr>
<tr><td>方法</td><td>两个成人分别在孩子的前、后。后面的成人提起孩子的腰部（如图①），并发出“低头”的口令，同时向前放手（如图②），让婴儿完成前滚翻（如图③）；接着，前面的成人拉孩子双手做仰卧起坐（如图④），然后拉起孩子（如图⑤）并转体180度（如图⑥），做第二个前滚翻，切记量力而为，保护婴儿颈椎<br>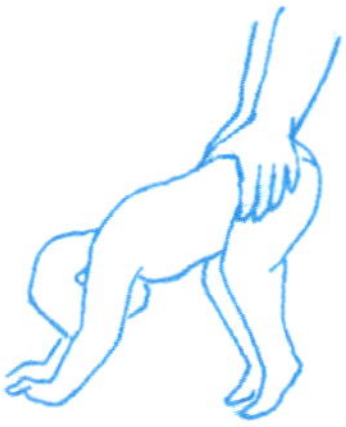<br>①<br><br>②<br><br>③<br>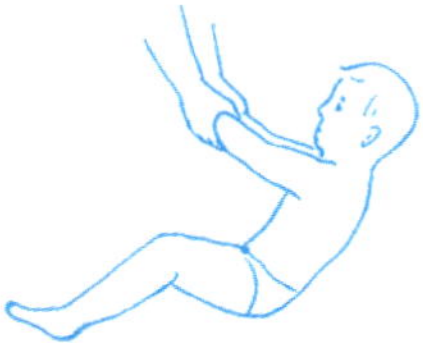<br>④<br><br>⑤<br>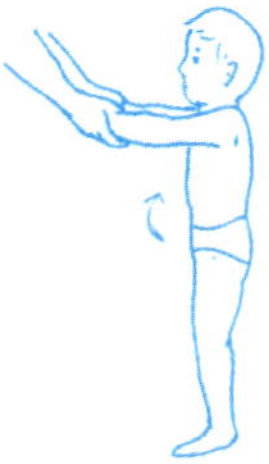<br>⑥</td></tr>
<tr><th colspan="2">项目六：跪撑爬行→扶物起立</th></tr>
<tr><td>目的</td><td>当婴儿能熟练爬行后，慢慢地他会借床、凳子、桌子等物扶持直立，这个过程一般要2个月左右。如果成人及时教一下，这个时间可以缩短一些</td></tr>
<tr><td>方法</td><td>让婴儿跪撑在攀登架（或其他可以扶撑物）前，在攀登架上面放一个玩具，成人帮助婴儿把双手扶在攀登架的扶竿上，让婴儿站起来拿玩具<br></td></tr>
</table>

## 九、9月龄婴儿早期教育

### 1. 9月龄婴儿第33课

9月龄婴儿第33课训练项目与方法如表3-33所示。

表3-33　9月龄婴儿第33课训练项目与方法

| 项目一：音乐律动《洗手绢》 | |
|---|---|
| 目的 | 提高婴儿对音乐律动的兴趣，调节活动气氛，锻炼婴儿手部灵活性，通过音乐律动学习基本生活技能 |
| 项目二：爬楼梯滑下（同7月龄婴儿第28课训练项目六） | |
| 项目三：跪撑爬行→扶物起立→横行 | |
| 目的 | 当婴儿具有了一定的力量和前庭稳定性后，可以开始进行直接的直立行走训练了，扶物行走是家庭中普遍采用的方法，对孩子独立地直立行走有帮助 |
| 方法 | 让婴儿跪撑，用玩具逗引婴儿，使其扶围栏起立。等婴儿站起来以后，一成人站在对面拿着玩具逗引，另一成人帮婴儿移动手，再移动脚行，帮助婴儿走到对面拿玩具，拿到后，要拍手表扬婴儿 |
| **注意点** | **行走过程中要做好对婴儿的保护** |
| 项目四：识字（全部家庭成员） | |
| 目的 | 扩大人、物的词汇量，让婴儿认识所有的家庭成员的文字 |
| 方法 | （1）先拿有真人在场的字卡2张，让婴儿看文字并从中选1张，接着让婴儿看反面的照片是否与真人一致，选对的话成人立即拍手鼓励<br>（2）待婴儿认识2张字卡后，可以依次把第3、4张字卡放进去，慢慢让婴儿认识全部家庭人员 |
| **注意点** | **字卡两面分别是文字和照片** |
| 项目五：抓移动的吊球 | |
| 目的 | 通过抓移动的物体来培养手、眼协调，提高婴儿的空间感觉 |
| 方法 | 成人拿带绳子的小球，在婴儿眼前摇晃，引诱婴儿用手去抓<br> |
| 项目六：翻越围栏（同8月龄婴儿第30课训练项目四） | |

### 2. 9月龄婴儿第34课

9月龄婴儿第34课训练项目与方法如表3-34所示。

表3-34　9月龄婴儿第34课训练项目与方法

<table>
<tr><th colspan="2">项目一：音乐律动（同9月龄婴儿第33课训练项目一）</th></tr>
<tr><th colspan="2">项目二：学习手语（飞机、花、马、老虎、猫）</th></tr>
<tr><td>目的</td><td>学习一些需要坐甚至直立着做的比较复杂的手语，提高婴儿手指灵活性，发展婴儿的人际交往能力</td></tr>
<tr><td>方法</td><td>婴儿保持坐或直立姿势，练习开始时成人手把手帮助，然后逐步让婴儿独立完成<br><br>飞机<br><br>花<br><br>马<br><br>老虎<br><br>猫</td></tr>
<tr><th colspan="2">项目三：爬上沙发再下来</th></tr>
<tr><td>目的</td><td>让婴儿学习独立地从地上爬到沙发上，再安全地返回到地面上。通过这个动作的学习能够提高婴儿独立思维的能力，培养勇敢精神</td></tr>
<tr><td>方法</td><td>（1）成人帮助婴儿先抬右腿，然后右手向左移动，接着左腿抬上沙发<br>（2）让婴儿从直立的位置下蹲成跪撑，接着面朝沙发靠背向后慢慢倒退爬行，到沙发的边上趴下，慢慢向后移动，让脚先着地，手扶着沙发退到地面</td></tr>
<tr><th colspan="2">项目四：扶竹竿行走</th></tr>
<tr><td>目的</td><td>在婴儿独立行走有困难时，让孩子安全地练习直立行走并防止出现膝关节的形变</td></tr>
<tr><td>方法</td><td>将两根竿分别放在婴儿的左、右腋下，由两个成人分握竹竿的两端，让婴儿夹着竿行走</td></tr>
</table>

续表

| 项目五：障碍爬行 | |
|---|---|
| 目的 | 培养勇敢精神，提高婴儿克服困难的意志力 |
| 方法 | 让婴儿钻海绵垫子搭成的“山洞”，当婴儿爬到一半时，“山洞”塌下压在孩子身上，此时，成人鼓励婴儿爬出来。当婴儿爬出来了以后，要拍手表扬婴儿，切记海绵垫不可过重，以免压伤、砸伤婴儿<br> |
| 项目六：提两小桶 | |
| 目的 | 增加婴儿的上肢肩带力量，体会站立时手、脚分工的感觉 |
| 方法 | 成人双手托住婴儿的腋下，让婴儿直立弯腰提小桶。提好小桶后，大家拍手表扬<br> |
| 注意点 | **（1）初期用两个空桶，随着练习，此后小桶里可以放点东西，增加小桶的重量，这样可以锻炼婴儿的上肢肩带力量。可以根据婴儿的能力逐渐增加桶里东西的重量，切记所提物不可过重，以免婴儿拉伤**<br>**（2）这仅仅是个游戏，偶尔玩玩提高兴趣，不能经常做** |

### 3. 9月龄婴儿第35课

9月龄婴儿第35课训练项目与方法如表3-35所示。

表3-35　9月龄婴儿第35课训练项目与方法

| 项目一：音乐律动（同9月龄婴儿第33课训练项目一） | |
|---|---|
| 项目二：独立攀登 | |
| 目的 | 初步独立完成向上攀登0.5～1米高的梯子，让婴儿逐渐由爬行转向直立行走 |
| 方法 | 可尝试让婴儿独立攀登，成人在腋下虚托保护，同时必须用语言指挥婴儿移动手脚，比如告诉婴儿右手上去、左脚上去等 |

续表

| | |
|---|---|
| 项目三：识字（数字1～9） | |
| 目的 | 认识个位数数字，为孩子未来数学上的发展奠定基础 |
| 方法 | 以前已经认识了数字1和2，现在开始认3～9，逐步增加，到最后能够从9个数字中认出任何一个数字 |
| **注意点** | **字卡的正面为数字，反面画黑点，数字是几就画几个黑点** |
| 项目四：找小动物 | |
| 目的 | 进一步训练婴儿的手部活动能力，培养婴儿的记忆能力和思维能力 |
| 方法 | 成人当着婴儿的面把玩具小熊用报纸包起来，然后让宝宝找，让婴儿学会不撕破纸把玩具小熊找到，找到后及时表扬 |
| 项目五：柔软训练（左、右腿前后一字） | |
| 目的 | 柔软是重要的运动能力之一，从小开始柔软训练可以使孩子的肌肉、韧带更有弹性，运动幅度更大，也可以让孩子学会放松 |
| 方法 | 成人用一只手轻轻压住婴儿一条腿的膝部使它伸直，另一只手抓住婴儿的另一条腿压向胸部停顿3～5秒，左右腿都要做，成人切记动作轻柔，不可勉强，根据婴儿实际情况调整动作幅度，以免拉伤婴儿<br> |
| 项目六：藏猫猫 | |
| 目的 | 练习手眼协调地爬行；在游戏中发展婴儿对声音方位的辨别能力，发展婴儿的想象力 |
| 方法 | 成人躲在纸箱、海绵垫或窗帘后面，躲好后就说：“宝宝，我在这！快来找我呀！”同时摇响小铃，鼓励婴儿爬过去找。找到后，成人要表扬婴儿。在游戏中成人可变换躲藏的地方，以增加游戏的趣味性 |

### 4. 9月龄婴儿第36课

9月龄婴儿第36课训练项目与方法如表3-36所示。

表3-36　9月龄婴儿第36课训练项目与方法

| |
|---|
| 项目一：音乐律动（同9月龄婴儿第33课训练项目一） |
| 项目二：前滚翻组合（同8月龄婴儿第32课训练项目五） |
| 项目三：柔软训练（左、右腿前后一字）（同9月龄婴儿第35课训练项目五） |

续表

| 项目四：悬垂 | |
|---|---|
| 目的 | 通过悬垂练习可以增加婴儿上肢、肩带的力量，培养婴儿的空间感觉和胆量 |
| 方法 | 成人抱住婴儿腋下后托起，让婴儿抓住横杠，待婴儿自己用力后成人缓慢地松开双手，但是手只能稍稍离开婴儿腋下，3～5秒后就重新托住婴儿，并慢慢把他放下，切记量力而为，避免婴儿拉伤<br>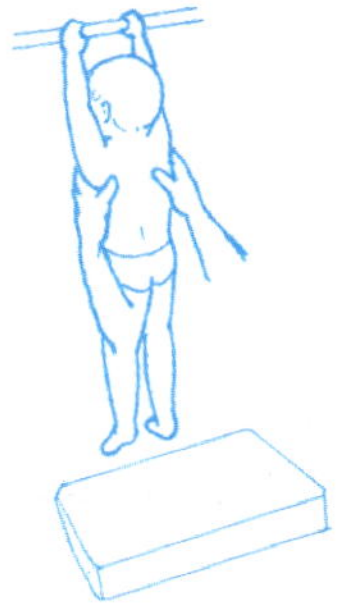 |
| 注意点 | **横杠要比较坚固，不容易折断，而且细一些，使婴儿容易抓牢。杠下要有海绵垫子保护，成人的手不能远离婴儿腋下** |

## 十、10月龄婴儿早期教育

### 1. 10月龄婴儿第37课

10月龄婴儿第37课训练项目与方法如表3-37所示。

表3-37 10月龄婴儿第37课训练项目与方法

| 项目一：音乐律动《合拢放开》 | |
|---|---|
| 目的 | 提高婴儿对音乐律动的兴趣，调节活动气氛，学习手合拢、放开的动作，初步认识眼睛、鼻子、嘴巴 |
| 项目二：手指游戏（同7月龄婴儿第27课训练项目六） | |
| 项目三：倒立→前滚翻→爬行 | |
| 目的 | 把倒立、滚翻、爬行组合起来，进行动作之间的连接，增加难度，扩大孩子活动的范围，培养孩子的协调性 |
| 方法 | 让婴儿跪撑在地上，成人双手提起婴儿的手脚成倒立状后，对婴儿说："宝宝低头。"婴儿低头后，成人帮助婴儿前滚翻成仰卧，再引导婴儿翻身成俯卧爬行 |
| 注意点 | **这个组合动作，要在比较软一点的垫子上做，婴儿刚刚吃完东西不宜做这个运动** |

续表

| | |
|---|---|
| 项目四：翻越障碍 | |
| 目的 | 10月龄婴儿已经能够独立地上下沙发、翻越围栏了，爬行能力也大大提高，因此可以做一些翻越障碍的亲子游戏，进一步提高婴儿的综合能力 |
| 方法 | 方法一：成人跪撑，让婴儿在成人形成的“山洞”中转来转去（如图①）<br>方法二：成人坐在地上，把腿弯曲起来，让婴儿翻越过去（如图②）<br>方法三：成人躺在地上，让婴儿翻越成人的身体（如图③）<br><br>①<br>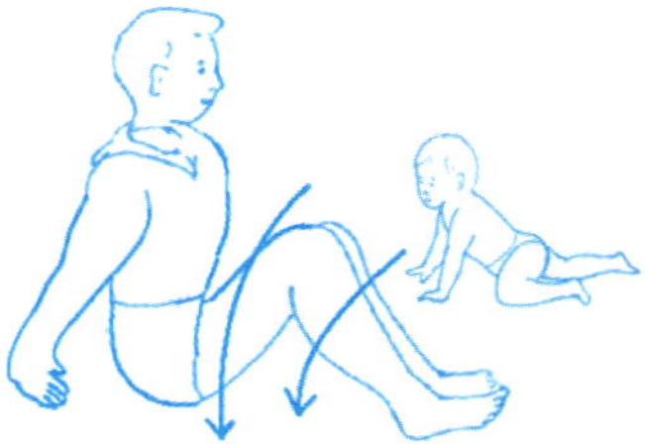<br>②<br>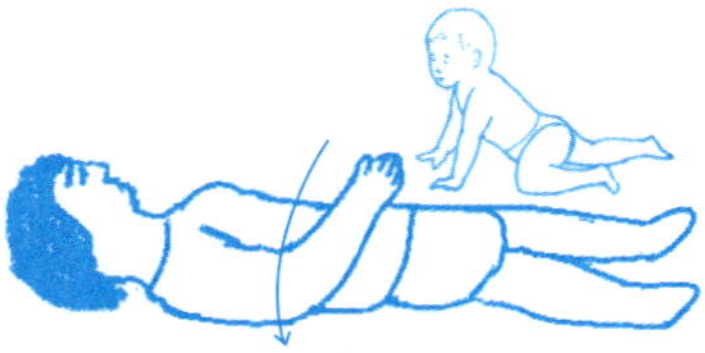<br>③ |
| 项目五：敲小鼓 | |
| 目的 | 让婴儿使用工具，训练婴儿的手眼协调能力，同时对音乐有初步的了解。通过鼓的节奏声音，激发孩子对打击乐器的兴趣 |
| 方法 | 成人先敲鼓给婴儿看，然后握住婴儿的前臂帮助婴儿敲鼓，接着让婴儿自己敲，并给以适当的掌声鼓励 |

### 2. 10月龄婴儿第38课

10月龄婴儿第38课训练项目与方法如表3-38所示。

表3-38　10月龄婴儿第38课训练项目与方法

| | |
|---|---|
| 项目一：音乐律动（同10月龄婴儿第37课训练项目一） | |
| 项目二：攀登滑梯 | |
| 目的 | 在婴儿能独立攀登的基础上，通过滑梯提高他的攀登兴趣 |
| 方法 | 婴儿从攀登架爬上去，在平台上站立，然后坐下，接着沿滑梯滑下（成人抓住婴儿的后背衣服保护，跟随婴儿下滑），再爬行到攀登滑梯处 |

续表

| | |
|---|---|
| 项目三：识字（认识动词） | |
| 目的 | 婴儿在已经学会了一些名词、数字的基础上，可以开始学习比较难的动词 |
| 方法 | 用字卡和动作相结合进行训练。比如，成人拿着字卡“爬”，逗引婴儿，并说：“宝宝，爬过来拿。”当婴儿看到并开始爬行，成人把“爬”的字卡放在地上，待婴儿拿到后，要表扬他，并说：“宝宝，真棒，看，这就是爬。”只要重复训练几次，婴儿就能认识这个字了。其他动词的文字，也可以用此方法进行训练，如拍手、翻身、走路等 |
| 项目四：悬垂移动 | |
| 目的 | 在上次悬垂的基础上，随着孩子悬垂能力的提高，可以尝试让孩子在悬垂时移动手臂，训练孩子的胆量，培养勇敢精神，增强上肢、肩带的力量 |
| 方法 | 一位成人托住悬垂婴儿的腋下，并稍稍向上托一点，另一成人帮助移动婴儿的手 |
| 项目五：七彩树 | |
| 目的 | 发展婴儿手眼配合能力，训练婴儿食指和拇指配合做按与捏的动作，培养婴儿对美术的兴趣 |
| 方法 | 准备彩色纸做的小圆球若干个、花形纸1张、画的大树图1张。成人做示范，用花形纸将小圆球包起来做成彩花，再把彩花贴到大树上，然后引导婴儿来完成。贴彩花的过程中，要引导婴儿用拇指和食指捏一捏，再按一按 |
| 项目六：尝试直立行走的亲子活动 | |
| 目的 | 在游戏中提高婴儿的直立行走能力，这是训练孩子直立行走的方法之一 |
| 方法 | 成人与婴儿面对面站着，让婴儿的手拉着成人的裤子站立，然后成人缓慢小步后退，婴儿为了安全，往往会跟着成人向前走，切记此项训练根据婴儿站立情况进行，不可勉强，不可操之过急 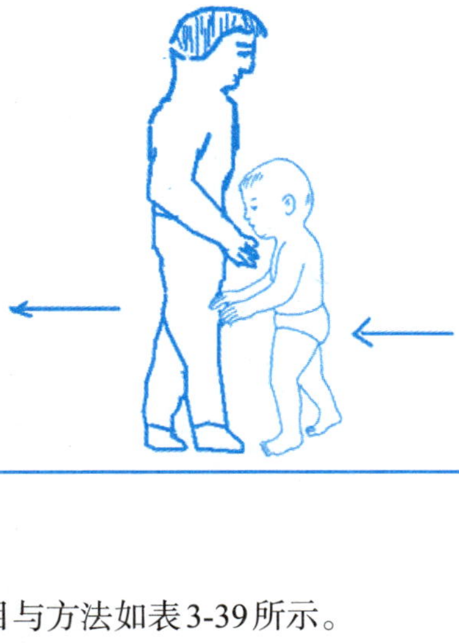 |

### 3. 10月龄婴儿第39课

10月龄婴儿第39课训练项目与方法如表3-39所示。

表3-39 10月龄婴儿第39课训练项目与方法

| 项目一：音乐律动（同10月龄婴儿第37课训练项目一） | |
|---|---|
| 项目二：捉迷藏 | |
| 目的 | 提高婴儿协调爬行的能力。在游戏中发展婴儿对声音方位的辨别能力，发展婴儿的想象力 |
| 方法 | 成人躲在门帘后面，躲好后就说：“宝宝，我在这里，快来找我。”同时摇响小铃，吸引婴儿爬过去找 |
| **注意点** | **开始做这个游戏时要让婴儿看见成人躲藏的地方，以后可以躲藏得更隐蔽一些** |
| 项目三：翻越障碍（同10月龄婴儿第37课训练项目四） | |
| 项目四：竹竿操6～8节 | |
| 目的 | 训练婴儿使用工具，为徒手操做准备 |
| 项目五：直立→坐 | |
| 目的 | 在婴儿能够直立行走后还要学习“直立→坐”的动作，有利于婴儿自主休息和自我掌控 |
| 方法 | 婴儿站立（如图①），成人发出“蹲下”口令，同时拉住婴儿双手往下压，婴儿蹲下后，让他用手撑地（如图②），然后再坐下（如图③）<br>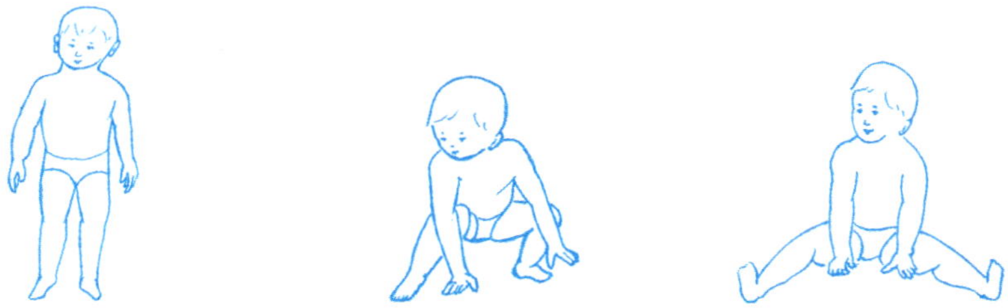<br>① ② ③ |
| **注意点** | **尽量让婴儿自己独立完成这个动作，这样才能真正训练到婴儿的自我调节能力** |
| 项目六：穿洞洞 | |
| 目的 | 学习穿的动作，锻炼精细动作和双手协调能力 |
| 方法 | 成人先做示范。拿出一个玩具苹果，说：“宝宝，你看，这是一个香喷喷的苹果。哇！上面有好多洞洞呢！”出示穿孔的绳线，捏住前端的小棒将绳线穿过“苹果”的小孔，并说：“香喷喷的苹果引得小虫嘴馋了，在苹果里面钻来钻去……”同时，双手配合做穿、拉的动作，说：“小虫又钻进来了，钻呀钻，钻呀钻，小虫出来了，快拉，快拉……”<br>训练开始时，不要急于让婴儿学会“穿”和“拉”的连贯配合动作，可先跟婴儿玩“捉小虫”，由成人穿，让婴儿观察“小虫”从哪个方向钻出来，并用小手把“小虫”拉出来；或反之，由婴儿“穿小虫”，家长“拉小虫”。待婴儿熟悉穿和拉的方法后，再让他独自练习 |

### 4. 10月龄婴儿第40课

10月龄婴儿第40课训练项目与方法如表3-40所示。

表3-40　10月龄婴儿第40课训练项目与方法

<table>
<tr><td colspan="2">项目一：音乐律动（同10月龄婴儿第37课训练项目一）</td></tr>
<tr><td colspan="2">项目二：徒手操7～9节</td></tr>
<tr><td>目的</td><td>让婴儿能够体会到活动时手臂关节的变化，为以后集体操做准备</td></tr>
<tr><td colspan="2">项目三：爬行→取球→直立行走回来</td></tr>
<tr><td>目的</td><td>通过爬行和直立行走的整合比赛，让婴儿从小理解公平竞争的概念，提高动作之间的转换能力</td></tr>
<tr><td>方法</td><td>让两位婴儿分别跪撑在起跑线后面，教师发出开始的口令后，让婴儿爬过去拿球，拿到球以后站起来走回到起点，首先完成者胜。如果是在家中训练，可让成人和婴儿一同参与比赛</td></tr>
<tr><td>注意点</td><td>每次爬行比赛距离在2米左右；爬行的地面必须铺有地毯或保护垫；饮食后1小时内不宜进行</td></tr>
<tr><td colspan="2">项目四：涂鸦</td></tr>
<tr><td>目的</td><td>锻炼婴儿手的精细动作，发展他们的初步思维、想象等高级心理活动</td></tr>
<tr><td>方法</td><td>教婴儿握笔手法，要保持手和前臂成一条直线。有些孩子会屈手腕书写，由于屈腕会造成手指主动锻炼不足，影响手指的灵活性，形成习惯将对孩子未来书写造成不利。多次练习以后，让婴儿自己任意涂鸦，大人可以用语言指挥婴儿进行涂鸦</td></tr>
</table>

## 十一、11月龄婴儿早期教育

### 1. 11月龄婴儿第41课

11月龄婴儿第41课训练项目与方法如表3-41所示。

表3-41　11月龄婴儿第41课训练项目与方法

<table>
<tr><td colspan="2">项目一：音乐律动《数鸭子》</td></tr>
<tr><td>目的</td><td>提高婴儿对音乐律动的兴趣，调节活动的气氛，让婴儿模仿鸭子的手语，学习拍手、数数的动作</td></tr>
<tr><td colspan="2">项目二：识字（认识颜色）</td></tr>
<tr><td>目的</td><td>认识各种颜色所对应的文字，同时学会分辨颜色</td></tr>
<tr><td>方法</td><td>用带文字的颜色字卡（如棕、黄、绿、蓝）放在婴儿眼前，让婴儿从中指出或拿各种颜色的卡</td></tr>
<tr><td>注意点</td><td>字卡的颜色必须与字卡上的文字一致</td></tr>
</table>

续表

| | |
|---|---|
| 项目三：徒手操10～11节 | |
| 目的 | 让孩子能够学会手臂和腿部动作的协调、配合，为以后集体操准备 |
| 项目四：尝试走楼梯 | |
| 目的 | 婴儿开始走路时大多采用直膝迈步，而楼梯恰好限制了这种走路方式，因为抬腿是上楼梯的必须条件，这就提高了孩子抬腿的能力，是学习正确走路的方法之一 |
| 方法 | 由成人单手拉扶婴儿的手臂帮助他上楼梯，此项训练根据婴儿身体情况进行，不可勉强<br> |
| 项目五：套塔游戏 | |
| 目的 | 通过套塔游戏，发展婴儿手眼协调能力和空间感觉 |
| 方法 | （1）成人将套塔拿出来，让婴儿注意观察成人是怎样打开的，并提出问题引起婴儿的兴趣<br>（2）当打开一层的时候，成人告诉婴儿这里还有，让婴儿能继续观察这个活动。接着再打开一层，告诉婴儿已打开了套塔，现在需要婴儿一起来完成这个游戏<br> |
| **注意点** | **玩具不可有任何尖角，第一次打开的时候，不要求婴儿能按大小、颜色来分类，等婴儿熟悉了这个活动以后，成人可以引导婴儿指出明显的大、小区别，同时可以让婴儿巩固复习比较敏感的颜色（如红色）** |
| 项目六：球类游戏（投篮） | |
| 目的 | 训练孩子的空间感觉，提高手眼协调能力 |
| 方法 | 成人手拿篮筐，孩子把球抛向篮筐，成人用篮筐把球接住<br> |
| **注意点** | **可采用多球训练法，即孩子抛球后不管进还是不进，另一成人就递第2个球给他** |

## 2. 11月龄婴儿第42课

11月龄婴儿第42课训练项目与方法如表3-42所示。

表3-42 11月龄婴儿第42课训练项目与方法

<table>
<tr><td colspan="2">项目一：音乐律动（同11月龄婴儿第41课训练项目一）</td></tr>
<tr><td colspan="2">项目二：插积木</td></tr>
<tr><td>目的</td><td>锻炼婴儿手部肌肉，促进手眼协调能力，培养婴儿的动手操作能力</td></tr>
<tr><td>方法</td><td>（1）成人出示五颜六色的积木，吸引宝宝的兴趣，并说：“宝宝看，老师这有这么多五颜六色的积木，它们不仅漂亮，而且它们还会变魔术的哟！”接着成人做示范，从众多积木中取出两块，以夸张的动作把一块积木插到另一块积木中，并说：“变变变，宝宝看！两块积木变成一块积木了，你想玩吗？”<br>（2）在成人的帮助下，婴儿插积木。在婴儿插积木的同时，成人进行语言训练，可以说：“宝宝，我们把一块积木插到另一块积木里，两块积木就变成一块积木了。”</td></tr>
<tr><td>注意点</td><td>婴儿初次接受插积木的游戏，可能还没有插的意识，可先让婴儿拆开，成人要耐心帮助婴儿插，待婴儿熟悉后，就可独立插积木了</td></tr>
<tr><td colspan="2">项目三：跳蹦床</td></tr>
<tr><td>目的</td><td>当婴儿在蹦蹦乐上自主地跳得很好时，就可以让婴儿尝试跳蹦床，因为蹦床可以解决婴儿自主跳跃时腿部力量不足导致的不能自如起跳，以及婴儿不会放松肌肉往往落地没有缓冲容易受伤的问题</td></tr>
<tr><td>方法</td><td>成人扶婴儿的腋下，帮助他上下跳跃，跳跃时宝宝的双腿必须是浅蹬起跳，切记注意保护婴儿安全，下垫保护垫<br>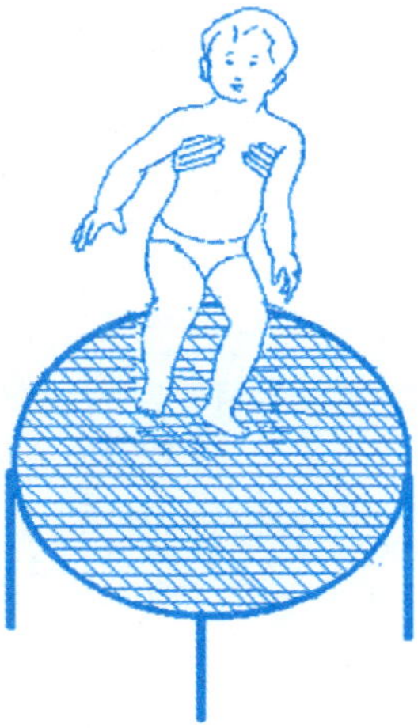</td></tr>
</table>

续表

| 项目四：坐→直立 | |
|---|---|
| 目的 | “坐→直立”这一组合是婴儿独立行走的最后一道坎 |
| 方法 | 让婴儿两腿分开坐好（如图①），然后左腿弯曲成单腿盘坐（如图②），接着左手在身体左侧撑地，然后整个身体向左转动（如图③），同时右腿弯曲转向左，右手向左撑地成左膝跪地、右腿撑地的单腿跪撑（如图④），然后变成双腿跪撑（如图⑤），再把一条腿由跪变为半蹲（如图⑥），然后变为双腿半蹲的蹲撑（如图⑦），接着由蹲撑变为半蹲，最后双手扶膝（如图⑧），半蹲起立成直立<br>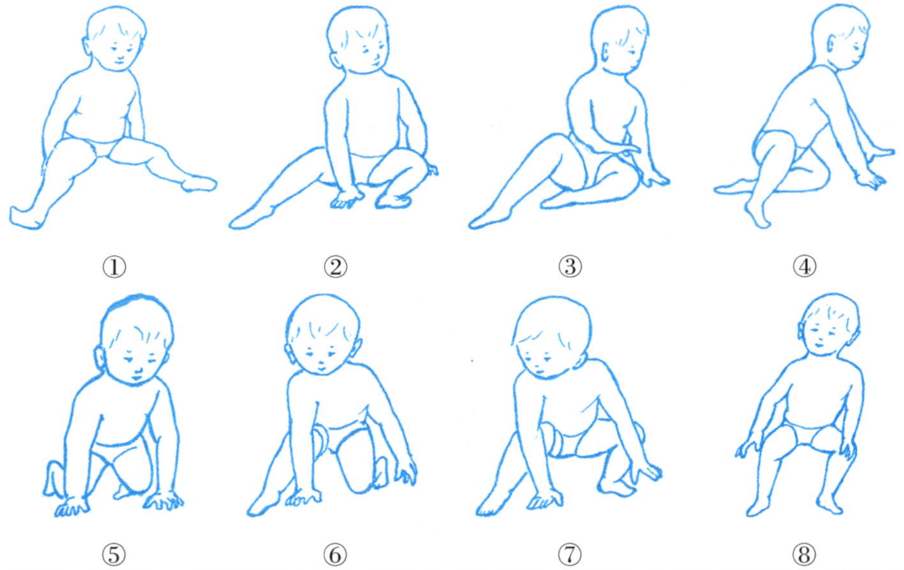<br>① ② ③ ④ ⑤ ⑥ ⑦ ⑧ |
| **注意点** | **“左撇子”“坐→转身→跪”的动作，应该从右腿盘坐向右转身来完成。婴儿向左还是向右转身，成人不必强求，顺其自然。开始练习时用婴儿优势一侧比较容易，以后左右两个方向转身都应该会，此项训练需根据婴儿实际情况量力而为** |
| 项目五：球类游戏（投固定的门框） | |
| 目的 | 发展孩子的空间感觉和肢体协调能力。在球类游戏中，及早给婴儿引进“进入”的概念 |
| 方法 | 婴儿坐地或蹲下，然后把球放在婴儿的双手里，接着成人抓住婴儿的前臂，帮助把球滚向球门。当婴儿把球滚进球门时，成人要大声说：“进了！”同时应该鼓掌以示鼓励 |
| **注意点** | **成人帮助婴儿时只能握他的前臂，这样既起到帮助的作用又不会造成包办。因为握上臂起不到帮助作用，握手就完全是成人的行为了** |
| 项目六：切小菜游戏 | |
| 目的 | 通过游戏提高婴儿手眼协调能力，让婴儿了解物体之间的连接和分解方法 |
| 方法 | 成人出示切切乐玩具中的水果和蔬菜，然后一一给婴儿认识，待婴儿认识以后再把水果和蔬菜用配套的玩具小刀切开，切开以后再“找朋友”，找出一样的粘在一起 |

### 3. 11月龄婴儿第43课

11月龄婴儿第43课训练项目与方法如表3-43所示。

表3-43 11月龄婴儿第43课训练项目与方法

| | |
|---|---|
| 项目一：音乐律动（同11月龄婴儿第41课训练项目一） | |
| 项目二：徒手操8～11节（同10月龄婴儿第40课训练项目二、11月龄婴儿第41课训练项目三） | |
| 项目三：爬高跳下 | |
| 目的 | 当婴儿能够独立行走后，可以让婴儿爬上高度较低的地方，并由成人扶助跳下。这可以锻炼婴儿手、脚协调性，增加腿部肌肉力量，并提高婴儿克服困难的意志力，培养勇敢精神 |
| 方法 | 让婴儿爬上小台（如图①），然后自己再慢慢站起来，成人向上拉着婴儿的手，发出“跳”的口令，让婴儿跳下（如图②）。反复练习至熟练后，可让婴儿自己爬上椅子，然后成人扶其双手跳下<br>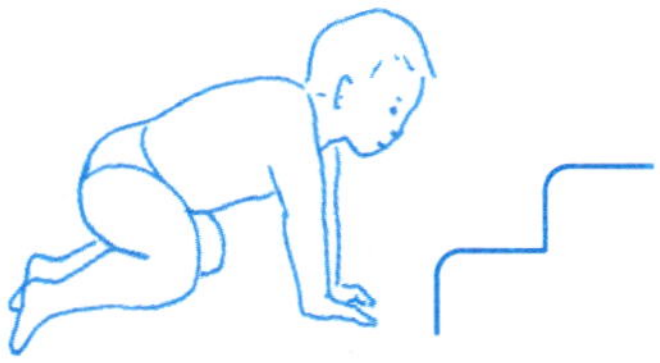<br>①<br>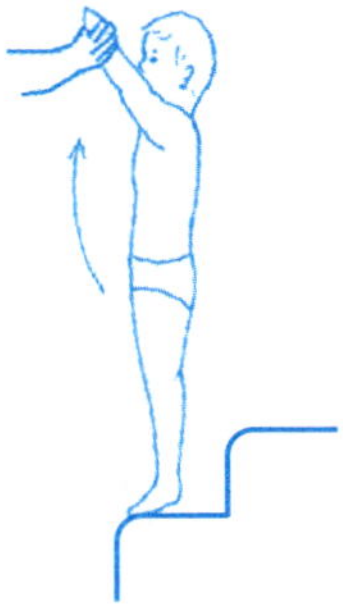<br>② |
| **注意点** | **（1）在家里练习的时候，可以利用儿童圆角椅，但是儿童圆角椅要由成人扶住或固定，地面上要有海绵垫子保护**<br>**（2）婴儿开始练习跳下时，成人的手要多用一些力气拉婴儿，但注意切勿拉伤婴儿** |
| 项目四：球类游戏（拍球） | |
| 目的 | 随着孩子月龄的增加，他的眼、手配合能力大大提高，及时引入对时空感要求高的学习内容对促进神经、肌肉发育和提高孩子运动兴趣很有好处 |
| 方法 | 拍球采用多球训练法，即孩子不拾球，拍掉后成人马上给他第二个球。到孩子能连续拍3～4次后让他自己捡球（捡球也是一种运动） |
| **注意点** | **左右手都要练，球的大小、弹性要适合孩子的手** |
| 项目五：种蔬菜游戏 | |
| 目的 | 训练婴儿手、眼协调能力和动手操作能力 |
| 方法 | 准备好一个沙盘和塑料蔬菜若干，让婴儿把蔬菜插入沙盘中并保持稳定，蔬菜就算种好了 |

## 4. 11月龄婴儿第44课

11月龄婴儿第44课训练项目与方法如表3-44所示。

表3-44　11月龄婴儿第44课训练项目与方法

<table>
<tr><td colspan="2">项目一：音乐律动（同11月龄婴儿第41课训练项目一）</td></tr>
<tr><td colspan="2">项目二：爬高跳下（同11月龄婴儿第43课训练项目三）</td></tr>
<tr><td colspan="2">项目三：双腿跳跃</td></tr>
<tr><td>目的</td><td>跳跃是人的基本动作之一，在学会直立行走之后就具备跳跃的基础了。跳跃能使婴儿迅速移动身体，在日常生活中有广泛的用途</td></tr>
<tr><td>方法</td><td>地上放置海绵块，成人从孩子背后扶他的腋下，先叫孩子蹲下，然后随着跳的指令扶孩子腋下帮助他跳越海绵块<br></td></tr>
<tr><td>注意点</td><td>此训练项目的要点是浅蹲起跳</td></tr>
<tr><td colspan="2">项目四：毛毛虫游戏</td></tr>
<tr><td>目的</td><td>通过游戏促进成人和婴儿之间的感情，让婴儿在掌握身体平衡的同时发展空间感觉，培养他们的胆量</td></tr>
<tr><td>方法</td><td>成人双腿弯曲坐地，让婴儿面对成人分腿坐在成人大腿上，手抓住成人的衣服，然后成人口中唱儿歌“毛毛虫，爬爬爬”，同时双手支撑在背后，身体向前进<br></td></tr>
<tr><td colspan="2">项目五：孩子之间传递东西</td></tr>
<tr><td>目的</td><td>孩子一般对玩具有占有欲望，不愿意同别人分享，通过球或玩具的传递可以让孩子体会到集体游戏的快乐，从而培养孩子的人际交往能力。另外在球的传递时也发展了孩子的空间感觉</td></tr>
<tr><td>方法</td><td>成人把玩具或小皮球给婴儿，然后引导婴儿把球传给他人，传出去了拍手表扬</td></tr>
<tr><td colspan="2">项目六：棍子够取远处的玩具</td></tr>
<tr><td>目的</td><td>在发展孩子手的精细动作的同时，开始他们初步思维、想象等高级心理活动的训练</td></tr>
<tr><td>方法</td><td>成人握住婴儿前臂，帮助婴儿用棍子将玩具勾过来，然后用语言指挥婴儿独立地用棍子够取远处的玩具</td></tr>
</table>

## 十二、12月龄婴儿早期教育

### 1. 12月龄婴儿第45课

12月龄婴儿第45课训练项目与方法如表3-45所示。

表3-45　12月龄婴儿第45课训练项目与方法

<table>
<tr><th colspan="2">项目一：随儿歌跳舞蹈（拉德斯进行曲）</th></tr>
<tr><td>目的</td><td>伴随拉德斯进行曲跳简单舞蹈对提高婴儿音乐的节奏感有着特殊作用，同时可以提高婴儿的腿部和肩带力量</td></tr>
<tr><th colspan="2">项目二：认字（开关）</th></tr>
<tr><td>目的</td><td>认字的同时，体会开关的功能</td></tr>
<tr><td>方法</td><td>在傍晚或清晨既能看清楚文字又能感觉灯光的亮度时，在贴有文字“开”“关”的开关边上抓住婴儿的手，用婴儿的手指按开关，让婴儿知道灯的开关在这里，理解开、关这两个动作同灯之间的关系，发展宝宝的想象力</td></tr>
<tr><th colspan="2">项目三：直立行走的保护</th></tr>
<tr><td>目的</td><td>当孩子能够勉强独立行走时，成人会牵着孩子的手帮助孩子行走，但是这个时候孩子很容易摔跤，成人不正确的保护方法往往会造成孩子肩关节、肘关节脱臼，成人学会正确的保护方法可以避免孩子脱臼的发生</td></tr>
<tr><td>方法</td><td>在孩子刚刚学会走路时，成人经常采用牵孩子一只手帮助，摔跤是经常发生的，这时成人保护方法对孩子安全起到至关重要的作用<br>错误方法：当婴幼儿摔跤时，大多数成人往往使劲拉住孩子的手，向摔跤反方向用力，这很容易发生脱臼，孩子的肩关节、肘关节脱臼95%以上是这样造成的（如图①）<br>正确的方法：当婴幼儿摔跤时，成人拉住孩子的手不放，但跟着孩子摔跤的方向，直至孩子坐地（如图②）<br>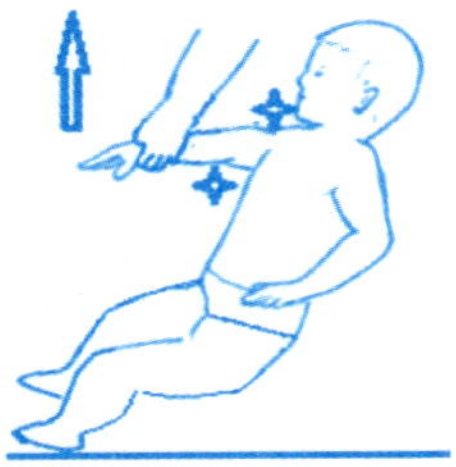<br>①<br>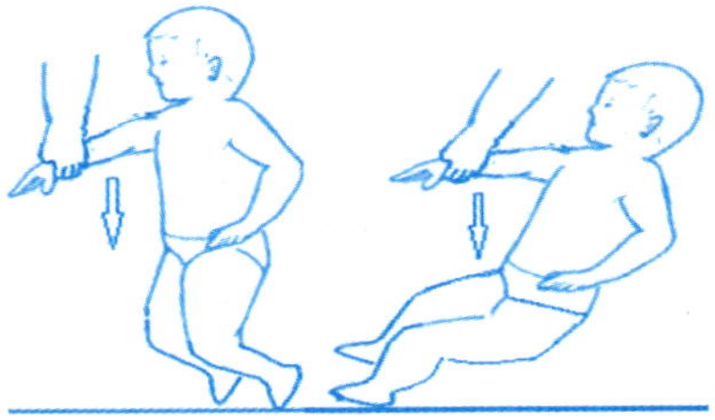<br>②</td></tr>
</table>

续表

| 项目四：球类游戏（成人和孩子之间传接球） | |
|---|---|
| 目的 | 在发展孩子眼手配合的同时，发展他们的空间感觉 |
| 方法 | 这个月龄的孩子玩空中传球只能够和成人玩，孩子之间还不具备相互传递的能力。开始时需要两个成人配合，一位成人先把孩子的手弯曲在胸前，手心向上，另一位成人把球抛入孩子手中 |
| **注意点** | **可采用多球传递的方法，即孩子接不到球时不拾球，马上给第2个球，这样可以提高孩子的练习效果和气氛** |
| 项目五：捏响球 | |
| 目的 | 培养婴儿手眼协调能力，发展婴儿的创造思维能力 |
| 方法 | 成人把藏在背后的球捏响，问婴儿：“咦！是哪里发出来的声音呢？”然后再捏响，吸引婴儿。接着出示球，问宝宝：“哦，原来是漂亮的球。宝宝呀，你想不想让球也发出好听的声音呢？”接着把球递给婴儿，让他捏。刚开始时，婴儿可能还没有把球捏响的意识，成人可把球放在婴儿的手里，然后抓住婴儿的手，帮他捏，使球发出声音。慢慢地，婴儿自己就会捏响了 |
| 项目六：兔跳一 | |
| 目的 | 孩子能够直立行走后手的用力大大减少，容易形成上肢无力，兔跳可以发展上肢的支撑力量，从而大大减少孩子意外受伤的发生。兔跳又是一个需要身体协调的动作，通过兔跳的练习，孩子的协调、灵敏性能够获得比较大的提高 |
| 方法 | 婴儿跪撑（如图①），成人用双手帮助婴儿的双手向前移动，然后双手向前把跪地的腿拖向前（如图②），完成一次兔跳（如图③）。开始训练时，成人可用双手托住婴儿的腰部，帮助他完成一次兔跳<br>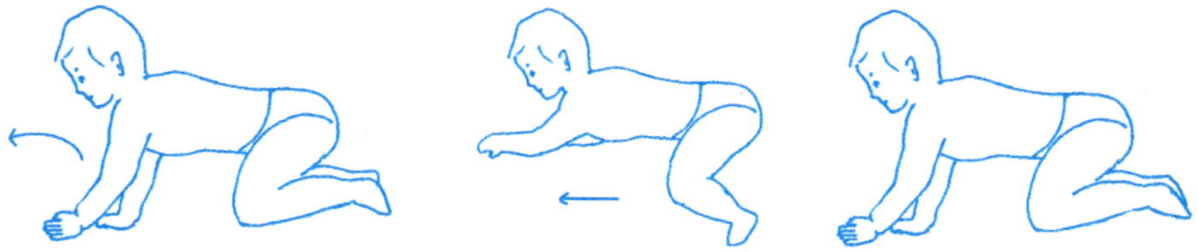<br>① ② ③ |

## 2. 12月龄婴儿第46课

12月龄婴儿第46课训练项目与方法如表3-46所示。

表3–46 12月龄婴儿第46课训练项目与方法

| 项目一：随儿歌跳舞蹈（同12月龄婴儿第45课训练项目一） | |
|---|---|
| 项目二：徒手操8～11节（同11月龄婴儿第43课训练项目二） | |
| 项目三：绘本馆内看图书 | |
| 目的 | 婴儿经过半年多时间的认字活动，已经有了上百个单字和词组的词汇量，为了提高婴儿识字的积极性，现在开始应该让婴儿阅读婴幼儿读物，提高婴儿对文字的理解能力。由于绘本馆内小朋友多，在里面看图书，还可以提高孩子的人际交往能力 |
| 方法 | （1）强调早期认字对大脑文字中枢发育的重要意义<br>（2）婴幼儿读物要以讲故事为主，认字为辅，让婴幼儿知道文字中原来有这么丰富的内容<br>（3）成人要和婴儿一起阅读，并让婴儿独立、主动翻书 |
| 项目四：拖拉拉 | |
| 目的 | 学习有目的地走步，会拉着玩具走 |
| 方法 | 家长带着婴儿面向早教师站好，早教师拉着拖拉玩具边走边说："宝宝，快来追上小乌龟！"引导婴儿上前抓住"小乌龟"。在游戏时早教师可故意停下脚步，让婴儿追到拖拉玩具，并给予鼓励；还可以和婴儿互换角色，让婴儿拉着玩具在前面走，早教师在后面追，激发婴儿独立行走的兴趣 |
| 项目五：前后滚翻 | |
| 目的 | 在婴儿学习了前、后滚翻的基础上把它们连接起来，增加运动的趣味性 |
| 方法 | 婴儿蹲撑，成人双手托婴儿的腰，站在婴儿后面，提起婴儿的腰部，同时发出"低头"的口令。当婴儿低头后，成人及时向前送出并放手，让婴儿完成团身前滚翻，接着成人托婴儿的大腿做"团身→提→翻"，完成后滚翻。做2个来回 |

## 3. 12月龄婴儿第47课

12月龄婴儿第47课训练项目与方法如表3-47所示。

表3-47　12月龄婴儿第47课训练项目与方法

<table>
<tr><td colspan="2">项目一：随儿歌跳舞蹈（同12月龄婴儿第45课训练项目一）</td></tr>
<tr><td colspan="2">项目二：击打玩具（同6月龄婴儿第21课训练项目五）</td></tr>
<tr><td colspan="2">项目三：倒走</td></tr>
<tr><td>目的</td><td>婴儿现在已经会走路了，让婴儿练习倒走在日常生活中是非常有用的，可以使孩子进退自如</td></tr>
<tr><td>方法</td><td>成人与婴儿面对面站着，让婴儿拉着成人的裤子，成人慢慢地向前走，这时婴儿被迫慢慢向后退，形成了倒走。成人的双手可以在婴儿的腋后保护（虚位）<br>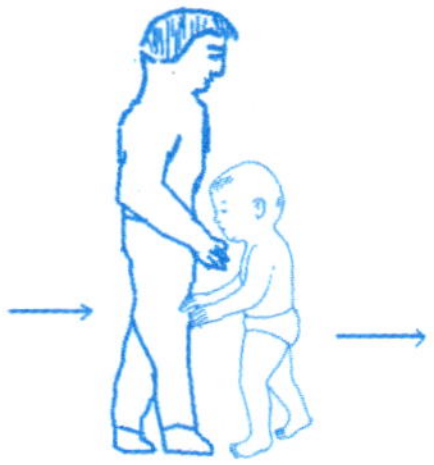</td></tr>
<tr><td>注意点</td><td>这个动作走的距离要短、步子要小，开始就两步，因为对于这个动作刚开始宝宝会有些害怕</td></tr>
<tr><td colspan="2">项目四：跨上台阶</td></tr>
<tr><td>目的</td><td>通过跨上台阶这个动作，逐步提高婴儿的腿部力量，训练婴儿的时空感，孩子也会具有克服困难的勇敢精神</td></tr>
<tr><td>方法</td><td>用垫子组成10厘米高的台阶。开始成人托住婴儿腋下帮助婴儿跨上台阶（如图①），随着婴儿的动作熟练慢慢可以让他自己直接上台阶（如图②）<br>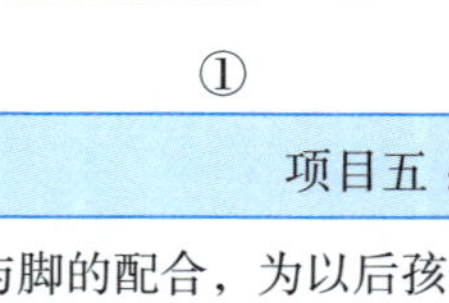<br>①<br><br>②</td></tr>
<tr><td colspan="2">项目五：球类游戏（踢球）</td></tr>
<tr><td>目的</td><td>踢球是眼与脚的配合，为以后孩子的踢球比赛打下基础</td></tr>
<tr><td>方法</td><td>成人先示范踢球，然后带着婴儿练习踢球，左右脚都要练习</td></tr>
<tr><td>注意点</td><td>这个练习适合已经能够行走自如的孩子，为了提高练习的效果，可采用多球训练法。当孩子每次能够踢到球后，成人可同他进行相互传球</td></tr>
</table>

续表

| 项目六：钓鱼 | |
|---|---|
| 目的 | 训练孩子手及手指动作，眼手协调能力，也让孩子对磁性有一个初步的了解 |
| 方法 | 准备一套磁性钓鱼玩具。成人先做示范，然后再带着婴儿练习。开始钓鱼时，成人可以握婴儿的前臂帮助，慢慢让婴儿自己钓，成人在旁指导<br> |

### 4. 12月龄婴儿第48课

12月龄婴儿第48课训练项目与方法如表3-48所示。

表3-48　12月龄婴儿第48课训练项目与方法

| 项目一：随儿歌跳舞蹈（同12月龄婴儿第45课训练项目一） | |
|---|---|
| 项目二：滑板车 | |
| 目的 | 当婴儿已经能够自如地直立行走了，可以学习一些需要坐或直立着做的比较复杂的技能，提高婴儿的空间感觉和肢体协调能力 |
| 方法 | 让婴儿坐在滑板车上，成人先用手拉着滑板车走（如图①），然后成人在后面轻轻推（如图②），最后让婴儿独立完成（如图③）<br><br>①　②　③ |
| **注意点** | **让婴儿自己玩，成人千万注意保护婴儿安全** |
| 项目三：套杯游戏 | |
| 目的 | 在游戏中发展孩子手眼配合能力 |
| 方法 | （1）垒高，成人握住婴儿前臂帮助婴儿把套杯垒上去，完成后鼓掌表扬<br>（2）击打，成人握住婴儿前臂帮助双手对击 |

续表

| | |
|---|---|
| 项目四：跨越小沟 | |
| 目的 | 提高孩子的抬腿能力，为跑做准备，同时发展婴儿的空间感觉和胆量 |
| 方法 | 地上放垫子若干，每块垫子之间间隔10～15厘米，让孩子跨过空缺。开始成人可以握孩子一只手的上臂帮助，然后让孩子自己跨越<br>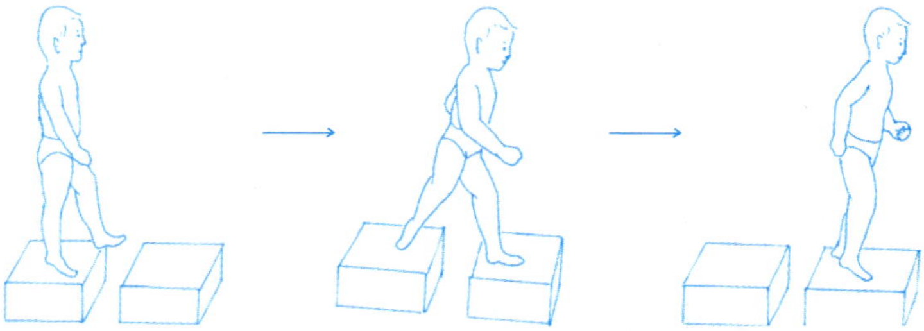 |
| 项目五：兔跳二 | |
| 目的 | 兔跳是一个需要身体协调的动作，通过兔跳的练习，孩子的协调性、灵敏性能够获得比较大的提高，在兔跳一的基础上逐步让孩子自己完成 |
| 方法 | 婴儿跪撑（如图①），然后勾脚尖成前脚掌着地，并且膝盖离地，接着双手向前扶手（如图②），然后蹬腿，双腿向前完成一次兔跳（如图③）。成人可适当帮助婴儿，即双手扶婴儿腰部，在他做出兔跳时向上托住他，帮助孩子完成动作<br><br>① ② ③ |
| 项目六：玩手电筒 | |
| 目的 | 使用开关，了解开关和灯光之间的联系，发展孩子的思维和想象力 |
| 方法 | 成人示范开关手电筒，同时用手电筒的光逗引孩子。训练时先手把手地教婴儿，然后再用语言引导婴儿使用开关 |

# 第二节 1～2岁幼儿早期教育

## 一、13个月幼儿早期教育

### 1. 13个月幼儿第49课

13个月幼儿第49课训练项目与方法如表3-49所示。

表3-49　13个月幼儿第49课训练项目与方法

| 项目一：音乐律动《小手小脚》 | |
|---|---|
| 目的 | （1）帮助幼儿了解儿歌的韵律，理解语义与实物间的联系<br>（2）让幼儿初步学会区分左右 |
| 方法 | 成人抱宝宝坐在身前，边念儿歌“小手小手拍拍，我的右手举起来，小手拍拍，我的左手举起来，小脚小脚踢踢，我的右脚踢一踢，小脚小脚踢踢，我的左脚踢一踢”，边抓住幼儿的前臂做相应的动作。接着抓住幼儿的小腿做相应的动作 |
| 项目二：尝试走楼梯（同11月龄婴儿第41课训练项目四） | |
| 项目三：捏水球 | |
| 目的 | 锻炼幼儿手部灵活抓放的能力 |
| 方法 | 老师一手拎起水球球绳，另一手指着水球说：“水球。”然后边双手捏水球边说：“水球变！变！变！”捏挤出球内的小饰品，展示给幼儿看：“变出一只小螃蟹！”请家长协助幼儿取托盘，并和幼儿一起玩水球 |
| **注意点** | **提醒幼儿动作轻柔，防止幼儿用力过大撕裂水球** |
| 项目四：手推小车 | |
| 目的 | 帮助幼儿借助器械练习行走 |
| 方法 | 让幼儿单手扶着小车，推着小车走，还可以让家长拉住幼儿前臂走 |
| **注意点** | **这两种玩法难度不同，应根据宝宝的兴趣和实际能力来选择，也可以编创新玩法。练习过程中，应帮助幼儿控制好推小车的速度，防止幼儿因推车速度太快而跌倒** |
| 项目五：斜面前滚翻 | |
| 目的 | 让幼儿借助斜面独立完成前滚翻 |
| 方法 | 让幼儿蹲立在斜面前，成人双手扶幼儿的腰部并发出低头的口令，当幼儿低头后，成人双手前送并放手，让幼儿自己完成前滚翻 |
| **注意点** | **当幼儿适应斜面练习后，整个动作让幼儿独立完成** |

续表

| 项目六：认字（来、去） | |
|---|---|
| 目的 | 动词是抽象的词，必须用动作来展示，是比较难学的文字，应该在孩子已经认识一些文字的基础上开始学习，孩子学习动词必须同动作相结合 |
| 方法 | 离开孩子一定距离，成人拿出字卡“来”让孩子过来拿取；成人同孩子在一起让孩子去拿远处的字卡“去”。孩子拿到后要鼓掌以示鼓励。反复练习，让幼儿认识“来”“去” |

## 2. 13个月幼儿第50课

13个月幼儿第50课训练项目与方法如表3-50所示。

表3-50　13个月幼儿第50课训练项目与方法

| 项目一：音乐律动（同第49课训练项目一） | |
|---|---|
| 项目二：斜面快走 | |
| 目的 | 借助斜面促使孩子快速移动身体，孩子为了保持平衡会快速移动双腿，从而形成跑步 |
| 方法 | 让孩子站在斜面的最高点，一成人在斜面的最低处，用语言和孩子喜欢的玩具招引他由上向下快走 |
| **注意点** | **成人在斜面的一侧面保护。保护方法：一手在幼儿背后抓住他的衣服，防止幼儿因为能力不足摔倒** |
| 项目三：踢塑料南瓜 | |
| 目的 | 在之前球类游戏的基础上，给孩子踢塑料南瓜，因为塑料南瓜滚动不像足球那么快，这个练习适合初学踢球的孩子 |
| 方法 | 请成人拿2个塑料南瓜，带着幼儿练习踢。成人将塑料南瓜传给孩子，再让孩子传给成人。训练的目的是让孩子玩，因此成人不要设定指标，非要孩子达到什么标准 |
| 项目四：8字行走 | |
| 目的 | 8字行走包括了向左右两个方向的转弯，是练习变向的最好线路。通过控制方向的行走，提高幼儿平衡身体和直立行走的能力 |
| 方法 | 开始成人牵着幼儿的手，按标好的箭头方向走8字，然后成人在前方引领，熟练以后可用拖拉玩具引领 |
| **注意点** | **引领的成人要倒着走** |
| 项目五：堆软包 | |
| 目的 | 让幼儿感知物体的柔软特质，尝试软物堆高，促进幼儿手、眼、脑的协调发展，锻炼幼儿手部的控制能力 |
| 方法 | 由于软包阻力大容易堆，放三个软包在孩子前面，让孩子堆起来。刚开始成人可协助幼儿取软包和玩具托盘，带幼儿一起玩堆软包 |

### 3. 13个月幼儿第51课

13个月幼儿第51课训练项目与方法如表3-51所示。

表3-51　13个月幼儿第51课训练项目与方法

| | |
|---|---|
| 项目一：音乐律动（同第49课训练项目一） | |
| 项目二：走低平衡木 | |
| 目的 | 当孩子能够熟练地独立行走后，可走低平衡木来增加行走的难度，提高孩子的兴趣，改善他的平衡感觉，培养勇敢精神 |
| 方法 | 老师用双手牵着孩子向后退（对孩子来讲是向前走），熟练后用单手扶着孩子走，最后让孩子自己独立完成。成人可以扶着幼儿的双手帮助他保持平衡 |
| **注意点** | **如果没有专用的低平衡木，可以把宽10厘米、高7～8厘米的木板放在地上，两边用垫子夹住，即成为平衡木，平衡木高出垫子3～4厘米** |
| 项目三：后滚翻成蹬撑 | |
| 目的 | 训练幼儿的前庭器官，提高孩子的空间能力，这也是一个重要的自我保护动作，本课以学会团身后滚翻成蹬撑为目标 |
| 方法 | 让幼儿坐地，仰卧向后团身，幼儿双臂弯曲，手放在两耳侧面撑地，成人托住幼儿的大腿向后（对幼儿来讲是向前）团身，完成后滚翻成蹬撑。此训练需两个成人帮助，一人帮助团身，一人帮助扶手 |
| 项目四：集体竹竿操 | |
| 目的 | 继续培养幼儿集体活动的乐趣，提高人际交往的能力 |
| 方法 | 集体竹竿操的做法和个人竹竿操5～8节做法一样，只是2～3个宝宝一起做 |
| 项目五：小飞机 | |
| 目的 | 首先让家长学会制作纸飞机，然后带幼儿进行飞行游戏 |
| 方法 | 老师示范纸飞机的折法，教家长学会，再示范投掷纸制飞机的动作，引导幼儿观察。接着让家长当着幼儿的面折叠纸飞机，并同幼儿一起玩纸飞机。鼓励幼儿尽量把飞机扔得远远的，家长与幼儿互动，如家长投掷宝宝捡，或家长与幼儿一起投掷 |
| 项目六：瓶中取物 | |
| 目的 | 提高孩子手的精细动作能力，发展宝宝思维和观察力 |
| 方法 | 老师示范，打开瓶盖，然后取出瓶中的小球，之后再把球放回瓶子里盖上瓶盖。开始成人可以手把手地帮助（帮助时握幼儿前臂），熟练后仅用语言指挥。幼儿仅仅做开瓶盖，然后取出瓶中小球的动作 |

### 4. 13个月幼儿第52课

13个月幼儿第52课训练项目与方法如表3-52所示。

表3-52　13个月幼儿第52课训练项目与方法

| | |
|---|---|
| 项目一：音乐律动（同第49课训练项目一） | |
| 项目二：孩子和孩子之间传接球 | |
| 目的 | 在成人和孩子之间传接球的基础上，进行孩子和孩子之间的传接球，发展其眼手配合能力，同时发展他们的空间感觉 |
| 方法 | 在成人和孩子玩空中传球游戏的基础上，孩子之间还可能具备相互传递的能力。一开始需要两个成人配合，一位成人先把孩子的手弯曲在胸前，手心向上，然后另一位成人帮助另一个孩子将手中的球抛入对面孩子手中 |
| 项目三：小丸放入瓶内，盖瓶盖 | |
| 目的 | 发展幼儿手的精细动作和双手的配合技巧，提高幼儿的思维能力 |
| 方法 | 成人先向幼儿示范将1粒小丸用拇食指捏起，放入瓶内，再示范三指拧上瓶盖。一开始成人手把手地帮助幼儿用拇食指捏拿起小丸放入瓶内，并握住幼儿手拧动瓶盖，将瓶盖盖好，然后用语言指挥幼儿独立完成动作 |
| **注意点** | **成人不要拿出太多小丸，只能一粒一粒拿出，盖瓶盖时教孩子手腕转动起来拧好** |
| 项目四：前滚翻→后滚翻→前滚翻游戏 | |
| 目的 | 在幼儿学习了前、后滚翻的基础上把它们连接起来，增加运动的趣味性 |
| 方法 | 幼儿蹲撑，早教师双手托幼儿的腰。早教师站在幼儿后面，提起幼儿的腰部，同时发出“低头”的口令。当幼儿低头后，教师及时向前送出并放手，让幼儿完成团身前滚翻，接着家长托幼儿的大腿做“团身→提→翻”完成后滚翻，做两个来回 |
| 项目五：捡鸡蛋 | |
| 目的 | 练习蹲下、站起的动作，锻炼腿部肌肉力量，提高手、眼协调能力 |
| 方法 | 家长带孩子面向早教师沿场地边缘席地而坐，早教师在场地中间出示手偶母鸡，表演“母鸡下蛋”。<br>早教师可先问孩子“宝宝，鸡妈妈在干什么？”，然后边念儿歌《母鸡下蛋》边将“鸡蛋”零散放到场地中间。家长带幼儿“捡鸡蛋”，根据幼儿行走能力给予适当帮助。早教师根据幼儿捡“蛋”速度适当增加“鸡蛋”的数量，以保持幼儿的兴趣 |
| **注意点** | **请家长带孩子捡“蛋”，并引导孩子学会四处寻找，提醒并鼓励孩子将蛋送回指定的箩筐里，注意让孩子独立完成任务，不包办** |
| 项目六：多米诺骨牌 | |
| 目的 | 提高幼儿的眼手配合能力，发展孩子的想象力，为未来的创造力奠定基础 |
| 方法 | 用数字木头牌搭成简单的多米诺骨牌，让孩子推倒，多次重复后让孩子帮助一起搭 |

## 二、14 个月幼儿早期教育

### 1. 14 个月幼儿第 53 课

14个月幼儿第53课训练项目与方法如表3-53所示。

表3–53　14个月幼儿第53课训练项目与方法

| | |
|---|---|
| 项目一：音乐律动《找五官》 | |
| 目的 | 帮助幼儿熟悉五官的位置，让幼儿喜欢和大家一起玩音乐游戏 |
| 方法 | 早教师开场："宝宝，请你们找一找你们的鼻子在哪里？"并让家长引导幼儿用自己的小手摸摸鼻子。接着早教师说："现在我们来唱一首找鼻子的歌，一起找找我们的鼻子吧！"教师有表情地边拍手边示范唱歌曲《找鼻子》，当唱到"在这里，在这里，我的鼻子在这里"时，用手指鼻子 |
| **注意点** | **熟悉歌曲的旋律后，可创编歌词《找五官》，如把"鼻子"改成"眼睛""嘴巴""耳朵"** |
| 项目二：认识两位数的数字 | |
| 目的 | 幼儿认识数字与他未来的数学学习有着密切联系，认识两位数的数字，为以后的复杂数字打基础 |
| 方法 | 把字卡1、1，1、2拼成11、12放在幼儿前面让孩子指认、拿取，家长同幼儿一起做游戏，每次时间30秒左右，视孩子的兴趣，每天可进行多次 |
| 项目三：斜面快走变跑 | |
| 目的 | 让会直立行走的幼儿学会跑，跑是必须掌握的一个动作 |
| 方法 | 让幼儿直立在斜面上，成人在幼儿背后用手拉着衣服，在幼儿向下走的时候用手轻轻推幼儿，幼儿站不住就跑出了人生第一步。成人从背后抓住幼儿衣服，跟着一起移动，幼儿前倾或左右倾倒时成人可以拉住，后倒时可以托住 |
| **注意点** | **抓住孩子衣服是防止孩子受伤的关键，但是又不能妨碍孩子的运动** |
| 项目四：穿珠 | |
| 目的 | 学习穿的动作，锻炼双手协调能力，知道木珠是有洞的 |
| 方法 | 用绳子穿木珠，由成人穿，让幼儿观察绳子从哪个方向钻出来，并用小手把绳子拉出来；或反之，由幼儿穿绳子成人拉绳子。待幼儿熟悉穿和拉的方法后，再让幼儿独自玩耍 |
| 项目五：旋转→直立行走一 | |
| 目的 | 旋转是提高平衡能力的好方法 |
| 方法 | 方法一：旋转器内旋转。让幼儿扶着站立在旋转器内旋转10圈，2秒1圈，然后马上走直线（远处一个成人拿玩具逗引）。左右两个方向都要做<br>方法二：成人拉手旋转。成人可面对幼儿站立，双手握住孩子手腕进行旋转，这样幅度大，孩子兴趣也大。旋转停下后，让幼儿马上走直线 |
| 项目六：滑板车 | |
| 目的 | 幼儿在成人的帮助下已经能够自己控制方向了，现在要求幼儿能够独立玩滑板车 |
| 方法 | 开始练习时让幼儿双手扶住滑板车的把手，成人在后面推，如果幼儿不会蹬腿，成人可帮助幼儿抬一下腿后蹬，然后成人在幼儿前方引导幼儿蹬腿滑动滑板车 |

## 2. 14个月幼儿第54课

14个月幼儿第54课训练项目与方法如表3-54所示。

表3-54　14个月幼儿第54课训练项目与方法

| 项目一：音乐律动（同第53课训练项目一） | |
| --- | --- |
| 项目二：旋转→直立行走二 | |
| 目的 | 对于幼儿来讲平衡是直立行走的重要条件，旋转则是提高平衡能力的好方法，这次加快了旋转的速度，对孩子提高了难度 |
| 方法 | 方法一：旋转器内旋转。让幼儿扶着站立在旋转器内旋转10圈，每圈1秒，然后马上走直线（远处一个成人拿玩具逗引）。左右两个方向都要做<br>方法二：成人拉手旋转。成人可面对幼儿站立，双手握住幼儿手腕进行旋转，这样幅度大，幼儿兴趣也大。旋转时成人身体稍稍后仰，手臂伸直。旋转停下后，让孩子马上走直线 |
| 项目三：悬垂横移 | |
| 目的 | 通过悬垂练习可以增加幼儿上肢、肩带的力量，在这个基础上可以进行悬垂横移，培养幼儿的空间感觉和胆量 |
| 方法 | 成人抱住幼儿腋下后托起，让幼儿抓住横杠，待幼儿自己抓好后成人双手缓慢地向侧面移动，使宝宝在横杠上移动双手 |
| 项目四：投固定的球门框 | |
| 目的 | 当幼儿能够进行互动的球类游戏后，让幼儿把球投向固定的门框，可以使幼儿初步建立进球门的概念 |
| 方法 | 成人坐地，分腿至90度把幼儿抱坐在身体前，然后把球放在幼儿的双手里，接着成人抓住幼儿的前臂，帮助把球滚向固定的门框，这时成人要大声地讲：“进了！”进行过程可以数进球数1、2、3…… |
| 项目五：大球游戏 | |
| 目的 | 幼儿通过在球上前后、左右的滚动和旋转，发展他们的空间感觉，增加胆量，培养勇敢精神 |
| 方法 | （1）幼儿在球前站立，成人扶着幼儿的腋下把他放到球的上面，然后在球上做前后、左右的滚动和旋转的动作<br>（2）幼儿可以推着球走，还可以两个幼儿进行比赛 |
| 项目六：水中捞月游戏 | |
| 目的 | 让幼儿了解水的浮力，感受物体在水中和陆上的区别。通过水中捞东西让幼儿感觉游戏的快乐 |
| 方法 | 脸盆中盛大半盆水，水中放一些不同密度的玩具，让盆中有浮在水上的玩具，也有沉入水中的玩具。让孩子在水中捞出玩具或在水中玩玩具 |

### 3. 14个月幼儿第55课

14个月幼儿第55课训练项目与方法如表3-55所示。

表3-55　14个月幼儿第55课训练项目与方法

| | |
|---|---|
| 项目一：音乐律动（同第53课训练项目一） | |
| 项目二：推“小车”游戏 | |
| 目的 | 增加成人和孩子之间的感情，增进孩子上肢和肩带力量，以及两人之间的配合能力 |
| 方法 | 让孩子俯撑，两腿分开，成人站在孩子两腿中间，双手托起孩子近膝盖处的大腿，帮助孩子向前爬行 |
| 项目三：旋转取物比赛 | |
| 目的 | 提高孩子空间感觉和适应人体位置变化的能力，前庭稳定性好的孩子也不容易晕车、船。把旋转和走直线结合起来是提高孩子前庭分析器稳定性的方法之一，用比赛的形式主要是提高孩子和家长的兴趣 |
| 方法 | 让孩子直立在旋转器内，每圈1秒，左右各转10圈，然后马上把孩子放在直线路段的起点，鼓励孩子去拿3米外的玩具。看孩子走去拿玩具时左右偏离直线多少，偏离少、走得稳的为胜 |
| 项目四：手电筒（拆开、整合） | |
| 目的 | 在12月龄婴儿第48课项目六玩手电筒的基础上，让孩子了解手电筒发光的原理 |
| 方法 | 早教师出示手电筒并发出光，以吸引幼儿的兴趣，然后把手电筒拆开，讲解灯泡、电池、开关，接着把手电筒整合起来，打开开关使手电筒再次发光 |
| 项目五：大象走路 | |
| 目的 | 孩子能够直立行走后手的用力大大减少，容易形成上肢无力，“大象走路”的训练可以发展上肢的支撑力量，从而大大减少孩子意外受伤的发生。通过“大象走路”的练习，孩子的协调、灵敏性能够获得比较大的提高 |
| 方法 | 早教师先做示范，然后让孩子四肢着地，成人帮助移动孩子的手、脚 |
| 项目六：贴图画 | |
| 目的 | 在孩子手眼配合完成贴图画的同时，让孩子认识不同的物体，促进家长和孩子之间的交流 |
| 方法 | 在墙上挂上裱有不同图案的板，让孩子把塑料制造的实物贴到相应的图案上 |

### 4. 14个月幼儿第56课

14个月幼儿第56课训练项目与方法如表3-56所示。

表3-56　14个月幼儿第56课训练项目与方法

| 项目一：音乐律动（同第53课训练项目一） | |
|---|---|
| 项目二：兔跳三 | |
| 目的 | 使孩子学会自己完成有腾空的兔跳 |
| 方法 | 让幼儿跪撑，然后勾脚尖成前脚掌着地，并且膝盖离地，接着推手蹬腿双手向前做兔跳状，同时双手前伸，接着双手扶地完成一次兔跳。成人可以适当帮助幼儿，用双手扶孩子腰部，在孩子做出兔跳时，向上托住孩子，帮助、保护孩子完成动作 |
| 项目三：攀登上→悬垂横移→攀登下 | |
| 目的 | 培养幼儿的勇敢精神，发展空间感觉，提高悬垂能力 |
| 方法 | 这个项目就是把攀登和悬垂横移这两个动作连接起来完成 |
| 项目四：毛毛虫（同11月龄婴儿第44课训练项目四） | |
| **注意点** | **这个游戏很适合比赛，可以几个家庭进行，气氛一定很欢乐** |
| 项目五：跳远比赛 | |
| 目的 | 让孩子参加公平竞争，同时提高身体的协调性，增强腿部力量 |
| 方法 | 早教师用垫子若干块铺在地上，前面放一玩具，让孩子跳过去拿 |
| 项目六：气球游戏 | |
| 目的 | 提高孩子的空间感觉。由于气球移动速度比较慢，孩子可以比较容易打到球，适合这个月龄孩子进行空中移动物体的打击 |
| 方法 | 早教师出示气球引起幼儿的注意："宝宝看，老师带来了很多气球，下面请家长带宝宝来玩抛气球的游戏。"这时老师把气球抛到空中，家长带幼儿去接气球或拍气球。家长要不时地把球抛入空中，让孩子击打空中的球 |

## 三、15个月幼儿早期教育

### 1. 15个月幼儿第57课

15个月幼儿第57课训练项目与方法如表3-57所示。

表3-57　15个月幼儿第57课训练项目与方法

| 项目一：音乐律动《背萝卜》 | |
|---|---|
| 目的 | 感受亲子游戏的快乐，发展空间感觉 |
| 方法 | 成人双手握住幼儿的手腕，将幼儿提起并转体180度背在身上，背着幼儿向前弯腰成鞠躬状然后背着幼儿向前、后弯腰，接着身体夸张地左右摇晃，然后成人双手上移抓住幼儿腋下翻转着把幼儿放下（也可以由另一个成人帮助放下幼儿） |
| **注意点** | **这个游戏动作难度较大，请家长在游戏时注意幼儿的安全，练习初要有另一成人在一旁帮助** |
| 项目二：推大球比赛 | |
| 目的 | 当孩子能够直立行走自如后，让孩子充分体会手、脚分工的意义，在推大球的同时发展孩子的协调性和行走能力 |
| 方法 | 早教师请家长把幼儿带到比赛起点，两人一组进行比赛，等早教师发出口令后，家长引导幼儿推球前进，先到终点者胜 |
| **注意点** | **家长在孩子背后做好保护** |
| 项目三：阅读《龟兔赛跑》 | |
| 目的 | 孩子经过半年多时间的认字活动，已经认识了上百个单字和词组，为了提高孩子识字的积极性，现在可以让孩子阅读婴幼儿读物，提高孩子对文字的理解能力 |
| 方法 | 早教师带领家长和宝宝一起阅读。对婴幼儿读物以讲故事为主，认字为辅，让宝宝知道文字中原来有这么丰富的内容 |
| **注意点** | **要让幼儿独立、主动翻书** |
| 项目四：大象走路比赛 | |
| 目的 | 在孩子们掌握了大象走路的动作后，为了提高他们的积极性可以采用比赛的办法 |
| 方法 | 让孩子站在起跑线上，成人发出开始的口令后，孩子通过“大象走路”拿到远处的玩具，然后再“大象走路”把玩具拿回到自己家长手里，看谁的玩具拿得多 |
| 项目五：足球射门比赛 | |
| 目的 | 提高孩子的空间感觉，协调人的肢体，为以后儿童时期的球类游戏做准备 |
| 方法 | 采用多球训练法，即成人拿几个球在身边，孩子踢掉一个球马上放一个球在孩子的脚下，提高孩子踢球的效率 |
| **注意点** | **放球的位置以右脚为摆动腿为例，球应该放在左脚尖右侧面10～15厘米处** |
| 项目六：搭积木比赛 | |
| 目的 | 通过搭积木比赛，培养孩子的动手能力、模仿思维能力。通过家长和孩子之间的交流，促进家长和孩子之间的感情，同时提高家长指导孩子的水平 |
| 方法 | 早教师组织比赛。让家长带幼儿坐在自己的位置上，老师发出口令后，家长带幼儿搭积木，谁在规定的时间内，积木搭得最好，谁就获胜 |

## 2. 15个月幼儿第58课

15个月幼儿第58课训练项目与方法如表3-58所示。

表3-58　15个月幼儿第58课训练项目与方法

| 项目一：音乐律动（同第57课训练项目一） | |
|---|---|
| 项目二：直立传接球 | |
| 目的 | 通过自主传接球发展孩子的空间感觉，培养人际交往能力，促进孩子的视力发展 |
| 方法 | 方法一：让两个孩子面对面站立，间隔1米左右，相互把球直接抛向对方<br>方法二：让两个孩子面对面站立，间隔1.5米左右，用触地反弹的方法把球传递给对方 |
| 项目三：完成前滚翻 | |
| 目的 | 前、后滚翻是横轴旋转的动作，而且还是重要的自我保护动作，可终身受益。随着孩子的长大，能力不断提高，现在对前滚翻的要求是孩子学会自己完成，只有这样前滚翻才真正具有自我保护的作用 |
| 方法 | 让幼儿蹲撑，成人站在幼儿后面并用双手托住他的腰，然后提起幼儿的腰部，同时发出低头的口令。当幼儿低头后，成人及时向前送出并放手，让幼儿完成团身前滚翻。成人逐步减少助力，直至幼儿能独立完成 |
| **注意点** | **在孩子滚翻、团身时成人在一侧，一手扶孩子后脑，一手帮助孩子团身使其成蹲位** |
| 项目四：脱鞋子 | |
| 目的 | 通过日常生活中的事情，培养孩子的动手能力、模仿思维能力 |
| 方法 | 让幼儿坐在地上，家长从幼儿背后握住他双手，帮助他完成脱鞋子的动作，然后让他自主完成 |
| **注意点** | **此项目的重点是向家长说明让幼儿从小养成自己动手习惯的重要性** |
| 项目五：学走8字 | |
| 目的 | 8字行走包括了向左右两个方向的转弯，是练习变向的最好线路。通过控制方向地行走，改善平衡身体的能力，从而提高幼儿直立行走的能力，使用学步车推行更接近日常生活 |
| 方法 | 让幼儿按地上箭头的方向走8字，然后成人在前方引领。引领的成人要倒着走，幼儿有趋向成人脚部的特点。熟练后可以让孩子进行计时比赛 |
| 项目六：开锁 | |
| 目的 | 发展孩子的精细动作，初步了解锁和钥匙的关系，发展孩子的思维、想象能力 |
| 方法 | 早教师出示锁和钥匙，引起幼儿的注意："宝宝看！老师拿来了锁和钥匙，下面老师要教宝宝来玩开锁的游戏。"然后把锁锁在一个物体上让孩子拿，孩子拿不下来，老师再用钥匙开锁，让孩子从物体上取下锁 |

### 3. 15个月幼儿第59课

15个月幼儿第59课训练项目与方法如表3-59所示。

表3-59　15个月幼儿第59课训练项目与方法

| | |
|---|---|
| 项目一：音乐律动（同第57课训练项目一） | |
| 项目二：推小车游戏（同第55课训练项目二） | |
| 项目三：斜坡向下快速行走 | |
| 目的 | 跑是快速移动人体的最有效方法，在生活中有重要的作用。已经会跑，但是跑得不好的孩子可以通过斜坡向下跑的动作提高跑的能力 |
| 方法 | 早教师开场白："以前我们学会了跑，在这个基础上让我们的孩子跑得更好，我们利用斜坡向下跑，让孩子轻松地快跑。"然后让家长带领孩子开始练习。练习时成人要在孩子的前面半米的距离保护，防止孩子摔倒 |
| 项目四：钓鱼比赛 | |
| 目的 | 提高孩子的手眼协调能力，感受集体游戏的快乐 |
| 方法 | 早教师把玩具小鱼分散摆放在围栏里，做成一个鱼塘，先示范用鱼竿钓鱼，然后让孩子每人拿一根鱼竿尝试钓鱼，钓到鱼后放入自己的篮子里 |
| 项目五：投篮比赛 | |
| 目的 | 孩子已经具备投掷小球的能力，通过投固定的篮圈发展孩子的空间感觉，提高动作协调性，在成人和孩子之间协作的同时增强了相互的感情 |
| 方法 | 早教师开场白："大家看！老师的教具筐里有好多小皮球呀，在以前的课程中，我们学习了掷小球和投篮的本领，现在我们一起来比赛，看谁投篮的本领最棒，好吗？"然后让家长引导孩子自由练习，再进行比赛 |
| **注意点** | **为了让孩子全面发展，投篮可要求左右手交替进行** |
| 项目六：跨栏比赛 | |
| 目的 | 让孩子通过跨越障碍物的游戏，提高空间智力，培养勇敢精神 |
| 方法 | 地上间隔1米放置一个塑料跨栏架（高20厘米），成人先牵孩子手跨过去，然后让孩子独立完成，成人在前方引导 |

## 4. 15个月幼儿第60课

15个月幼儿第60课训练项目与方法如表3-60所示。

表3-60 15个月幼儿第60课训练项目与方法

| 项目一：音乐律动（同第57课训练项目一） | |
|---|---|
| 项目二：接力赛 | |
| 目的 | 通过比赛的形式提高孩子的兴趣，促进孩子的奔跑能力，培养孩子团结、协作的团队精神，使其从小具有公平竞争的意识 |
| 方法 | 早教师把孩子分成两组，当老师发出开始的口令后，第一个孩子跑到前面把玩具拿回来，交给第二个孩子，首先跑完的一组胜利 |
| 项目三：障碍比赛 | |
| 目的 | 提高孩子的运动能力，增加兴趣，培养克服困难的勇敢精神 |
| 方法 | 把孩子分成两组，让孩子依次通过两个障碍物（山洞和路障）去取玩具，首先取到者胜<br>（孩子）⊙ ∣→→→○（山洞） →→→ ▲（路障）→→→ ∣ ☆（玩具）<br>（孩子）⊙ ∣→→→○（山洞） →→→ ▲（路障）→→→ ∣ ☆（玩具） |
| 项目四：舀汤圆 | |
| 目的 | 学习用汤勺舀球，提高使用工具的能力，锻炼幼儿的手眼协调能力 |
| 方法 | 早教师先自己示范做一遍，再请一名幼儿示范练习舀球的动作，其他幼儿观察 |
| **注意点** | **建议家长尽量让幼儿自己来完成动作，并提醒幼儿遵守游戏规则，掉在碗外的球要重新再舀一次** |
| 项目五：跳高比赛 | |
| 目的 | 提高孩子的运动能力，增加兴趣，培养克服困难的勇敢精神 |
| 方法 | 让孩子跳跃海绵块，从一块开始，跳过后加两块，直至最后幼儿跳不过，跳越海绵块最多的幼儿胜 |
| 项目六：辨别不同颜色的球 | |
| 目的 | 教会孩子认识多种颜色 |
| 方法 | 先拿两个不同颜色的球（蓝和橙）让孩子从中取出指定颜色的球，然后加入第三种直至六种颜色的球，使孩子能取出任意指定颜色的球 |

# 四、16个月幼儿早期教育

## 1. 16个月幼儿第61课

16个月幼儿第61课训练项目与方法如表3-61所示。

表3-61　16个月幼儿第61课训练项目与方法

| | |
|---|---|
| 项目一：音乐律动《来跳舞》 | |
| 目的 | 锻炼幼儿音乐节奏感，愉悦幼儿的心情，使幼儿跟着音乐跳舞 |
| 方法 | 家长扶着幼儿，跟着老师一起跳舞，当歌词有变化时，家长就要按歌词的内容来改变幼儿的动作 |
| **注意点** | **让幼儿先看老师跳，并模仿老师的动作，可让家长与幼儿一起完成** |
| 项目二：转圈不倒 | |
| 目的 | 训练幼儿的平衡感 |
| 方法 | 老师示范引导幼儿和家长来参加，家长抱起幼儿，拉手转圈，转完三圈，家长把幼儿放到地上，然后让幼儿站立在原地并走到另一边 |
| **注意点** | **幼儿走路时，家长手虚托幼儿腋下做保护** |
| 项目三：猜猜球在哪只手上 | |
| 目的 | 培养幼儿的听说能力，训练幼儿的思维能力 |
| 方法 | 早教师开场白："宝宝们，今天老师带来了好玩的玩具。你们看，这是小球，老师要变变变，你们看小球是不是不见了呀。请宝宝们猜猜，球在哪只手里呢？注意观察哦。"引导幼儿观察老师的动作，并猜出球在哪只手上 |
| **注意点** | **要引导幼儿说出来，不能完全用动作代替语言** |
| 项目四：倒立推"小车" | |
| 目的 | 锻炼幼儿手臂肌肉力量，并培养幼儿勇敢精神，巩固手倒立爬行，使空间智力得到锻炼 |
| 方法 | 幼儿俯卧位，老师握住幼儿双脚并提起，进行倒立行走。老师慢慢减少提起力度，尽量让幼儿自己用手臂支撑。可让家长带着幼儿进行 |
| **注意点** | **此项目饭后30分钟内不能进行训练** |
| 项目五：把圆形玩具送回"家" | |
| 目的 | 巩固认识圆并知道圆形物品是可以滚动的 |
| 方法 | 老师出示圆形、方形的玩具，示范滚动圆形玩具，并让幼儿用手摸一摸、滚一滚、敲一敲不同形状的玩具，感知圆形和方形，再将圆形玩具找出来送回"家" |
| 项目六：小手拍拍一 | |
| 目的 | 锻炼幼儿手部灵活性，认识手和五官，并感知儿歌的节奏 |
| 方法 | 老师边唱儿歌边做动作，根据歌词"小手拍拍，小手拍拍，手指伸出来，眼睛在哪里，眼睛在这里，用手指出来……"，让幼儿用手指出五官相应的位置 |

### 2. 16个月幼儿第62课

16个月幼儿第62课训练项目与方法如表3-62所示。

表3-62　16个月幼儿第62课训练项目与方法

| 项目一：音乐律动（同第61课训练项目一） | |
|---|---|
| 项目二：跨过“小山” | |
| 目的 | 训练幼儿的单腿支撑能力，为跳打下基础 |
| 方法 | 老师示范，引导幼儿和家长来参加，家长要扶着幼儿腋下，跨过用大枕头做成的“小山”，幼儿能独立跨过以后，家长可以虚托腋下保护 |
| 项目三：实物配对 | |
| 目的 | 能初步理解常见事物直接的对应，学会配对，训练幼儿手指控制力 |
| 方法 | 老师开场白：“宝宝，老师请来了可爱的小动物，有小兔子，你们知道小兔子喜欢吃什么吗？嗯，小兔子喜欢吃萝卜，老师今天带来了许多萝卜，我们一起来喂兔子吃萝卜好吗？把萝卜贴到小兔子的下面。这是什么呢？小狗，小狗喜欢吃什么呢，骨头，我们把骨头贴到小狗的下面。”引导幼儿将食物的图片贴在对应的动物图片下面 |
| **注意点** | **幼儿刚贴的时候，可能手指配合不好，家长可以协助完成** |
| 项目四：捡乌龟蛋 | |
| 目的 | 发展幼儿的精细动作，感知小乌龟的蛋，练习蹲下捡物的能力 |
| 方法 | 老师开场白：“宝宝看，老师今天带来了一只小乌龟，小乌龟会下蛋，但是小乌龟边爬边下蛋，宝宝可以帮小乌龟把蛋蛋捡起来吗？”老师以玩具乌龟示范，蹲下来，捡起“乌龟蛋”，然后放入玩具小乌龟肚子里。引导幼儿学会独自蹲下捡物，不要成人帮助 |
| 项目五：摘苹果一 | |
| 目的 | 让幼儿认知苹果，并且准确地将苹果摘下来，训练幼儿手指的灵活性 |
| 方法 | 老师开场白：“宝宝，今天老师带来了好吃好看的大苹果，你们来摸一摸，滚一滚，是圆形对不对？而且是红色的。我们来感知一下！老师还带来了一棵大树，你们看大树上面有什么水果呢？有苹果、梨子、橘子！现在老师请宝宝来摘苹果，看看宝宝是否能准确地摘到红苹果哦！”引导幼儿准确摘苹果，强化认识苹果 |
| 项目六：大拇指游戏 | |
| 目的 | 锻炼幼儿手部灵活性，通过听儿歌感知节奏 |
| 方法 | 老师开场白：“宝宝，你的大拇指在哪里呢？伸出来给老师看看！”引导幼儿伸出大拇指，可让家长帮助幼儿把大拇指伸出来。然后边唱儿歌“大拇指，比力气，头儿头儿碰一起，你过来，我过去，谁也不生气”边训练，可让家长与幼儿一起玩这个手指游戏 |

### 3. 16 个月幼儿第 63 课

16个月幼儿第63课训练项目与方法如表3-63所示。

表3–63　16个月幼儿第63课训练项目与方法

| 项目一：音乐律动（同第61课训练项目一） | |
| --- | --- |
| 项目二：开火车 | |
| 目的 | 让幼儿喜欢参加集体活动，和同伴一起开火车，训练幼儿奔跑能力 |
| 方法 | 老师开场白："宝宝，看看这个圆圆的是什么？这个是个方向盘，你们知道爸爸开车怎么开的吗？嘟嘟嘟，转动方向盘对吧！今天我们要来玩一个开火车的游戏。"让幼儿拿着玩具方向盘，老师做开汽车的动作，引导幼儿跑起来 |
| **注意点** | **奔跑过程中，注意安全** |
| 项目三：给扣子宝宝排队 | |
| 目的 | 让幼儿感知物体的大小和秩序，学习给扣子排队 |
| 方法 | 老师开场白："咦，老师变变变，这里有个好玩的小东西，你们看到了吗？这是扣子！今天我们要来玩一个给扣子排队的游戏。"引导幼儿将最大的扣子放到前面，从大到小排列整齐 |
| **注意点** | **要注意观察，谨防幼儿将扣子放到嘴里** |
| 项目四：压饼干 | |
| 目的 | 发展幼儿运动能力，锻炼幼儿勇敢精神，使感知系统得到训练 |
| 方法 | 老师开场白："宝宝们，这里有一个大大的球，你们喜欢吗？快来一起拍一拍、摸一摸，好扎手哦，这是按摩球，现在我们一起来玩压饼干的游戏。"引导幼儿躺下，并说："老师要来压饼干了哦，宝宝不要害怕，大球会从你身上滚过去，压饼干就成功啦。"然后让球从幼儿身上慢慢滚过去 |
| **注意点** | **刚开始幼儿害怕，家长可以拉着宝宝的手带着他躺下完成** |
| 项目五：做太阳 | |
| 目的 | 培养幼儿对美工作品的兴趣，以及动手操作的能力 |
| 方法 | 老师开场白："今天天气怎么样呢？老师请太阳公公来上课啦！可是太阳公公没有穿漂亮的衣服，宝宝们可以帮帮忙吗？老师这有皱纹纸，还有胶水，等会宝宝要把皱纹纸撕成一条一条的，然后用手指把纸捏成一个纸团，最后用胶水把纸团贴到太阳上面，给太阳公公穿漂亮的衣服。现在，请宝宝和妈妈一起来完成吧！"分发材料后，做一遍示范动作 |
| **注意点** | **尽量让幼儿自己动手，如果幼儿不会撕纸，家长可以先将纸撕个小口子，然后再让幼儿撕** |
| 项目六：小鸡小鸡 | |
| 目的 | 锻炼幼儿手部灵活性，培养听儿歌的兴趣，感知节奏，认识小鸡 |
| 方法 | 老师开场白："宝宝们，你们认识小鸡吗？今天我们来玩一个小鸡啄米的游戏。"老师一边唱儿歌："小鸡小鸡，爱吃米粒；小鸡小鸡，叽叽叽！"一边做手势，将食指伸出来，叠在一起，然后做啄米的动作，引导幼儿模仿。可让家长与幼儿一起玩游戏 |

### 4. 16个月幼儿第64课

16个月幼儿第64课训练项目与方法如表3-64所示。

表3-64　16个月幼儿第64课训练项目与方法

| 项目一：音乐律动（同第61课训练项目一） | |
|---|---|
| 项目二：丛林冒险 | |
| 目的 | 练习往固定的方向走，学会走平衡木，训练幼儿的主动性 |
| 方法 | 老师开场白："宝宝们，今天老师带你们来进行丛林冒险，你们看，这里有一个圆圈是水池，我们不能进去哦，只能从边上走，然后要跨过小河，走过独木桥（平衡木），到丛林里去摘果子。现在，先看老师走一遍。"接着示范一遍，要绕过水池，跨过小河，走过独木桥，摘到果子然后从旁边绕回来 |
| **注意点** | **要求宝宝按指定的路线走路** |
| 项目三：做面包 | |
| 目的 | 让幼儿喜欢玩橡皮泥，并且学会压的动作 |
| 方法 | 老师开场白："宝宝们，你们喜欢吃面包吗？今天老师要来做面包。现在，来看看老师是怎样做面包的。这有橡皮泥，我们先把橡皮泥团圆，然后把它放到托盘上面，伸出手掌来压压，看，老师的面包做好了，现在也要请宝宝来做面包。"老师边说边示范，然后让幼儿动手操作 |
| **注意点** | **提醒幼儿不要将橡皮泥放嘴里，做完后用湿纸巾擦手** |
| 项目四：吹泡泡 | |
| 目的 | 让幼儿感知自己的空间位置，并准确地听口令做动作，愉悦幼儿情绪 |
| 方法 | 老师开场白："宝宝们，现在我们要玩一个吹泡泡的游戏。这次老师没有带泡泡水来，要宝宝们来变泡泡。首先，我们围成一个圈，准备好了，听老师口令。吹泡泡，吹泡泡，吹了一个大泡泡（往后退）。吹泡泡，吹泡泡，吹了一个小泡泡（往中间靠拢）。泡泡又变大啦，小心不要吹破了。1、2、3，砰，泡泡炸了（家长把幼儿举起来）。" |
| **注意点** | **要请家长配合老师一起训练** |
| 项目五：贴小花 | |
| 目的 | 培养幼儿对美工作品和动手操作的兴趣，进一步认识颜色 |
| 方法 | 老师开场白："宝宝，老师这里有一幅画，画上绿色的是什么呢？小草。这些小草孤零零地没有漂亮的小花陪伴好可怜。现在，老师这有小花，要请宝宝来把小花贴上去，看老师示范哦。老师的画有了小草和小花是不是很漂亮？现在也请宝宝来贴小花，把画打扮得漂漂亮亮的。"老师边说边示范，尽量让幼儿自己动手，如果不会贴家长可以适当帮助 |
| 项目六：大皮球 | |
| 目的 | 锻炼幼儿手部灵活性，培养幼儿对儿歌的兴趣并使其从中感知节奏 |
| 方法 | 老师开场白："宝宝们，你们喜欢玩球吗？今天我们来玩一个拍球的游戏。"接着边唱儿歌"大皮球，圆又圆，拍一拍，弹一弹！"边做动作，先做大皮球的动作，然后用手上下拍拍，握拳头上下敲敲，再做弹一弹状。可让家长帮助幼儿完成动作，引导幼儿一起来玩这个手指游戏 |

## 五、17 个月幼儿早期教育

### 1. 17 个月幼儿第 65 课

17个月幼儿第65课训练项目与方法如表3-65所示。

表3-65　17个月幼儿第65课训练项目与方法

| | |
|---|---|
| 项目一：音乐律动《火车开啦》 | |
| 目的 | 锻炼幼儿音乐节奏感，愉悦幼儿的心情，使幼儿能跟着音乐跳舞 |
| 方法 | 老师示范做开火车的动作，然后让幼儿跟着音乐，一起做火车开了的动作。“咔嚓咔嚓咔嚓咔嚓”，手放身体两侧前后摆动，火车司机开火车，手握方向盘的动作，“呜呜呜”，一手高举摇动 |
| **注意点** | **先让幼儿看着老师跳，再模仿老师动作一起完成** |
| 项目二：小马过河 | |
| 目的 | 让幼儿练习骑马动作，听口令将物品送到指定位置，为跳打下基础 |
| 方法 | 老师开场白：“宝宝，今天老师带来了一匹小马，小马怎么跑的呀？我们来模仿一下小马快跑吧！”然后一手在前，一手在后模仿拉缰绳的动作。“小马还会驮东西，现在我们来模仿小马驮着蔬果过河”，请幼儿做骑马状，骑到对面，拿着蔬果，再骑回来放篮子里 |
| **注意点** | **要求幼儿按指定的路线走路** |
| 项目三：小熊穿衣服 | |
| 目的 | 培养幼儿的观察力和对形状的认知力 |
| 方法 | 老师开场白：“宝宝，老师今天带来了一只小熊，小熊没有穿衣服怎么办？请宝宝来帮忙好吗？我们打开小熊的衣橱看看，哇，好多衣服，来试一试，帮小熊穿上一条裤子吧？找到相应颜色的衣服，我们搭配好给小熊穿上。”然后引导幼儿认识颜色，动手给玩具小熊穿上衣服 |
| 项目四：小摆钟 | |
| 目的 | 训练幼儿的平衡能力，增进亲子感情 |
| 方法 | 老师开场白：“宝宝，今天我们来玩小摆钟的游戏。”老师拿着一个玩具娃娃做示范：托着娃娃的腋下左右摇摆，并且念着儿歌：“小闹钟，叮叮咚，摇到西，摇到东，闹钟闹钟几点钟？一摇摇到2点钟，转两圈。”然后让家长带着幼儿按示范动作转圈 |
| **注意点** | **家长应按自己能力转圈，保证幼儿安全** |
| 项目五：做汤圆 | |
| 目的 | 让幼儿喜欢动手操作，并认识汤圆，知道汤圆是圆的 |
| 方法 | 老师开场白：“宝宝们，老师今天带来了橡皮泥，我们要用橡皮泥来做汤圆，你们看一看老师是怎样做的。先分泥，然后拿起其中一块放在手心里团圆，看，老师已做好了一个汤圆，再来一个，一会也请宝宝自己来做汤圆。”接着引导幼儿按示范动作搓汤圆 |
| **注意点** | **尽量让幼儿自己动手，不会搓可以握住幼儿的手教他完成** |
| 项目六：大苹果 | |
| 目的 | 锻炼幼儿手部灵活性，让幼儿喜欢听儿歌，并从中感知节奏 |
| 方法 | 老师开场白：“宝宝们，你们喜欢大苹果吗？今天，我们来玩一个大苹果的手指游戏。”老师边唱儿歌边做游戏，“大苹果，我是一个大苹果（双手比作大苹果的形状），小朋友们都爱我（双手交叉抱胸前），请你先去洗洗手（伸出手搓一搓），要是手脏别碰我（摇摇手然后双手放胸前）。”接着引导幼儿一起来玩这个手指游戏 |

## 2. 17个月幼儿第66课

17个月幼儿第66课训练项目与方法如表3-66所示。

表3-66 17个月幼儿第66课训练项目与方法

| | |
|---|---|
| 项目一：音乐律动（同第55课训练项目一） | |
| 项目二：小白兔跳跳取萝卜 | |
| 目的 | 训练幼儿初步的跳跃能力 |
| 方法 | 老师开场白："宝宝们，今天我们要来玩一个小兔跳的游戏。你们知道小白兔怎么跳的吗？下面跟着老师一起来跳一跳吧？下面我们一起模仿小兔跳跳，跳到终点站去取萝卜哦！"接着做示范动作，再请家长扶着幼儿腋下，协助幼儿跳跃，如果腿部无法弯曲，需要做往后坐往前蹲的动作，协助幼儿跳 |
| **注意点** | **要求幼儿在指定的范围内跳** |
| 项目三：舀汤圆比赛 | |
| 目的 | 训练用勺子舀东西的能力，提高手眼协调的能力，通过比赛让孩子体会公平竞争 |
| 方法 | 老师开场白："宝宝们，你们会自己吃饭了吗？今天老师带来了小勺子和小球，我们一起来舀汤圆好吗？先看老师怎样舀的。"然后示范：先舀起一个球，放进篮子里，再舀一个，放进去。接着老师再说："看，现在老师把球都舀到篮子里了，下面也请宝宝来舀，好吗？现在我们开始进行舀汤圆比赛，看看谁能先把5个汤圆舀进篮子里。" |
| **注意点** | **引导幼儿自己握住勺子舀** |
| 项目四：骑大马 | |
| 目的 | 训练幼儿的平衡能力，同时增进亲子感情 |
| 方法 | 老师开场白："宝宝，今天我们要来骑大马。"然后请幼儿和家长坐在羊角球上，让幼儿握住羊角球手柄，家长移动脚，弹起来骑到对面，再骑回来。家长可根据自己能力多骑几圈 |
| 项目五：画草莓 | |
| 目的 | 学习握笔，训练手腕的灵活性，认识草莓 |
| 方法 | 老师开场白："宝宝们，老师带来了一幅画，是一个草莓哦，你们看草莓上还缺点什么呢？是的，草莓上少了一个个小点点，今天我们要给草莓画点，点点点，老师的草莓点点画完了，也请宝宝来画。"然后引导幼儿握好笔，尽量让幼儿自己动手，不会的可以握住幼儿的手帮助其完成 |
| 项目六：划小船 | |
| 目的 | 锻炼幼儿手部灵活性，让幼儿喜欢听儿歌并从中感知节奏 |
| 方法 | 老师开场白："宝宝们，今天我们要来划小船，你们看一看老师是怎样划小船的。"然后边念儿歌"划小船，划小船，船儿水中游，鱼儿跃出水，宝宝招招手"，边示范做划船的动作。接着引导幼儿一起摇晃划小船 |

### 3. 17 个月幼儿第 67 课

17个月幼儿第67课训练项目与方法如表3-67所示。

表3-67　17个月幼儿第67课训练项目与方法

| | |
|---|---|
| 项目一：音乐律动（同第65课训练项目一） | |
| 项目二：送小动物回家一 | |
| 目的 | 训练幼儿的认知能力、肢体协调性、分类能力 |
| 方法 | 老师开场白："宝宝，老师今天带来了两只小动物，一只是小猫，一只是小狗，小动物找不到家了，请小朋友保护小动物回家好吗？"然后引导幼儿手拿着小猫和小狗勇敢地走上平衡木，尽量让幼儿自己走，家长虚托幼儿腋下保护 |
| 项目三：串糖葫芦 | |
| 目的 | 训练手眼的协调性和手指的灵活性 |
| 方法 | 老师开场白："宝宝，今天老师带来了串珠和棍子，我们来试试看能不能左手握住木棍，右手拿串珠，一颗颗串起来好吗？我们串一串糖葫芦送给妈妈吃好吗？"然后引导幼儿左手拿木棍，右手拿串珠，按老师示范动作将串珠串起来 |
| **注意点** | **不要让幼儿将串珠放入嘴里** |
| 项目四：踢球游戏 | |
| 目的 | 训练幼儿的身体控制力及脚、眼协调能力 |
| 方法 | 老师开场白："宝宝，今天老师带来了足球，我们来玩踢球游戏。"然后做示范，用脚将球踢进门框。刚开始幼儿会踢不准确，别担心，可以协助幼儿踢，让他们逐渐学会足球射门 |
| **注意点** | **家长在旁扶腋下保护** |
| 项目五：给豆豆涂色 | |
| 目的 | 培养幼儿对美术的兴趣，提高对手的控制能力 |
| 方法 | 老师开场白："宝宝，今天老师带来了小豆豆，小豆豆是什么颜色的呢？绿色，但是今天小豆豆没有颜色了，它哭了，我们给他涂上绿色好吗？宝宝注意哦，绿色不能涂到豆豆外面。"然后做示范将豆豆涂上绿色，再引导幼儿给豆豆涂色 |
| 项目六：种豆 | |
| 目的 | 锻炼幼儿手部灵活性，让幼儿喜欢听儿歌并从中感知节奏 |
| 方法 | 老师开场白："宝宝，今天我们要学一首新的手指儿歌，种豆。"然后边念儿歌"种下一粒豆，发了一颗芽，长啊长啊长，豆豆长高了，几天不浇水，豆豆倒下了"，边做示范，首先弯曲大拇指，然后双手往上慢慢长，举过头顶，然后一手摇晃表示不浇水，再模仿豆豆倒下 |

### 4. 17 个月幼儿第 68 课

17个月幼儿第68课训练项目与方法如表3-68所示。

表3-68　17个月幼儿第68课训练项目与方法

| 项目一：音乐律动（同第65课训练项目一） | |
|---|---|
| 项目二：登上云霄 | |
| 目的 | 训练幼儿的攀爬能力和高处跳下的能力 |
| 方法 | 老师开场白："宝宝，老师今天带你们玩一个勇敢者的游戏，需要宝宝攀爬上梯子，然后从高处拉手跳下，宝宝勇敢地来试试吧！"然后让幼儿爬上攀登架，然后跳下，家长要在一旁做好保护 |
| 项目三：小纽扣回家 | |
| 目的 | 训练幼儿手、眼的协调性，提高手指的灵活性 |
| 方法 | 老师开场白："宝宝，老师这有小小的玩具，小串珠和纽扣。现在我们要让这些串珠和纽扣分开，把串珠和串珠放在一起，纽扣和纽扣放在一起，让它们各回各的家。看，这是串珠，这是纽扣，老师先把它们分开放好了，一会也请宝宝来分。"然后引导幼儿分类 |
| **注意点** | **不要让幼儿将串珠和纽扣放嘴里** |
| 项目四：有趣的泡泡 | |
| 目的 | 训练幼儿的身体控制力和手、眼协调能力，增进亲子感情 |
| 方法 | 老师开场白："宝宝们，今天老师带来好玩的泡泡水，现在老师吹泡泡，请宝宝们抓泡泡、拍泡泡。"接着老师吹出泡泡，引导幼儿把小手伸出来，拍拍拍，抓抓抓，积极参与，学习抓和拍的动作 |
| 项目五：盖印章 | |
| 目的 | 培养幼儿对美术的兴趣，提高对手的控制能力 |
| 方法 | 老师开场白："宝宝们，看，今天老师带来了一个大苹果哦，还有印章，我们要在苹果上面盖上漂亮的印章。看老师是怎样盖的，用力，盖上去，看苹果上面是不是有个漂亮的印章啊，一会也请宝宝来盖。" |
| 项目六：请你跟我这样做 | |
| 目的 | 锻炼幼儿手部灵活性，让幼儿喜欢听儿歌并从中感知节奏 |
| 方法 | 老师开场白："宝宝们，今天要模仿老师做动作，看看宝宝是否会做老师相同的动作呢？"接着边念儿歌"请你跟我这样做，我就跟你这样做。请你跟我这样做，我就跟你这样做"，边做示范动作（如拍拍手、拍拍肩、拍拍肚子、拍拍大腿），让幼儿模仿 |

# 六、18个月幼儿早期教育

## 1. 18个月幼儿第69课

18个月幼儿第69课训练项目与方法如表3-69所示。

表3-69　18个月幼儿第69课训练项目与方法

| 项目一：音乐律动《身体音阶歌》 | |
|---|---|
| 目的 | 锻炼幼儿音乐节奏感，愉悦幼儿的心情，使幼儿认知身体部位 |
| 方法 | 老师示范，跟着音乐拍身体部位，家长可以握着幼儿手完成，后续幼儿能够找准身体部位，可以自己完成 |
| 项目二：捉蝴蝶 | |
| 目的 | 训练四处奔跑的能力，提高幼儿反应能力，学习蝴蝶飞 |
| 方法 | 教师开场白："宝宝，看看，老师带来了可爱的蝴蝶，蝴蝶飞出来了，我们来捉一捉。"然后让家长拿住蝴蝶玩具在幼儿面前逗引，让幼儿来捉蝴蝶，或者让幼儿手拿着纱巾，双手舞动学习蝴蝶飞 |
| 项目三：穿积木 | |
| 目的 | 训练幼儿手、眼的协调性，训练穿的动作 |
| 方法 | 教师开场白："宝宝，老师这有绳子，还有积木，现在我们把积木穿进绳子里。看，对准洞洞，就穿进去啦！"刚开始可让家长帮助幼儿完成，熟练了之后，可以鼓励幼儿独立完成 |
| 项目四：横行的螃蟹 | |
| 目的 | 能进行横走的行进方式，能左右脚交替往前行进，能辨别左右，刺激脚底神经 |
| 方法 | 老师开场白："宝宝，老师这里有好多的脚印，请宝宝跟着脚印去探险。哇，到了沙滩上有好多螃蟹，走起路来摇摇摆摆。"然后做示范，请幼儿模仿螃蟹横着走路的样子。待幼儿熟悉脚印的路径后，可利用有色胶带在地上贴出不同路线的路径，比如直线、曲线等，让孩子练习走路 |
| 项目五：套指环 | |
| 目的 | 训练幼儿手、眼的协调能力 |
| 方法 | 老师开场白："宝宝们，今天老师带来了许多的小指环，你们看像不像妈妈戴在手上的戒指呀。今天我们要把这指环戴在自己的手上，宝宝也可以戴在妈妈的手上。"然后做示范，对准手指，将指环套进去。引导幼儿积极参与，自己动手 |
| 项目六：形状歌 | |
| 目的 | 锻炼幼儿手部灵活性，让幼儿喜欢听儿歌并从中感知节奏，用身体模仿形状 |
| 方法 | 老师开场白："宝宝们，今天要用身体模仿形状，请宝宝跟着老师一起来做。"接着老师边念儿歌"圆圆的身体，我是圆形；方方的身体，我是正方形；尖尖的身体，我是三角形"，边做圆形、正方形、三角形的动作，引导幼儿模仿 |

## 2. 18 个月幼儿第 70 课

18个月幼儿第70课训练项目与方法如表3-70所示。

表3–70　18个月幼儿第70课训练项目与方法

| 项目一：音乐律动（同第69课训练项目一） | |
|---|---|
| 项目二：送小鱼回家 | |
| 目的 | 训练幼儿跨的能力，为跳打下基础，手部模仿小鱼游的动作 |
| 方法 | 老师开场白："宝宝们，老师今天带来了小鱼，你们知道小鱼怎么游吗？现在我们先模仿小鱼游呀游。咦，许多小鱼找不到回家的路了，它们迷路了，回不了家了，请宝宝帮助它们好吗？先看老师怎样送的，拿好小鱼，跨过障碍物，把小鱼送回家。"引导幼儿按示范动作完成 |
| 项目三：信封装物 | |
| 目的 | 训练幼儿手、眼的协调性 |
| 方法 | 老师开场白："宝宝们，老师今天带来了好玩的玩具，你们认识这个是什么吗？一个信封，里面还装有好玩的玩具，怎样才能拿出来呢？打开它的大嘴巴，把东西倒出来，然后把雪花片一个一个装进信封里面。"引导幼儿按示范动作完成 |
| 项目四：快乐的小火车 | |
| 目的 | 提升幼儿空间辨识的能力，提高运动能力和听口令行动的能力 |
| 方法 | 请幼儿模仿火车，爬过山洞，咔嚓咔嚓钻过多个山洞，设计山洞连接、分开等路径。听到有鼓声，钻进山洞里面躲起来，听到火车声就可以自由爬山洞 |
| 项目五：给小鸡小鸭涂色 | |
| 目的 | 训练幼儿对手的控制能力，认识小鸡小鸭 |
| 方法 | 老师开场白："宝宝，老师今天请来了小鸡和小鸭，小鸡小鸭没有穿漂亮的衣服，我们帮它们穿上衣服好吗？这是蜡笔，在小鸡小鸭上面涂上颜色。看老师是怎样涂的，看，老师把小鸡小鸭都穿上了衣服，一会也请宝宝来帮小鸡小鸭穿衣服哦，注意不要把颜色涂抹到其他地方。"引导幼儿按示范动作完成 |
| 项目六：拉钩钩 | |
| 目的 | 锻炼幼儿手部灵活性，喜欢听儿歌并从中感知节奏，并能伸出小拇指 |
| 方法 | 老师边唱儿歌"你出手，我出手，伸出指头拉钩钩，拉钩钩，拉钩钩，我们都是好朋友"，边做动作，引导幼儿跟着老师做出相应的动作 |

## 3. 18 个月幼儿第 71 课

18个月幼儿第71课训练项目与方法如表3-71所示。

表3–71 18个月幼儿第71课训练项目与方法

| | |
|---|---|
| 项目一：音乐律动（同第69课训练项目一） | |
| 项目二：小小野战兵 | |
| 目的 | 能灵活运用听觉和运动能力，控制身体动作进行钻爬，增进身体协调及控制方向的能力，加强动作计划，提高反应能力 |
| 方法 | 老师开场白："宝宝，今天老师带来了一个野战兵娃娃，我们看看野战兵娃娃很勇敢，可以走过小河，会保护自己，现在我们来模仿野战兵好吗？"然后请幼儿在"小桥"上控制平衡行走，告知幼儿，当听到打鼓的声音则表示炸弹来了，要求幼儿立刻爬过"防空洞"到安全的地方 |
| 项目三：种豆豆 | |
| 目的 | 训练幼儿手、眼的协调性，提高幼儿的动手能力 |
| 方法 | 老师开场白："宝宝，老师这还有一样好玩的玩具哦，看，洞穴，上面有许多小洞洞，今天我们要来种豆。看老师是怎么做的？"然后做示范，伸出拇指和食指，捏住一个豆豆，放进洞洞里面。"看，老师在洞洞里种上了豆豆，宝宝来试试！"引导幼儿按示范动作完成 |
| 项目四：小狗倒立爬 | |
| 目的 | 提升幼儿空间辨识的能力，增强幼儿手部肌肉力量，培养幼儿勇敢精神 |
| 方法 | 老师开场白："宝宝，你们见过小狗倒立走吗？今天老师就带着宝宝来模仿小狗倒立走，请宝宝看老师示范。"请一宝宝趴着，老师握住宝宝脚踝拉起宝宝双腿，让宝宝手臂支撑，然后喊口令开始，让宝宝手倒立走10步。请家长协助幼儿按示范动作完成 |
| 项目五：装车轮 | |
| 目的 | 学习粘贴，锻炼幼儿动手能力，提高幼儿参与活动的兴趣 |
| 方法 | 老师开场白："宝宝，老师今天带来了小汽车，我们看看汽车轮子是什么形状的呢？有几个轮子呀？现在这辆车轮子不见了，请宝宝来帮汽车装轮子。"然后示范，将轮子贴纸撕下来，然后粘贴在准确的位置，给汽车装上车轮。引导幼儿按示范动作完成 |
| 项目六：不吃手指头 | |
| 目的 | 让幼儿知道吃手指不是好习惯，培养孩子爱清洁的习惯 |
| 方法 | 老师开场白："宝宝，我们每人有两只手，他们都是好朋友，相亲相爱不分离。宝宝要是咬了其中一个手指头，它们都不会高兴的。这里还有一首好听的儿歌，我们一起来听一听。"接着边念儿歌"两个拇指，弯弯腰，点点头，两个食指，变公鸡斗一斗，两个小指，勾一勾，做朋友，两个手掌碰一碰，拍拍手"，边做手势，引导幼儿参与 |

### 4. 18个月幼儿第72课

18个月幼儿第72课训练项目与方法如表3-72所示。

表3-72 18个月幼儿第72课训练项目与方法

| 项目一：音乐律动（同第69课训练项目一） | |
|---|---|
| 项目二：红绿灯 | |
| 目的 | 锻炼幼儿能灵活运用听觉和运动能力，提高控制身体动作的能力，增进身体协调及控制方向的能力，加强动作计划，提高反应能力 |
| 方法 | 老师开场白："宝宝们，今天我们来学习过马路，你们知道红绿灯吗？红灯亮的时候应该怎么样呢？红灯停，绿灯行，现在我们玩红绿灯的游戏。"让幼儿和家长手拉手走，当看到老师改变灯的颜色时，请变换相应的姿势。熟练后，应让幼儿自主完成 |
| 项目三：包糖果 | |
| 目的 | 训练幼儿手、眼的协调性，以及动手能力 |
| 方法 | 老师开场白："宝宝们，你们都喜欢吃糖果吗？今天我们要来包糖果了。看，老师带来了红色的皱纹纸，黄色的皱纹纸，还有小串珠。先看老师怎么包糖果呢？把小串珠放在纸的中间，然后用纸把珠子卷起来，最后用手扭一扭，看！老师的糖果做好了，一会也请宝宝们来包糖果。"引导幼儿按示范动作自己完成 |
| **注意点** | **不要让幼儿将串珠放嘴里** |
| 项目四：倒车，请注意 | |
| 目的 | 训练幼儿的手、脚协调能力及退步走的能力 |
| 方法 | 老师开场白："宝宝们，今天老师带来了小汽车，小汽车出发了，嘀嘀嘀，嘀嘀嘀，咦？前面堵车了，怎么办？只好往回倒车。"老师先示范倒车游戏的玩法，然后请一位幼儿合作玩游戏。让幼儿站在老师的前面，老师双手拉着幼儿的小手，让幼儿慢慢往后退。边退边说："倒车，请注意！"请家长和幼儿一起玩游戏"倒车，请注意"两分钟 |
| **注意点** | **在向后退时，速度要慢一点，确保活动的安全性，在转弯时家长要给予幼儿适当的帮助** |
| 项目五：贴气球 | |
| 目的 | 让幼儿学习粘贴，愿意参与活动，提高动手能力 |
| 方法 | 老师开场白："宝宝，看，老师今天带来的这个是什么？气球，对的！变变变！咿！气球哪去了？"然后出示一卷白纸，画上线，平铺在地面上，问宝宝："咦，气球去哪里了呢？现在，我们将气球送回家，把气球贴好。"引导幼儿按示范动作完成 |
| 项目六：大公鸡 | |
| 目的 | 提高幼儿的节奏感和手指灵活性 |
| 方法 | 老师开场白："宝宝，看，老师带来了什么小动物哦？大公鸡。大公鸡是怎样叫的啊？喔喔喔，宝宝也学大公鸡叫。大公鸡还带来了一首好听的儿歌，先听老师念一遍'大公鸡，喔喔叫，它叫我们起床了！喔喔喔！'" |

## 七、19 个月幼儿早期教育

### 1. 19 个月幼儿第 73 课

19个月幼儿第73课训练项目与方法如表3-73所示。

表3-73　19个月幼儿第73课训练项目与方法

| 项目一：音乐律动《快乐的小青蛙》 | |
|---|---|
| 目的 | 锻炼幼儿音乐节奏感，愉悦幼儿的心情，认知小青蛙 |
| 方法 | 教师示范，拿出蛙鸣筒，让幼儿跟着音乐有节奏地单敲、双敲。让幼儿看老师（跟着音乐）跳，然后模仿动作一起完成 |
| 项目二：寻宝取物 | |
| 目的 | 能灵活运用听觉和运动能力，提高控制身体动作的能力，增进身体协调及控制方向的能力，加强动作计划，提高反应能力 |
| 方法 | 教师开场白："宝宝们，老师有一个宝箱，里面有好多宝贝，但是前几天丢了，今天请小朋友帮老师寻宝。"然后指着事先在教室地板上标出的指示方向，向家长及幼儿示范"寻宝"路径。最后让幼儿根据示范动作自主完成 |
| 项目三：送小动物回家二 | |
| 目的 | 锻炼幼儿手眼的协调性，训练幼儿的动手能力，认识各种动物 |
| 方法 | 教师开场白："宝宝，老师请来了许多小动物哦，我们认识一下有谁呀？现在我们把他们都拿出来，再把他们送回家。"然后做示范动作，鼓励幼儿自己完成 |
| 项目四：高人矮人 | |
| 目的 | 让幼儿喜欢和家人一起游戏，知道高和矮 |
| 方法 | 教师开场白："宝宝，今天我们要玩一个高人矮人的游戏哦！当老师说到高人的时候，宝宝和妈妈就要把手举起来走呀走，当老师说到矮人的时候，宝宝和妈妈就要像老爷爷一样弯着腰走。好了，我们开始啦！" |
| 项目五：小鱼吐泡泡 | |
| 目的 | 训练宝宝的动手能力，以及能发出泡泡的音 |
| 方法 | 教师开场白："宝宝们，看老师这有什么呀？有小鱼哦。小鱼最喜欢吐泡泡了，这上面没有泡泡？老师带来了很多泡泡哦，一会请宝宝贴上去，像老师这样子，看老师的小鱼都吐了泡泡，好漂亮哇！等会儿宝宝操作的时候，妈妈帮宝宝撕一个小口，然后再让宝宝来贴。" |
| 项目六：光脚丫 | |
| 目的 | 锻炼孩子节奏感和手指灵活性 |
| 方法 | 教师开场白："宝宝，看老师带来了一个小宝宝，看看小宝宝穿鞋子了吗？今天我们要念一首有趣的儿歌《光脚丫》，'小娃娃，光脚丫，扶着走，跪着爬，蹲一蹲，站一站，蹦蹦跳，快长大。'" |

## 2. 19个月幼儿第74课

19个月幼儿第74课训练项目与方法如表3-74所示。

表3-74 19个月幼儿第74课训练项目与方法

| 项目一：音乐律动（同第73课训练项目一） | |
|---|---|
| 项目二：小青蛙回池塘 | |
| 目的 | 锻炼幼儿能灵活运用听觉和运动能力，提高控制身体动作的能力，提高身体协调及控制方向的能力，加强动作计划，提高反应能力 |
| 方法 | 教师开场白："今天小青蛙来到我们教室，我们一起看看小青蛙吧。好可爱，小青蛙会蹦蹦跳跳，最喜欢跳到荷叶上玩，现在我们来学小青蛙来跳跳。"然后做示范，模仿小青蛙跳水的动作，依次跳过每一个障碍，最后在莲花叶上休息。鼓励幼儿自主完成 |
| 项目三：插工程积木 | |
| 目的 | 锻炼幼儿手眼的协调性，训练幼儿的动手能力，巩固插的动作 |
| 方法 | 教师开场白："宝宝，老师这有许多小棍棍，还有积木，上面也有小洞洞，我们把小棍棍插到洞洞上去，看老师这样插的。"然后自己做示范，鼓励幼儿自主完成 |
| 项目四：捡铃铛进盒子 | |
| 目的 | 锻炼幼儿手眼的协调性以及手指的精细动作能力，让幼儿学会蹲下捡物 |
| 方法 | 教师开场白："宝宝，看老师带来了什么？一个小盒子，上面还有一个洞洞，碗里面还有小铃铛，我们要把小铃铛从洞洞里面装进去，看老师怎样装的！现在请宝宝自己捡起来装进盒子里。"然后自己做示范，鼓励幼儿自主完成 |
| 项目五：阅读《小布谷鸟让座》 | |
| 目的 | 促进亲子交融，培养听故事、看书的习惯，学会尊老爱幼 |
| 方法 | 教师开场白："宝宝，今天看看老师带来了一本书，我们看看书里面有什么故事呢？下面跟着老师来看书……小布谷鸟给老奶奶让座，宝宝要不要给老奶奶让座呀？" |
| 项目六：开汽车 | |
| 目的 | 锻炼孩子的节奏感和手指灵活性 |
| 方法 | 教师开场白："宝宝，汽车按喇叭是什么声音呀？对，是'嘟嘟嘟'的音，方向盘是圆圆的，按一下喇叭，嘟嘟嘟，小车跑得很快。今天我们要唱一首儿歌，宝宝学说'嘟嘟嘟'的音。"然后教师唱儿歌："方向盘，手中握，我当司机把车开，嘟嘟嘟，嘟嘟嘟，我的小车跑得快。" |

### 3. 19个月幼儿第75课

19个月幼儿第75课训练项目与方法如表3-75所示。

表3-75　19个月幼儿第75课训练项目与方法

| 项目一：音乐律动（同第73课训练项目一） | |
|---|---|
| 项目二：金鸡独立 | |
| 目的 | 锻炼幼儿能灵活运用听觉和运动能力，提高控制身体动作的能力，提高身体协调及控制方向的能力，加强动作计划，提高反应能力 |
| 方法 | 教师开场白："今天老师带来了一只大公鸡，大公鸡是怎么叫的呢？喔喔喔。现在我们要学习大公鸡的另外一个本事，金鸡独立，学会单脚站立，并用单脚跳。"教师示范金鸡独立，刚开始家长可以协助宝宝一起完成 |
| 项目三：夹盘子 | |
| 目的 | 锻炼幼儿手、眼的协调性，训练幼儿的动手能力，巩固捏的动作 |
| 方法 | 教师开场白："老师今天带来了一个漂亮的盘子，请宝宝来给盘子装饰装饰，今天要用夹子装饰，宝宝用拇指食指捏住夹子，然后将夹子夹在盘子上。"并鼓励宝宝把夹子夹在妈妈的衣服上或帽子上，以增加乐趣 |
| 项目四：碰一碰 | |
| 目的 | 认识碰铃，知道碰铃使用的方法，理解"碰一碰" |
| 方法 | 教师开场白："宝宝们，看老师带来了什么？听听看？哇，这个是碰铃，碰一碰就发出声音，宝宝来试一试，每人一对碰铃，我们来碰碰碰。碰铃能够发出声音，我们身体碰碰看看能发出声音吗？现在宝宝和妈妈听音乐，来碰碰身体。碰碰头，碰碰车，碰碰脚，请宝宝和妈妈一起玩。" |
| 项目五：画手 | |
| 目的 | 培养幼儿对美术的兴趣，认识自己的手，感知大小 |
| 方法 | 教师开场白："宝宝请伸出你的手，和妈妈握握手，一个大手，一个小手。今天我们要来把手放在纸上，妈妈来画。妈妈把住宝宝的手，然后画出宝宝的小手，宝宝拿笔，模仿妈妈的动作，可以给妈妈画大手。"刚开始幼儿不会画，妈妈可以握住宝宝手一起画。" |
| 项目六：小鸭子 | |
| 目的 | 锻炼孩子的节奏感和手指灵活性 |
| 方法 | 教师开场白："宝宝，小鸭子怎么叫的呀？嘎嘎嘎。小鸭子手语怎么做的呢？小鸭子怎么走路呢？好，现在我们来唱一首儿歌《小鸭子》，一起来学小鸭子嘎嘎嘎，学小鸭子走路哦。"然后教师边唱儿歌"小鸭子，嘎嘎嘎，摇摇摆摆，嘎嘎嘎"，边学小鸭子走路 |

### 4. 19 个月幼儿第 76 课

19个月幼儿第76课训练项目与方法如表3-76所示。

表3–76　19个月幼儿第76课训练项目与方法

| 项目一：音乐律动（同第73课训练项目一） | |
|---|---|
| 项目二：揪尾巴 | |
| 目的 | 锻炼幼儿能灵活运用听觉和运动能力，提高控制身体动作的能力，提高身体协调及控制方向的能力，加强动作计划，提高反应能力 |
| 方法 | 教师开场白：“宝宝们，今天我们来玩一个揪尾巴的游戏，看看老师这有什么？（出示长条皱纹纸）这是皱纹纸，今天老师用皱纹纸来做尾巴，尾巴装上以后，听老师口令，跑，要各个方向跑啊，妈妈来追你并揪掉尾巴。”然后请家长和幼儿互换角色来做揪尾巴的游戏 |
| 项目三：舀汤圆比赛（同第66课训练项目三） | |
| 项目四：开火车 | |
| 目的 | 让幼儿学会小跑步，加强腿部的力量；培养幼儿的社会交往能力，体验集体游戏的乐趣 |
| 方法 | 教师开场白：“宝宝们，火车长什么样呢？火车有长长的车厢，一节接着一节的，火车开动时还会发出呜呜的声音，今天我们来玩一个开火车的游戏。”然后请家长和宝宝一个接着一个站好队，变成火车一样的队形，跟随音乐一起来走动开火车，两位家长手搭手做山洞，教师带领幼儿们一起开火车钻山洞 |
| 项目五：手指画果实 | |
| 目的 | 培养幼儿对手工的兴趣，培养其动手能力以及发挥幼儿的想象力 |
| 方法 | 教师开场白：“宝宝，看老师这有什么？一张白纸，今天老师要来画一幅很漂亮的画。”教师示范将手放在纸上，并用黑笔画出手掌，并对幼儿们说：“宝宝们，看老师画的像什么呀？老师画的是一棵手指树。可是树上没有结果实，不漂亮，老师要让树上结满果实，仔细看老师怎么做。”然后教师用食指沾上红颜料点在纸上形成手指树的果实，“宝宝们看看手指树是不是变漂亮啦？宝宝们自己也来做一棵手指树好吗？” |
| 项目六：小手拍拍二 | |
| 目的 | 锻炼孩子的节奏感和对儿歌的兴趣，促进幼儿手指灵活性 |
| 方法 | 教师开场白：“宝宝，你的小手在哪里呢？伸出来老师看看？今天我们要来唱一首儿歌《小手拍拍》，跟着儿歌做动作。”然后教师边唱儿歌“小手小手拍拍，我的小手举起来；小手小手拍拍，我的小手抱起来；小手小手拍拍，我的小手藏起来；1、2、3，变出来了”，边做动作 |

# 八、20 个月幼儿早期教育

## 1. 20 个月幼儿第 77 课

20个月幼儿第77课训练项目与方法如表3-77所示。

表3–77 20个月幼儿第77课训练项目与方法

| | |
|---|---|
| 项目一：音乐律动《我的身体会响》 | |
| 目的 | 培养幼儿音乐节奏感，愉悦幼儿的心情，认识身体部位 |
| 方法 | 老师示范，跟着歌词找到身体部位，拍拍脚、肚子、小手，张张嘴巴，顶顶舌头，舔舔牙齿，指出眼睛、鼻子 |
| 项目二：炒黄豆 | |
| 目的 | 锻炼幼儿能灵活运用听觉和运动能力，提高控制身体动作的能力，提高身体协调及控制方向的能力，加强动作计划，提高反应能力 |
| 方法 | 教师开场白："宝宝，今天我们来玩一个炒黄豆的游戏，看看老师示范。首先我们来取黄豆，跨过障碍物取黄豆，取到黄豆，家长抱着宝宝转圈，再走直线回去将黄豆放入小瓶。" |
| 项目三：戳洞洞 | |
| 目的 | 训练幼儿手眼的协调性，提高手部的控制能力，感知美工活动的乐趣 |
| 方法 | 教师开场白："宝宝，看这是什么呀？哦，是白纸，看看老师在白纸上画了什么？"示范用笔在纸上画点点，并说"是小雨点，下雨啦，下雨啦"。画好后，将白纸放在工作毯上，出示牙签，对孩子说："这是什么呀？是牙签，今天老师拿牙签来戳雨点，看看老师怎么戳的。"教师示范用牙签戳洞洞 |
| **注意点** | **牙签使用时要注意安全** |
| 项目四：玩具去哪儿了 | |
| 目的 | 锻炼幼儿手眼的协调性，训练幼儿的动手能力、观察力及记忆力 |
| 方法 | 教师开场白："宝宝们，老师带来了小动物，你们看看这是什么？（出示猫、鸭、狗的玩具）今天小猫、小狗、小鸭要和宝宝们捉迷藏，变变变。"用毛巾盖住变走其中一个，问宝宝："咦，谁不见了？"让宝宝观察并说出谁不见了，然后再盖住剩下的2个，让宝宝告知毛巾里藏着什么动物 |
| 项目五：识字（下雨、太阳、云朵） | |
| 目的 | 促进幼儿认知能力，增强记忆力 |
| 方法 | 教师开场白："宝宝们，老师今天带来了字卡宝宝，字卡宝宝想和你们做朋友，宝宝来和字卡宝宝认识认识吧？"然后教师拿出三张字卡让宝宝认识，然后拿出对应的天气，让宝宝将字卡宝宝送回家 |
| 项目六：猪小弟 | |
| 目的 | 锻炼孩子的节奏感，培养对儿歌的兴趣，促进宝宝手指灵活性 |
| 方法 | 教师开场白："宝宝们，你们见过小猪吗？下面我们唱一首《猪小弟》儿歌，来跟着老师做动作。"然后唱儿歌："猪小弟呀猪小弟，跟着老师做游戏，走一走啊走一走，跑一跑呀跑一跑，跳一跳呀跳一跳，赶赶小猪哼哼哼。"最后抱着幼儿转一圈 |

## 2. 20个月幼儿第78课

20个月幼儿第78课训练项目与方法如表3-78所示。

表3-78　20个月幼儿第78课训练项目与方法

| 项目一：音乐律动（同第77课训练项目一） | |
|---|---|
| 项目二：走过小桥套环 | |
| 目的 | 锻炼幼儿能灵活运用听觉和运动的能力，提高控制身体动作的能力，增进身体协调及控制方向的能力，加强动作计划，提高反应能力 |
| 方法 | 教师开场白："宝宝们，看老师这有什么呀？圆圆的，是套环。老师要把套环套到对面去，可是，这里有一条河，老师要走过小桥才能过去，看看老师怎么走的。"教师示范，拿着套环走过平衡木，将套环套在体能棒上，"看套环套好了，宝宝也来试试好吗？" |
| 项目三：送动物回家比赛 | |
| 目的 | 让幼儿认知小动物，将小动物镶嵌板准确放回对应的位置 |
| 方法 | 教师开场白："宝宝们，今天老师带来了可爱的小动物，但是小动物找不到家了，请宝宝帮忙，将小动物镶嵌板准确送回家好吗？接下来，我们比一比谁的小动物回家最快。准备！开始！" |
| 项目四：躲避球 | |
| 目的 | 协助孩子发泄，降低脑压，强化触觉学习和运动企划能力 |
| 方法 | 教师开场白："宝宝，今天我们要玩一个有趣的游戏，看老师带来了触觉球，宝宝来接住球吧。"然后让幼儿练习投接，反复操作十几次。待幼儿适应后，开始玩躲闪游戏，球扔过来时，幼儿要学会躲闪。教师要观察幼儿躲闪和碰撞的动作 |
| **注意点** | **注意投掷动作不宜太用力，以免伤害幼儿** |
| 项目五：小鱼吐泡泡 | |
| 目的 | 让幼儿学习画圆，培养幼儿对美术的兴趣 |
| 方法 | 教师开场白："宝宝们，看老师图画上有什么呀？对了，是在水里游的小鱼，小鱼还会吐泡泡呢！小鱼吐的泡泡是圆圆的（示范画圆），吐了一个，两个，三个，哇！小鱼吐了好多好多的泡泡，漂亮吗？宝宝也让小鱼吐泡泡好吗？" |
| 项目六：小手碰碰 | |
| 目的 | 培养孩子节奏感和对儿歌的兴趣，促进孩子手指灵活性 |
| 方法 | 教师开场白："宝宝们，你们的小手在哪里？现在我们要玩小手碰碰的手指游戏啦，请跟着老师做动作。"然后边唱儿歌"食指食指碰碰，做只小鸡叽叽叽；手心手背碰碰，做只小鸭嘎嘎嘎；手指手指分开，做把手枪砰砰砰；手指手指握紧，做把榔槌咚咚咚"，边做动作 |

### 3. 20 个月幼儿第 79 课

20个月幼儿第79课训练项目与方法如表3-79所示。

表3-79　20个月幼儿第79课训练项目与方法

| | |
|---|---|
| 项目一：音乐律动（同第77课训练项目一） | |
| 项目二：小袋鼠找妈妈 | |
| 目的 | 锻炼幼儿能灵活运用听觉和运动能力，提高控制身体动作的能力，提升身体协调及控制方向的能力，加强动作计划，提高反应能力 |
| 方法 | 教师开场白：“宝宝们，今天我们带来了一位好朋友，你们认识它吗？它是一只小袋鼠，它的妈妈不见了，小袋鼠好着急，现在我们来帮助袋鼠找妈妈好吗？”此训练中，需要家长“袋鼠抱”似的抱住幼儿，然后跳过障碍物，再回到原点，找到袋鼠妈妈。第二遍家长可拉着幼儿手跳跃，找袋鼠妈妈 |
| 项目三：奇妙的口袋 | |
| 目的 | 巩固幼儿对日常生活用品的认识，同时发展幼儿的触觉 |
| 方法 | 教师开场白：“宝宝，看看老师这有什么？是神秘袋，这神秘袋里都藏着好玩的，看看老师怎么变出来。”教师逐一摸出袋内的日常生活用品后说：“变，看这是什么呀？梳子，梳子拿来干什么的呀？对，拿来梳头的。那我们再变一个。变，这是什么呀？勺子，勺子用来干什么的呀？对了，用来吃饭的，再看看老师的袋子里还有什么呀？变，是支笔，笔是用来写字的。宝宝们都说得很好，一会老师请宝宝自己来摸一摸好吗？”然后引导幼儿自己来探索摸物 |
| 项目四：玩大花生球 | |
| 目的 | 发展幼儿运动能力，锻炼幼儿勇敢的精神，强化触觉神经及身体对重力的敏锐反应 |
| 方法 | 教师开场白：“宝宝，今天老师带来了一个大花生形状的球，现在老师来做示范。”让一位幼儿俯卧或仰躺在地上，家长将大花生球从幼儿的脚部往头部方向滚动，到头顶后再滚回来，连续数十次以上。滚动时也可以轻轻按压，特别是颈部、脚踝、膝盖等位置，大花生球将幼儿轻柔挤到墙边，不但可以强化肌肉及关节，当幼儿在反抗的同时，也强化了运动企划能力。“现在宝宝和家长一起来做吧。” |
| 项目五：阅读《不同的乐器声》 | |
| 目的 | 让幼儿爱上阅读，看书了解不同的声音，模仿发声 |
| 方法 | 教师开场白：“宝宝们，老师今天带来了一本好玩的书，这本书可以发声，宝宝来摸一摸试试，按哪里可以发声呢？现在我们来看看书里都有一些什么发声的乐器呢？”引导幼儿自己探索按出声音，了解乐器的声音 |
| 项目六：小青蛙 | |
| 目的 | 培养孩子的节奏感和对儿歌的兴趣，提高孩子认知能力及手指灵活性 |
| 方法 | 教师开场白：“宝宝们，你们见过小青蛙吗？现在我们来看看小青蛙长什么样？今天要唱一首儿歌《小青蛙》，跟着老师做动作吧。”然后边唱儿歌“小青蛙，呱呱呱，捉害虫，保庄稼，人人都要保护它”，边做动作 |

## 4. 20个月幼儿第80课训练

20个月幼儿第80课训练项目与方法如表3-80所示。

表3-80　20个月幼儿第80课训练项目与方法

| | |
|---|---|
| 项目一：音乐律动（同第77课训练项目一） | |
| 项目二：龟兔赛跑 | |
| 目的 | 锻炼幼儿能灵活运用听觉和运动能力，提高控制身体动作的能力，提升身体协调及控制方向的能力，加强动作计划，提高反应能力 |
| 方法 | 教师开场白："宝宝，小乌龟和小兔子赛跑，你们知道谁赢了吗？今天我们来玩一个龟兔赛跑的游戏。请小朋友看，这里有胡萝卜，今天我们分组进行，看看谁能够最先将胡萝卜送到篮筐里。送胡萝卜的过程中，会有小山坡、独木桥、山洞，宝宝要跨过山坡、走过独木桥，钻过山洞，才能送完胡萝卜哦，现在一起来玩吧！" |
| 项目三：颜色接龙穿纽扣 | |
| 目的 | 训练幼儿手眼的协调性，以及巩固对红黄颜色的认识；颜色接龙，属于形式排列，为幼儿将来学数学打基础 |
| 方法 | 教师开场白："宝宝，看这是什么呀？纽扣，是红色（再出示黄颜色的纽扣）这又是什么颜色的纽扣？黄色的。今天老师要把这些纽扣穿起来，先穿一个红色的，再穿一个黄色的，又穿一个红色的，再穿一个黄色的（教师示范将纽扣穿完）。宝宝看漂不漂亮呀？宝宝也来试试吧！" |
| 项目四：滚动大龙球 | |
| 目的 | 通过在大龙球滚动的压力下，可以强化各部位触觉和大脑的协调能力，更可以在不断转动中，锻炼身体从而建立较好的身体形象 |
| 方法 | 幼儿趴卧或仰躺地上，老师以大龙球放置在他身上，慢慢作前后左右的滚动，或在中间做轻轻压挤。对敏感度较强的孩子，压背部（趴卧）比压腹部（仰躺）容易接受些。可以尝试压压孩子足部，由于足部离大脑最远，按压足部有助于大脑和身体间的协调。上下、前后、左右滚压对孩子大脑、触觉和抗压能力有很大的帮助 |
| 项目五：阅读《不同的动物声》 | |
| 目的 | 让幼儿爱上阅读，看书了解不同的声音，模仿发声 |
| 方法 | 教师开场白："宝宝，老师今天又带来了一本好玩的书，这本书今天有不同的声音，宝宝来摸一摸试试，按哪里可以发声呢？现在我们来看看书里都有一些什么动物的声音呢？"然后引导幼儿自己探索按出声音，了解动物的声音 |
| 项目六：小汽车 | |
| 目的 | 培养孩子的节奏感和对儿歌的兴趣，提高幼儿认知能力及手指灵活性 |
| 方法 | 让幼儿坐在家长腿上，然后听儿歌，家长跟随儿歌的节奏膝盖起伏，让幼儿能够掌握儿歌的节奏。然后宝宝模拟方向盘，跟随儿歌开汽车，边开边唱儿歌"小汽车，嘀嘀嘀，开过来，开过去。小宝宝，当司机，送妈妈，上班去" |

# 九、21个月幼儿早期教育

## 1. 21个月幼儿第81课

21个月幼儿第81课训练项目与方法如表3-81所示。

表3-81　21个月幼儿第81课训练项目与方法

| 项目一：音乐律动《农场里的动物多》 | |
|---|---|
| 目的 | 锻炼幼儿音乐节奏感，愉悦幼儿的心情，模仿动物发声 |
| 方法 | 教师示范，听音乐节奏握住沙锤摇动，听到动物发声就停，嘴巴模仿动物的叫声。然后引导幼儿自己握住沙锤摇 |
| 项目二：送形状娃娃回家 | |
| 目的 | 锻炼幼儿能灵活运用听觉和运动能力，提高控制身体动作的能力，提升身体协调及控制方向的能力，加强动作计划，提高反应能力 |
| 方法 | 教师把彩虹接龙摆放好，然后出示分别贴有圆形、三角形的盒子，并对孩子说："宝宝们看这盒子上贴着什么形状呀？有圆形、三角形，老师把它们放在对面，老师这还有圆形、三角形的小积木，老师要把它们送回家，看看老师怎么送的。"教师示范拿好圆形的积木，翻爬过彩虹接龙，将圆形的积木放入贴有圆形的盒内，接着告诉孩子："宝宝们也来送形状娃娃回家吧！" |
| 项目三：舀乒乓球进杯子 | |
| 目的 | 训练幼儿手眼的协调性，以及手的精细动作能力 |
| 方法 | 教师开场白："宝宝，这里有一套杯子和勺子，它们可以用来做什么呢？杯子可以用来喝水，勺子可以用来吃饭。"再出示装满乒乓球的小篮子，"宝宝看这是什么呀？乒乓球。看看老师今天和乒乓球做什么游戏？"示范用勺子舀乒乓球进杯子里，"老师把乒乓球都舀进杯子里了，宝宝也来试试吧！" |
| **注意点** | **家长从旁协助，尽量让幼儿自己动手** |
| 项目四：俯卧大龙球 | |
| 目的 | 俯卧在大龙球上，强化幼儿前庭体系机能及颈部力量，调适重力感的强弱，这对触觉敏感或迟钝的孩子、多动症孩子帮助较大。自闭症儿童如能适应，在训练的中后期也可以加入此游戏 |
| 方法 | 让幼儿俯卧在大龙球上，头部抬高，视线向前方，教师由后方抓住他的双脚，配合大龙球的运动，前后拉动。注意不要太快，让幼儿自己努力去保持平衡，以免掉落下来 |
| **注意点** | **让幼儿学会用手、脚及头部的平衡来保护自己** |
| 项目五：美丽的花 | |
| 目的 | 发展幼儿的动手能力，训练幼儿手眼的协调性，初步感知美工活动的乐趣 |
| 方法 | 教师开场白："宝宝，看这是什么呀？对了，是花。可是花没有穿上漂亮的衣服，老师今天要给花穿上漂亮的衣服，看看老师怎么做。把彩色的皱纹纸搓一搓，搓成纸团（教师示范将皱纹纸搓成纸团），再贴上胶水，贴上去，做漂亮的花瓣（教师逐一搓纸团，粘满整幅画）。宝宝们看，花变漂亮了是吧？宝宝们也来试试好吗？" |
| 项目六：不倒翁 | |
| 目的 | 感受亲子游戏的快乐，提高幼儿空间感觉，培养勇敢精神 |
| 方法 | 成人盘腿坐，双手十指交叉，勾住双脚，幼儿坐于成人双腿之间，双臂放在成人腋下。成人随着儿歌节奏，做左右摇晃3次，然后抱着幼儿进行侧滚翻，左右各一圈 |

## 2. 21 个月幼儿第 82 课

21个月幼儿第82课训练项目与方法如表3-82所示。

表3–82　21个月幼儿第82课训练项目与方法

| 项目一：音乐律动（同第81课训练项目一） | |
|---|---|
| 项目二：踩石头过河 | |
| 目的 | 锻炼幼儿能灵活运用听觉和运动能力，提高控制身体动作的能力，增进身体协调及控制方向的能力，加强动作计划，提高走跑交替的反应能力 |
| 方法 | 用小椅子逐一排好成一字，小垫子也跟着排成一字，教师出示红、绿盒子，对孩子说："宝宝们看，老师这有什么颜色的盒子？红色、绿色。现在我们要把红色和绿色毛毛虫送回自己的家，看老师示范，先走过椅子桥，再踩过小圆石，把红毛毛虫放进红盒子里，绿色的放进绿盒子里，宝宝也来送毛毛虫回家好吗？" |
| 项目三：连接毛毛虫 | |
| 目的 | 训练幼儿手眼的协调性 |
| 方法 | 教师拿出毛毛虫玩具，说："宝宝们，看老师这有什么好玩的？是毛毛虫。老师要变变变，把毛毛虫变长，怎么变？要它们接在一起（教师示范一手拿一个毛毛虫，相互对准插进去）。宝宝们看毛毛虫变长了是不是？宝宝们也来试试吧。" |
| 项目四：骑大马 | |
| 目的 | 提高幼儿的社会交往能力，使其喜欢参与集体游戏；家长合作游戏，增进亲子间的感情；活动需要幼儿自己支撑身体，可训练平衡能力 |
| 方法 | 教师抱幼儿做示范，要求家长让幼儿面对面坐在自己的腿上，幼儿拉住家长的衣服，家长双手撑地做往后挪动的动作。分组进行比赛，教师做裁判，先到达终点者为胜 |
| 项目五：喂叮当猫吃面条 | |
| 目的 | 学习撕并且将撕下的纸巾贴到娃娃嘴巴上，发展幼儿的逻辑思维；培养幼儿的动手能力，初步感知美工活动的乐趣 |
| 方法 | 教师开场白："宝宝，看老师带来了叮当猫，叮当猫张大嘴巴，饿了要吃东西了，请宝宝用纸巾撕面条，然后贴在叮当猫的嘴巴上。" |
| 项目六：爸爸瞧，妈妈看 | |
| 目的 | 提高孩子的节奏感和对儿歌的兴趣，提高孩子认知能力及手指灵活性 |
| 方法 | 让幼儿坐好，边唱儿歌，边做动作：<br>爸爸瞧，妈妈看（双手握拳依次从身后伸出来打开）<br>宝宝的小手真好看（双手打开左右摇摆）<br>爸爸妈妈都来看（双手叉腰，头摇摆）<br>宝宝的小手看不见（双手向后藏）<br>爸爸瞧，妈妈看（双手握拳依次从身后伸出来打开）<br>宝宝的小手真好看（双手打开左右摇摆）<br>爸爸妈妈都来看（双手叉腰，头摇摆）<br>宝宝的小手又出现（双手握拳打开） |

### 3. 21个月幼儿第83课

21个月幼儿第83课训练项目与方法如表3-83所示。

表3-83　21个月幼儿第83课训练项目与方法

| | |
|---|---|
| 项目一：音乐律动（同第81课训练项目一） | |
| 项目二：红绿灯游戏 | |
| 目的 | 锻炼幼儿能灵活运用听觉和运动的能力，提高控制身体动作的能力，提升身体协调及控制方向的能力，加强动作计划，提高反应能力 |
| 方法 | 教师开场白："宝宝，今天我们要来玩红绿灯的游戏。"请幼儿站在黄线上，然后幼儿手拿一个方向盘，跟随老师口令绕同一方向开汽车。当教师出示红灯时，要求家长引导幼儿停下站好；出示绿灯时，要求家长引导幼儿绕黄线小跑步 |
| 项目三：切切看 | |
| 目的 | 训练幼儿手眼的协调性，学习使用"刀" |
| 方法 | 教师出示切切看的教具和多种蔬菜水果，对宝宝说："现在我们要来切开做美味的食物。"然后告诉宝宝："刀，应该这样抓握（教师示范），切面包，对准，切下去（教师示范逐一将面包切完）。"之后让幼儿持刀切面包，家长在一旁协助 |
| 项目四：坐坐大龙球 | |
| 目的 | 训练幼儿自控力，建立前庭感觉机能，发挥身体的自我保护功能，通过伸展和平衡练习，纠正幼儿的多动和不协调 |
| 方法 | 教师协助幼儿坐在大龙球上，然后虚托腋下，教师脚可适当稳定大龙球，语言引导幼儿自己利用屁股的力量作上下振动，也可做前后、左右摇晃。教师也可以用手握住孩子的双手或腰部，以协助孩子进行活动并保证其不从球上掉下来 |
| 项目五：给数字1、2夹夹子 | |
| 目的 | 巩固认识1、2，通过夹夹子培养幼儿的动手能力 |
| 方法 | 教师开场白："宝宝，这里有1、2数字卡片，今天老师要给数字宝宝夹夹子。"教师示范用三指捏起夹子把它打开，再合上，然后说："好，现在我们给1夹上夹子了，再来给2夹上夹子，装饰一下数字宝宝好吗？"最后引导幼儿自主完成 |
| 项目六：大木桶 | |
| 目的 | 培养孩子的节奏感和对儿歌的兴趣，提高孩子认知能力及手指灵活性 |
| 方法 | 教师开场白："宝宝，今天我们要做一个'大木桶'的手指游戏。"然后边唱儿歌"山上有个桶，桶上有个盖，盖上有个孔，让我往里看一看，里面躲着毛毛虫"，边做动作（手握拳头，然后另一只手盖上，手变空心拳，另一手食指伸进小手的洞洞里，变成毛毛虫） |

### 4. 21 个月幼儿第 84 课

21个月幼儿第84课训练项目与方法如表3-84所示。

表3-84　21个月幼儿第84课训练项目与方法

| 项目一：音乐律动（同第81课训练项目一） | |
|---|---|
| 项目二：过障碍给小鸭喂鱼 | |
| 目的 | 锻炼幼儿能灵活运用听觉和运动的能力，提高控制身体动作的能力，提升身体协调及控制方向的能力，加强动作计划，提高反应能力 |
| 方法 | 教师开场白："宝宝，老师今天带来了小鸭子，小鸭子饿了想吃鱼，你们可以给小鸭子送鱼吗？"然后示范学小鸭子走路，一摇一摆地走，跨过小河，走过独木桥，将小鱼送到鸭子身边。接下来引导幼儿自主完成。" |
| 项目三：百变雪花片 | |
| 目的 | 训练幼儿手眼的协调性 |
| 方法 | 教师开场白："宝宝们，这个玩具你们认识吗？这是雪花片（让宝宝观察雪花片）。我们要来插雪花片，变一个电话可以吗？还可以插雪花片变火车呢。现在请宝宝来插雪花片，我们看看变什么了？" |
| 项目四：滚雪球 | |
| 目的 | 在倾斜软垫上滚动，触觉、前庭感觉、固有感觉能同时得到刺激，进行感觉统合，对身体操作不佳、平衡失常的孩子帮助最大 |
| 方法 | 准备软积木，铺成约20度角倾斜，让幼儿躺在垫子上，顺着斜坡自己滚下来，教师注意观察孩子滚下时的姿势，和各部位身体协调的情形 |
| 项目五：贴小路 | |
| 目的 | 培养孩子的动手能力 |
| 方法 | 教师拿出小房子图片："宝宝看，这是小兔子的家，可是小兔子的家门口没有铺好路，我们把路铺好，让小兔子回家，好吗？看看老师是怎么铺的。"教师示范，撕下报纸，涂上胶水贴在图画上。接着，对孩子说："宝宝看，老师把路铺好，小兔子可以回家啦！"然后引导幼儿自主完成 |
| 项目六：炒菜 | |
| 目的 | 培养孩子的节奏感和对儿歌的兴趣，提高孩子认知能力及手指灵活性 |
| 方法 | 让宝宝坐好，跟着教师边唱儿歌"炒菜炒菜切切切，包饺子包饺子捏捏捏，揉面团揉面团揉揉揉，抖一抖面条做好了，给谁吃，给××吃"，边做手指游戏 |

# 十、22个月幼儿早期教育

## 1. 22个月幼儿第85课

22个月幼儿第85课训练项目与方法如表3-85所示。

表3-85 22个月幼儿第85课训练项目与方法

| | |
|---|---|
| 项目一：音乐律动《走路》 | |
| 目的 | 锻炼幼儿音乐节奏感，愉悦幼儿的心情，模仿动物走路 |
| 方法 | 教师示范，听音乐节奏跟着歌词做动作，模仿小动物走路 |
| 项目二：过障碍投小球入圆孔盒 | |
| 目的 | 锻炼幼儿能灵活运用听觉和运动的能力，提高控制身体动作的能力，提升身体协调及控制方向的能力，加强动作计划，提高反应能力 |
| 方法 | 教师拿出一个小球，吸引孩子们看，并说：“这是什么呀？小球。老师要把小球投到圆孔盒里面去。”接着示范钻过万象组合，把小球投入圆孔盒里，之后说：“宝宝也来试试好吗？”引导幼儿自主完成 |
| **注意点** | **安全引导幼儿半蹲钻过去** |
| 项目三：分类游戏 | |
| 目的 | 训练幼儿手眼的协调性；学习分类，知道相同的东西放在一起 |
| 方法 | 教师出示小铃铛、小豆子、小串珠，对宝宝说：“这是什么呀？对了，这是小铃铛、小豆子、小串珠。”老师出示三个小碗，然后把小铃铛放在第一个碗里，小豆子放在第二个碗里，小串球放在第三个碗里，把相同的物品放在同一个碗里，逐一分类放好三种物品，然后引导幼儿自己尝试分类 |
| 项目四：滚过来滚过去 | |
| 目的 | 让幼儿在滚动中，统合手、肘、肩、膝等固有感觉输入，刺激和调整前庭系统；头部的转动对眼肌的成熟也有帮助作用 |
| 方法 | 教师引导幼儿爬进滚筒中，请幼儿将手张开，贴住脸部，保护头部。老师轻轻转动滚筒，速度不宜过快，尽量和幼儿讲话，当幼儿有不舒服感觉时，立刻停止，协助幼儿出来 |
| 项目五：拼小熊卡片 | |
| 目的 | 发展幼儿的思维能力，知道局部与整体的关系 |
| 方法 | 教师开场白：“宝宝，老师今天带来了小熊。但是小熊被拆分得很零散，看看老师如何将小熊拼好呢？宝宝观察，图画上的小熊在做什么，现在请宝宝来将小熊拼完整好吗？”接下来引导幼儿自主完成 |
| 项目六：小老鼠上灯台 | |
| 目的 | 培养幼儿的节奏感和对儿歌的兴趣，提高幼儿认知能力及手指灵活性 |
| 方法 | 让幼儿坐好，跟着教师边唱儿歌，边做手指游戏：<br>小老鼠，上灯台（左手举起齐头，手掌向上代表灯台，右手食指、中指顺着左手臂快速爬向手掌）<br>偷油吃，下不来（手心向下，双手并拢，两拇指并拢稍向下，两食指并拢向前，中指、无名指、小拇指收向掌心，举起在自己嘴巴面前，表示老鼠的尖嘴巴，再慢慢转身，一点一点假装偷油）<br>喵喵喵，猫来了（双手在脸前打开，左右拉动，捋胡子）<br>叽里咕噜滚下来（右手食指和中指从头顶迅速打转向下作滚动状，转至手肘位置，再快速反转手掌向下用力拍在地上） |

## 2. 22个月幼儿第86课

22个月幼儿第86课训练项目与方法如表3-86所示。

表3-86 22个月幼儿第86课训练项目与方法

| 项目一：音乐律动（同第85课训练项目一） | |
|---|---|
| 项目二：送数字宝宝回家 | |
| 目的 | 锻炼幼儿能灵活运用听觉和运动的能力，提高控制身体动作的能力，提升身体协调及控制方向的能力，加强动作计划，提高反应能力 |
| 方法 | 教师拿出数字卡片，让幼儿认识数字，并将认识的数字卡片送到相应的盒子里，但是送入盒子时，需要幼儿钻圈并跳过小山坡 |
| **注意点** | **安全引导幼儿半蹲和跳** |
| 项目三：按图钉（太阳） | |
| 目的 | 训练幼儿手眼的协调性 |
| 方法 | 教师拿出彩色图钉，并对幼儿说：“这是什么呀？图钉。看看老师是怎样把图钉拿起来的。”教师示范捏起图钉，轻轻捏起来，不要碰到尖尖的钉，要注意安全，并把钉子按到圆垫上。随着幼儿能力越来越好，渐渐地可以按压出太阳图案 |
| 项目四：躺躺平衡台 | |
| 目的 | 幼儿横躺在平衡台上，左右交互倾斜，可以强化大脑和脑干的知觉机能，指挥肌肉用手脚的伸展来达成倾斜中的均衡 |
| 方法 | 让幼儿躺在平衡台上，注意手脚要能自然伸展。左右倾斜摇晃，要维持一定的韵律感，使重力感觉可以唤起脑的苏醒。速度加快时，要注意孩子姿势和表情的变化，让孩子分别在睁眼和闭眼时摇晃，并观察他们不同的反应，或者摇晃时做明显停顿，先倾向左，再倾向右，观察孩子倾向两侧时的不同反应 |
| 项目五：点连线（苹果） | |
| 目的 | 训练幼儿手部的控制能力，学习画线 |
| 方法 | 教师出示苹果图片，让幼儿数一数有多少个苹果，然后出示笔，用笔逐一把苹果连起来 |
| 项目六：手指歌 | |
| 目的 | 培养幼儿的节奏感和对儿歌的兴趣，提高孩子认知能力及手指灵活性 |
| 方法 | 让幼儿坐好，跟着教师边唱儿歌，边做手指游戏：<br>一个手指按电钮（左手手心向上，五指张开，右手食指在左手手心按四下）<br>两个手指拣豆豆（左手手心向上，五指张开，右手拇指和食指在左手指尖依次捏四下）<br>三个手指系扣扣（左右手大拇指、食指、中指对碰四下）<br>四个手指提兜兜（左右手大拇指相对，其余四指握拳向下，伸开握起四次）<br>五个手指握一起（左右手握成拳头）<br>握成拳头有力气（左右手握成拳头互碰四下） |

### 3. 22个月幼儿第87课

22个月幼儿第87课训练项目与方法如表3-87所示。

表3–87　22个月幼儿第87课训练项目与方法

| | |
|---|---|
| 项目一：音乐律动（同第85课训练项目一） | |
| 项目二：扑蝶游戏 | |
| 目的 | 锻炼幼儿能灵活运用听觉和运动的能力，提高控制身体动作的能力，提升身体协调及控制方向的能力，加强动作计划，提高反应能力 |
| 方法 | 教师拿出蝴蝶卡片，让幼儿认识蝴蝶，并模仿蝴蝶飞，然后让幼儿四散跑并说："好漂亮的蝴蝶，我们捉住它，好吗？" |
| 项目三：按图钉（蝴蝶） | |
| 目的 | 训练幼儿手眼的协调性 |
| 方法 | 教师拿出彩色图钉对幼儿说："这是什么呀？图钉。看看老师是怎样把图钉拿起来的。"教师示范捏起图钉，轻轻地捏起来，不要碰到尖尖的钉，要注意安全，并把钉子按到圆垫上。随着幼儿能力越来越好，渐渐地可以按压出蝴蝶图案 |
| 项目四：摇晃平衡台 | |
| 目的 | 幼儿坐在平衡台上，左右摇晃，由于坐姿的重心较高，可更好地刺激平衡器官，锻炼肌肉的张力 |
| 方法 | 由于重心较高，平衡感较不易掌握，因此必须提醒幼儿坐好，尝试运用可以自由移动的双手来保持平衡。教师要注意观察幼儿双手的姿势，以及头部倾斜的情形，了解幼儿在倾斜时如何去处理那种不安全感，可以让幼儿睁眼练习10分钟，再闭眼练习10分钟，去感觉两种不同的平衡感。视觉常会使前庭体系和固有体系的机能有完全不同的感觉反应 |
| 项目五：放彩色毛线入瓶 | |
| 目的 | 训练幼儿手眼的协调性，以及手部的控制能力 |
| 方法 | 教师出示彩色毛线，让幼儿看："这是什么呀？哦，对了，是毛线，彩色的。我们看有什么颜色呀？有红色的、黄色的、绿色的等。老师今天要和毛线来做游戏，然后，看看老师带来了什么（老师出示瓶子），老师把彩色的毛线放在瓶子里面，一根一根对准瓶口放进去，小瓶子变漂亮了，是不是呀？一会儿宝宝来试一试好吗？" |
| 项目六：金锅盖 | |
| 目的 | 培养幼儿的节奏感和对儿歌的兴趣，提高幼儿认知能力及手指灵活性 |
| 方法 | 让幼儿坐好，跟着教师边唱儿歌"金锅盖，银锅盖，抓到哪个不要怪"，边做手指游戏（一人伸出一只手，手心向下成伞状，另一人伸出食指顶着伞心，儿歌唱完时，快速握紧拳头，而另一人要快速拿开手指，也可交换角色玩） |

### 4. 22个月幼儿第88课

22个月幼儿第88课训练项目与方法如表3-88所示。

表3-88　22个月幼儿第88课训练项目与方法

| | |
|---|---|
| 项目一：音乐律动（同第85课训练项目一） | |
| 项目二：荷花游戏 | |
| 目的 | 锻炼幼儿能灵活运用听觉和运动的能力，提高控制身体动作的能力，提升身体协调及控制方向的能力，加强动作计划，提高反应能力 |
| 方法 | 让幼儿坐在彩虹伞中间，教师和家长握住彩虹伞的边，然后听老师口令：<br>荷花荷花关（家长往里走，关闭彩虹伞）<br>荷花荷花开（家长往外走）<br>荷花转转转（幼儿坐在中间，家长把伞抬起离地，顺时针旋转，逆时针旋转，托着彩虹伞往前走） |
| 项目三：按颜色串珠 | |
| 目的 | 训练幼儿手眼的协调性；学习分类，知道相同的物品放在一起 |
| 方法 | 教师出示红色的绳子和绿色的绳子，对幼儿说："这是什么颜色的绳子啊？红色的，绿色的。"教师再出示红串珠和绿串珠，对幼儿说："宝宝看老师有什么颜色的串珠？红色的，绿色的。现在老师把红色的串珠放在红色绳子的旁边，绿色的串珠放在绿色绳子的旁边。"同时，教师示范将串珠穿在相应颜色的绳子上，然后引导幼儿自己动手完成 |
| 项目四：坐旋转大陀螺 | |
| 目的 | 转动陀螺，让幼儿自由接收信息的刺激，对前庭感觉的输入和调整帮助很大，有助于平衡和姿势的健全发展 |
| 方法 | 幼儿坐在陀螺转盘中，教师在外帮助旋转，速度约每2秒钟回转一次。不宜旋转太快，并注意幼儿的反应。回转后完全不眩晕，或眼震持续时间很短，甚至完全没有的，表示前庭体系发育良好。熟练后，可由幼儿自己摇晃 |
| 项目五：给小鱼点眼睛 | |
| 目的 | 让幼儿喜欢和成人一起画画，体验集体活动的愉快，引导幼儿用棉签点画，训练手眼协调能力 |
| 方法 | 教师出示没眼睛的小鱼，引导幼儿观察，提问："这只小鱼没有什么？小鱼没了它就没有办法回家了。"老师说明绘画目的后，接着说："宝宝，看小鱼没了眼睛多着急呀，我们来给它画上眼睛吧。先看看老师是怎么画的。"请幼儿和家长一起画，让家长握住幼儿的手，教幼儿画，告诉他眼睛是黑色的 |
| 项目六：造房子 | |
| 目的 | 培养幼儿的节奏感和对儿歌的兴趣，提高孩子认知能力及手指灵活性 |
| 方法 | 让幼儿坐好，跟着教师边唱儿歌，边做手指游戏：<br>小兔子（两手伸出食指和中指，做小兔的耳子）<br>拿锤子（两手握拳头，左右摇晃）<br>叮叮叮（右手放在左手上做敲击的动作）<br>造房子（两手做房子的造型放于头上） |

## 十一、23个月幼儿早期教育

### 1. 23个月幼儿第89课

23个月幼儿第89课训练项目与方法如表3-89所示。

表3-89 23个月幼儿第89课训练项目与方法

| 项目一：音乐律动《踢踏舞》 | |
|---|---|
| 目的 | 锻炼幼儿音乐节奏感，愉悦幼儿的心情，跟着音乐动脚 |
| 方法 | 教师开场白："宝宝们，今天我们要来跳一段舞，这个舞叫做踢踏舞，需要脚脚动起来，让老师看看你们的小脚好吗？跟着音乐做单脚踏步、双脚交替踏步、脚尖踢、脚跟踩踩脚。"老师示范，并引导幼儿自主完成 |
| 项目二：采蘑菇 | |
| 目的 | 锻炼幼儿能灵活运用听觉和运动的能力，提高控制身体动作的能力，提升身体协调及控制方向的能力，加强动作计划，提高反应能力 |
| 方法 | 教师开场白："今天老师带来了小蘑菇，宝宝们看看小蘑菇可爱吗？现在老师给每个宝宝发一个小篮子，然后我们去采蘑菇好吗？小蘑菇在山的对面，我们要爬过高山，跨过小路才能采到蘑菇哦（老师示范），现在宝宝们来玩吧！" |
| 项目三：卖豆豆 | |
| 目的 | 训练宝宝手眼的协调性，知道多和少的区别，发展直觉行动思维 |
| 方法 | 教师将豆豆放在桌上，告诉幼儿这是豆豆。然后教师用碗舀满一碗豆豆，告诉幼儿有许多豆豆；再用碗舀一点豆豆，告诉幼儿豆豆很少。引导幼儿模仿，玩卖豆豆的游戏。教师分发给幼儿若干豆豆和一个碗，请幼儿当售货员，家长当顾客买豆豆。家长引导幼儿说出多、少 |
| 项目四：趴趴旋转大陀螺 | |
| 目的 | 俯趴动作可以使身体的肌肉受到较强烈的刺激，强化身体形象概念；前庭感觉输入较多，可以促使大脑的苏醒 |
| 方法 | 让幼儿可以趴卧或半跪在陀螺中，由教师在旁边帮他旋转。旋转速度可以由慢逐步加快，但时间不宜连续太长，中间最好有中断休息。让孩子张开眼睛，手脚紧抓住陀螺或陀螺边缘，身体不要屈曲，否则转动时很容易掉下来。可以让幼儿尝试以腹部为重心，双手平伸作飞机飞翔状，这时候平衡能力不宜把持，成人最好不要太用力或只做轻微旋转 |
| 项目五：小兔吃草 | |
| 目的 | 让幼儿喜欢和成人一起完成美工活动，体验集体活动的愉快，学习粘贴的方法，训练手眼协调能力 |
| 方法 | 教师开场白："小宝宝，我说一个谜语，你们猜猜看是什么小动物？有种动物爱吃草，耳朵长来尾巴小，走起路来蹦又跳。"出示谜底，教师说："这里都是绿绿的青草，小兔子来吃草，谁帮我把小兔子贴上去？"请幼儿把它们都贴到草地上，让小兔子吃个饱，要让幼儿自主操作 |
| 项目六：两个好朋友 | |
| 目的 | 培养幼儿的节奏感和对儿歌的兴趣，提高孩子认知能力及手指灵活性 |
| 方法 | 让幼儿坐好，跟着教师边唱儿歌，边做手指游戏：<br>两个好朋友（双手握拳，伸出食指）<br>出来走一走（一个食指在另一个食指上，交替进行）<br>见面点点头（两个食指相对弯一弯）<br>再来握握手（两个食指拉拉勾） |

## 2. 23 个月幼儿第 90 课

23个月幼儿第90课训练项目与方法如表3-90所示。

表3-90　23个月幼儿第90课训练项目与方法

| 项目一：音乐律动（同第89课训练项目一） | |
|---|---|
| 项目二：晒手帕 | |
| 目的 | 锻炼幼儿能灵活运用听觉和运动的能力，提高控制身体动作的能力，提升身体协调及控制方向的能力，加强动作计划，提高反应能力 |
| 方法 | 教师开场白："今天，老师带来了小手帕，但是小手帕弄脏了，我们要洗一洗，宝宝能帮老师洗洗吗？我们现在来搓一搓、揉一揉小手帕，小手帕洗干净了，我们要晾起来，但是晾衣绳在对面，我们要跳过障碍物才能去晾衣服，现在宝宝来试试吧？跳过去以后，自己用夹子夹住手帕。" |
| 项目三：毛毛虫回家 | |
| 目的 | 训练幼儿手眼的协调性 |
| 方法 | 教师出示彩色毛毛虫，分别说出红色的、黄色的、蓝色的毛毛虫，然后分别把三种颜色的毛毛虫放入三个篮子里，再把相同颜色的放在一起。然后请幼儿也将不同颜色的毛毛虫放入三个篮筐里，把相同颜色的放在一起，送毛毛虫回家 |
| 项目四：滚动旋转筒 | |
| 目的 | 在旋转筒中转圈，可以同时增强固有平衡和触觉刺激，激发强化孩子的身体形象概念 |
| 方法 | 将彩虹筒立放，幼儿可将身体由脚进入桶内，至全身站在筒内，教师帮忙做彩虹筒旋转及前后、左右摇晃，让幼儿在筒内感受平衡。教师协助幼儿站在横放的旋转筒上，让身体保持平衡，或趴在筒上，颈部抬高，双腿向后抬高，教师顺着筒前后晃动，前后拉动幼儿大腿晃动 |
| 项目五：做比萨 | |
| 目的 | 训练幼儿手部的控制能力，学习用橡皮泥做不同形状的东西，初步使用工具 |
| 方法 | 教师出示橡皮泥，让幼儿认识红色和黄色，然后将橡皮泥搓一搓，搓一个小汤圆放入做比萨的模型玩具里，学习按、压，做好比萨并装盘，分享给家人"吃" |
| 项目六：找朋友 | |
| 目的 | 培养幼儿的节奏感和对儿歌的兴趣，提高幼儿认知能力及手指灵活性 |
| 方法 | 让幼儿坐好，跟着教师边唱儿歌，边做手指游戏：<br>十个好朋友（两手手心相对十厘米，五指张开指尖向上直立）<br>见面手拉手（两手指尖相碰）<br>一起行个礼（两手五指交叉，指尖向下）<br>背后找朋友（两手手背对手背互相勾手指） |

### 3. 23个月幼儿第91课

23个月幼儿第91课训练项目与方法如表3-91所示。

表3-91 23个月幼儿第91课训练项目与方法

| | |
|---|---|
| 项目一：音乐律动（同第89课训练项目一） | |
| 项目二：大象运木头 | |
| 目的 | 锻炼幼儿能灵活运用听觉和运动的能力，提高控制身体动作的能力，提升身体协调及控制方向的能力，练习大象走、带物走的稳定性和协调性 |
| 方法 | 教师开场白："宝宝们，你们见过大象吗？看看这个长长的鼻子、大大耳朵的是谁呀？对这就是大象。大象力气很大很大，会运送木头，你们今天要不要学学大象的本领呢？首先我们要到对面去取木头，你们看我是怎样过去的（教师示范钻山洞然后跳过小沟，拿到木头原路返回）宝宝们也来运木头吧？"然后引导幼儿自主完成 |
| 项目三：玩米 | |
| 目的 | 训练幼儿手眼的协调性 |
| 方法 | 教师开场白："宝宝们，你们认识这个是什么吗？米粒，每天都有吃米饭对吧？米是一粒一粒的。今天我们要玩米（示范拿好勺子端好碗，把米对准漏斗放进去）。看米是不是下去啦。现在宝宝来舀米放进去。" |
| **注意点** | **让幼儿来感受米是一粒粒的，并告诉幼儿要爱惜粮食** |
| 项目四：摇篮摇摇 | |
| 目的 | 躺在摇篮里摇晃对幼儿前庭感觉输入帮助很大，并可以缓解肌肉的过度紧张 |
| 方法 | 让幼儿躺在摇篮里，进行顺时针或逆时针360度大旋转，让幼儿闭上眼睛来感受其平衡。注意观察幼儿仰躺时，手脚伸展情形是否自然，请幼儿尽量放松。教师可以指定一特殊目标，让幼儿在仰躺摇动时注视目标物，强化幼儿对眼睛的控制，对视觉稳定有很大帮助 |
| **注意点** | **需控制速度** |
| 项目五：捏饺子 | |
| 目的 | 让幼儿学会捏的动作，以及学会关心他人 |
| 方法 | 教师开场白："宝宝们，你们知道我们过年的时候妈妈要给我们包什么吃吗？对了，是饺子，今天我们也要来包饺子给妈妈和小朋友吃，好吗？"教师示范操作，家长和幼儿一起来包饺子，包好了以后送给其他的宝宝尝一尝 |
| 项目六：小花炮 | |
| 目的 | 培养幼儿的节奏感和对儿歌的兴趣，提高幼儿认知能力及手指灵活性 |
| 方法 | 让幼儿坐好，跟着教师边唱儿歌，边做手指游戏：<br>我是一只小花炮（双手举在头顶，指尖相对）<br>穿红衣，戴红帽（双手交替在胸前转动手腕）<br>一点着（右手伸直，食指向前点）<br>噼里啪啦，噼里啪啦（双手在头顶打开）<br>又唱又跳（双脚即兴跳） |

### 4. 23个月幼儿第92课

23个月幼儿第92课训练项目与方法如表3-92所示。

表3-92 23个月幼儿第92课训练项目与方法

| 项目一：音乐律动（同第89课训练项目一） | |
|---|---|
| 项目二：小蚂蚁送食物 | |
| 目的 | 锻炼幼儿能灵活运用听觉和运动的能力，提高控制身体动作的能力，提升身体协调及控制方向的能力，练习带物走的稳定性和协调性 |
| 方法 | 教师开场白："宝宝，今天我们要学习小蚂蚁送食物，请宝宝看老师示范（示范我们要跳过障碍物，爬过彩虹隧道，然后将食物送到篮筐里）。现在，请宝宝来玩吧。" |
| 项目三：勺子舀颜色片 | |
| 目的 | 训练幼儿手眼的协调性，提高幼儿使用勺子的能力 |
| 方法 | 教师开场白："宝宝，这是什么呀？对了，是勺子，勺子可用来干什么呀？可以用来吃饭。今天老师要拿勺子来舀颜色片（教师出示小碗装的颜色片，然后示范用勺子舀颜色片到另一个碗里），一会宝宝也来试试，好吗？" |
| 项目四：跳床跳跳跳 | |
| 目的 | 强化前庭刺激，抑制过敏的信息，矫治重力不安和运动企划不足的问题 |
| 方法 | 教师可背着幼儿，一起在跳床上跳跃，减少幼儿的恐惧，然后练习跳跃时，可做90度回转和180度回转。教师带动幼儿的身体往上弹跃，如果幼儿无法自己跳起，可以扶着腋下帮助，直到幼儿逐渐学会自己跳 |
| 项目五：手帕变变变 | |
| 目的 | 通过玩手帕，让幼儿感知图形变化的过程，学习形状，练习手的动作 |
| 方法 | 教师举起手帕对宝宝说："宝宝们，这是什么？（教师出示手帕）看看，手帕上有什么？"让幼儿观察各自的手帕，并回答问题。然后教师问："宝宝们，手帕是什么形状的？"幼儿若说不出，老师告诉："手帕是正方形的。看好了，老师让正方形的手帕变、变，变成了长方形。再看，又变了，变、变，变成了三角形。"接下来引导幼儿来变一变 |
| 项目六：小象 | |
| 目的 | 培养幼儿的节奏感和对儿歌的兴趣，提高幼儿认知能力及手指灵活性 |
| 方法 | 让幼儿坐好，跟着教师边唱儿歌，边做手指游戏：<br>两只小象河边走（大拇指立起来，其余四指握拳指关节相对，大拇指前后交替晃动四次）<br>扬起鼻子点点头（大拇指相对点头四次）<br>就像一对好朋友（双手大拇指立起来，其余四指握拳，拳心相对）<br>见面握握手（十指交叉握手） |

## 十二、24个月幼儿早期教育

### 1. 24个月幼儿第93课

24个月幼儿第93课训练项目与方法如表3-93所示。

表3-93 24个月幼儿第93课训练项目与方法

| 项目一：音乐律动拔《太阳眯眯笑》 | |
|---|---|
| 目的 | 锻炼幼儿音乐节奏感，愉悦幼儿的心情，跟着音乐做律动 |
| 方法 | 教师开场白："宝宝，今天我们要来跳《太阳眯眯笑》的音乐游戏，请宝宝跟着老师一起来做动作。"然后教师引导幼儿跟着音乐节奏做动作 |
| 项目二：拔萝卜 | |
| 目的 | 锻炼幼儿能灵活运用听觉和运动的能力，提高控制身体动作的能力，提升身体协调及控制方向的能力，学会走和跳的动作，发展身体的平衡感 |
| 方法 | 教师开场白："宝宝，老爷爷种了一棵萝卜，但是萝卜太大，拔不出来，我们今天到老爷爷家帮忙拔萝卜好吗？去老爷爷家，要走小路，跟着老师绕8字走，然后跳过障碍物，到老爷爷家拔萝卜吧。现在宝宝来试试，自己走到老爷爷家。" |
| 项目三：认识1和许多 | |
| 目的 | 认识1和许多，并区别1与许多，同时锻炼拇指和食指的精细动作能力 |
| 方法 | 教师开场白："宝宝，老师今天带来了好吃的葡萄干，宝宝不能吃哦，当心噎着。这个葡萄干我们今天拿来卖，宝宝做小小售货员，妈妈来买东西，请宝宝卖1颗葡萄干，或者许多葡萄干给妈妈，并把葡萄干装进瓶子里并盖瓶盖。" |
| 项目四：小袋鼠跳跳跳 | |
| 目的 | 从跳跃动作中，强化前庭刺激，抑制过敏的信息，矫治重力不安和运动企划不足的问题 |
| 方法 | 教师引导幼儿将身体由脚进入跳袋中，站在袋内，双手拉住袋子周围，让幼儿在袋中自行跳动，然后让幼儿闭起眼睛来感受其身体的空间感觉，要求由起跑线跳跃到标旗处再转回来，又跳回起跑线 |
| 项目五：树叶 | |
| 目的 | 练习涂色，进一步巩固幼儿对涂色方面的掌握，学习在指定的范围内涂颜色 |
| 方法 | 教师开场白："宝宝们，看这是什么？对了这是树叶。树叶是什么颜色呢？今天我们要给树叶涂颜色，请宝宝拿出树叶的颜色'绿色'给树叶涂色，注意不要涂到树叶外面了，只能在树叶里面涂颜色。" |
| 项目六：喇叭花 | |
| 目的 | 培养幼儿的节奏感和对儿歌的兴趣，提高幼儿认知能力及手指灵活性 |
| 方法 | 让幼儿坐好，跟着教师边唱儿歌，边做手指游戏：<br>爬呀爬，爬呀爬（从右手开始四指卷曲上去，然后四指伸展开）<br>爬到墙上找到家（左右手交替做）<br>开出一朵喇叭花（手腕靠拢，做出一朵花的造型）<br>嘀嘀嗒嗒吹喇叭（左右手一前一后，做捏指的动作） |

## 2. 24 个月幼儿第 94 课

24个月幼儿第94课训练项目与方法如表3-94所示。

表3-94　24个月幼儿第94课训练项目与方法

| 项目一：音乐律动（同第93课训练项目一） | |
|---|---|
| 项目二：过铁索桥 | |
| 目的 | 锻炼幼儿能灵活运用听觉和运动的能力、提高控制身体动作的能力，提升身体协调及控制方向的能力，练习两手各扶缆绳，大胆地在凳子上走 |
| 方法 | 教师开场白："宝宝，这里有一座桥（用凳子模拟），现在我们要扶着绳子，然后跨过每一座桥墩，慢慢往前走，最后从桥墩上跳下，看看宝宝是否能够勇敢地过铁索桥呢？（示范一遍动作）宝宝来试试吧？" |
| 项目三：夹蜜蜂一 | |
| 目的 | 锻炼幼儿使用夹子的能力，提升手眼协调性 |
| 方法 | 教师开场白："老师今天带来了小蜜蜂（教具），小蜜蜂很想出来看看，请宝宝用夹子把小蜜蜂夹出来，让小蜜蜂看看外面的世界吧，看老师示范，宝宝来试试。" |
| 项目四：圆盘旋转游戏 | |
| 目的 | 强化幼儿前庭刺激，提高幼儿眼球控制以及平衡反应的能力 |
| 方法 | 先让幼儿自己坐在旋转盘上，做左右前后转动，教师在旁边帮他做旋转。再让幼儿跪坐或站立在旋转盘上，教师在外面帮他做左右摇晃或旋转的动作。要注意幼儿平衡感保持得如何，避免幼儿跌落到盘外时头部和身体的撞击 |
| **注意点** | **观察幼儿在旋转时的肌肉紧张反应和姿势变化** |
| 项目五：小鸭游泳 | |
| 目的 | 让幼儿初步学习波浪线的画法，提高幼儿握笔能力 |
| 方法 | 教师开场白："宝宝，看这是什么？小鸭子。小鸭子有个本领是游泳，宝宝现在来带着鸭子游泳好吗？游泳动作怎么做的？划呀划呀。鸭子游泳没有水，现在我们来帮鸭子画水波，看看老师示范。"然后引导幼儿自主完成动作 |
| 项目六：瓜瓜花 | |
| 目的 | 培养幼儿的节奏感和对儿歌的兴趣，提高幼儿认知能力及手指灵活性 |
| 方法 | 让幼儿坐好，跟着教师边唱儿歌，边做手指游戏：<br>西瓜圆（空比大西瓜）<br>南瓜扁（双手比画扁的南瓜）<br>黄瓜长（双手合拢）<br>丝瓜尖（合拢后往回收）<br>冬瓜有花头上开（头顶上开花）<br>不做傻瓜我最乖（双手伸直，手心向外交叉摆两下，双手握拳并伸出大拇指） |

### 3. 24 个月幼儿第 95 课

24个月幼儿第95课训练项目与方法如表3-95所示。

表3–95　24个月幼儿第95课训练项目与方法

| 项目一：音乐律动（同第93课训练项目一） | |
|---|---|
| 项目二：摘苹果二 | |
| 目的 | 锻炼幼儿能灵活运用听觉和运动的能力，提高控制身体动作的能力，提升身体协调及控制方向的能力，训练幼儿身体的灵活性以及手眼的协调性 |
| 方法 | 教师开场白："宝宝，今天我们要去摘苹果，你们看我是怎样摘苹果的？我们要从小桥上走过，然后跳起来摘苹果，老师请宝宝们来摘苹果。" |
| 项目三：夹蜜蜂二 | |
| 目的 | 锻炼幼儿使用夹子的能力，提高手眼协调性，强化颜色认知 |
| 方法 | 教师开场白："上次我们夹小蜜蜂，今天我们要继续来夹蜜蜂。注意今天要听老师口令夹，按照颜色来夹，看老师示范，宝宝来试试。"刚开始时家长可以握住幼儿手完成，等幼儿熟练后让其独自完成 |
| 项目四：大象爬 | |
| 目的 | 利用手脚的交互移动，协助身体平衡能力的发展，并提升运动企划的能力 |
| 方法 | 先将手脚模印，依照手形在外线，脚形在内线方式排列。幼儿趴下身体提起，屁股抬高，配合手脚模印移动其身体。随着宝宝能力提高，可以改变手脚模印放置的位置，让幼儿依新的方法来做游戏 |
| 项目五：点连线（气球） | |
| 目的 | 让幼儿初步学会握笔来连线，训练手眼的协调感 |
| 方法 | 教师开场白："宝宝，看老师这个图片上有什么？对了，有许多的点，老师要把这些点一一连起来，你们看老师连起来变成了一个气球，请宝宝来模仿老师把这些点连起来。" |
| 项目六：秋风来 | |
| 目的 | 培养幼儿的节奏感和对儿歌的兴趣，提高幼儿认知能力及手指灵活性 |
| 方法 | 让幼儿坐好跟着教师边唱儿歌，边做手指游戏：<br>秋风秋风吹吹（双手手心相对手指向上，右手在上，左手在下，随节奏弯曲手指）<br>树叶树叶飞飞（双手在身体右斜上方，手心手背手腕花）<br>好像一只蝴蝶（双手食指与拇指相对，其余三个手指竖起，双手拇指相碰）<br>飞到空中追追（其余四指分开扇动） |

## 4. 24 个月幼儿第 96 课

24个月幼儿第96课训练项目与方法如表3-96所示。

表3-96　24个月幼儿第96课训练项目与方法

| | |
|---|---|
| 项目一：音乐律动（同第93课训练项目一） | |
| 项目二：推车运球 | |
| 目的 | 锻炼幼儿能灵活运用听觉和运动的能力，提高控制身体动作的能力，提升身体协调及控制方向的能力，增加亲子的感情 |
| 方法 | 教师开场白："宝宝，今天老师带来了一辆独轮小车，需要宝宝推着独轮小车，然后运小球。请宝宝看老师操作（示范将小球放入推车，然后按照S形路线推车，将球送到篮筐里）。现在宝宝来运球吧"，家长可协助幼儿来完成 |
| 项目三：记忆棋 | |
| 目的 | 锻炼幼儿记忆力、认知能力和精细动作能力，促进幼儿逻辑思维及专注力的发展 |
| 方法 | 教师开场白："宝宝，老师带来了记忆棋。今天我们要玩记忆棋，看看宝宝能不能拿起棋子然后记住棋子下面是什么图案，宝宝来试试吧！" |
| **注意点** | **刚开始找熟悉的图片来记** |
| 项目四：滑车板游戏 | |
| 目的 | 俯卧在滑车上做各种动作，滑车前进或后退时，手脚屈伸动作会抑制原始反射，促进双侧统合，强化固有前庭感觉系统 |
| 方法 | 先让幼儿俯卧在滑板车上，头颈抬高，挺胸，身躯紧靠滑板，以腹部为中心，双手双脚提高，如同飞机起飞状，这是静态的滑板姿势。放下双手，以双手滑动慢慢往前移动，称为乌龟爬行。注意头部抬高，行进时可改变方向或后退，并可作360度的回转 |
| **注意点** | **需观察幼儿身体反应** |
| 项目五：贴项链 | |
| 目的 | 培养幼儿对手工作品的兴趣，训练其手眼的协调感 |
| 方法 | 教师开场白："宝宝们，看老师带来了什么？这个是彩色的小纸条。今天我们要用皱纹纸撕一条条的纸条，然后搓一搓圆球球，然后用固体胶粘贴，沿线粘贴一个圆形，做一条项链（示范一遍做法）。现在宝宝来试试吧。" |
| 项目六：四季歌 | |
| 目的 | 培养幼儿的节奏感和对儿歌的兴趣，提高幼儿认知能力及手指灵活性 |
| 方法 | 让幼儿坐好，跟着教师边唱儿歌，边做手指游戏：<br>春天草出头（双手握拳掌心相对，五指依次打开并立起）<br>夏天树盖头（左手五指并拢立起来，右手五指张开盖在左手上，成大树状）<br>秋天麦浪随风摆（左右手前后交叉，做麦浪摆动四次）<br>冬天大雪盖地头（左右手以大拇指交叉为轴，上下交替盖手背四次） |

# 第三节

# 2 ～ 3 岁幼儿早期教育

## 一、25 个月幼儿早期教育

### 1. 25 个月幼儿第 1 周课

25个月幼儿第1周课训练项目与方法如表3-97所示。

表3-97　25个月幼儿第1周课训练项目与方法

| 项目一：音乐活动《小喇叭》 | |
|---|---|
| 目的 | 提高孩子的音乐节奏感，激发孩子参与活动的兴趣 |
| 方法 | （1）教师介绍乐器——喇叭以及它的使用方法<br>（2）教师给每个孩子发放喇叭<br>（3）教师与孩子一起吹喇叭并吹出节奏<br>（4）教师带领孩子一起演示；鼓励表现优异的孩子，对害羞的孩子更要多给予鼓励 |
| 项目二：瓢虫拼图 | |
| 目的 | 提高孩子的右脑图像思考能力，训练左脑融合逻辑思维等 |
| 方法 | （1）出示瓢虫字卡及瓢虫拼图教具<br>（2）教师讲解瓢虫的身体构造，演示瓢虫拼图的操作步骤<br>（3）引导孩子去玩具架子自取教具，指导孩子操作 |
| 项目三：微笑迷宫一 | |
| 目的 | 有助于提高孩子逻辑思维能力、推理能力、记忆能力，并培养孩子的耐心 |
| 方法 | （1）教师出示迷宫纸张，引导孩子观察迷宫纸张上的图画<br>（2）教师讲解走迷宫的方法（起点—终点），并进行演示，提示不能超过或撞到线条外面<br>（3）指导孩子操作，并给予小奖励 |

续表

| 项目四：数字串珠 | |
|---|---|
| 目的 | 认知数字0～10 |
| 方法 | （1）教师出示数字卡片0～10，带领孩子认识、朗读这些数字<br>（2）在认识数字卡片后，教师可以出示数字串珠，然后让孩子来配对，分别将数字串珠放在相对应的数字卡片上<br>（3）指导孩子操作 |
| 项目五：海洋动物影子 | |
| 目的 | 提高孩子的思考、观察、判断能力 |
| 方法 | （1）出示9种海洋动物彩色卡片，引导孩子说出海洋动物名称<br>（2）在孩子认识海洋动物的基础上出示黑白色海洋动物影子卡片，让孩子进行观察、对比、配对，寻找相对应的小动物<br>（3）指导孩子操作 |
| 项目六：软绳水果穿珠 | |
| 目的 | 提高孩子手指灵活性、手眼协调性，培养孩子的耐心 |
| 方法 | （1）教师出示教具，指引孩子如何使用绳子，引导孩子观察水果珠子，并示范如何用一只手的三指（拇指、食指、中指）捏住绳子后对准水果珠子的中心穿进去，另一手取出穿过来的绳子<br>（2）指引孩子取教具，进行软绳穿珠指导 |

### 2. 25个月幼儿第2周课

25个月幼儿第2周课训练项目与方法如表3-98所示。

表3-98　25个月幼儿第2周课训练项目与方法

| 项目一：音乐活动《小雨沙沙》 | |
|---|---|
| 目的 | 提高孩子的音乐节奏感，激发孩子参与活动的兴趣 |
| 方法 | （1）教师介绍乐器——沙锤以及它的使用方法<br>（2）教师给每个孩子发放沙锤<br>（3）教师朗诵歌词：小雨沙沙沙沙，种子种子在说话……<br>（4）教师带领孩子一起演示；鼓励表现优异的孩子，对害羞的孩子更要多给予鼓励 |

续表

| 项目二：蜻蜓拼图 | |
|---|---|
| 目的 | 提高孩子的右脑图像思考能力，训练左脑融合逻辑思维等 |
| 方法 | （1）出示蜻蜓字卡及蜻蜓拼图教具<br>（2）教师讲解蜻蜓的身体构造，演示蜻蜓拼图的操作步骤<br>（3）引导孩子去玩具架子自取教具，指导孩子操作 |
| 项目三：微笑迷宫二 | |
| 目的 | 有助于提高孩子的逻辑思维能力、推理能力、记忆能力，并培养孩子的耐心 |
| 方法 | （1）教师出示迷宫纸张，引导孩子观察迷宫纸张上的图画<br>（2）教师讲解走迷宫的方法（起点—终点），并进行演示，提示不能超过或撞到线条外面<br>（3）指导孩子操作，并给予小奖励 |
| 项目四：数量关系1～5 | |
| 目的 | 认知数字1～5，感知数与量的关系 |
| 方法 | （1）教师出示数字卡片1～5，带领孩子认识、朗读这些数字<br>（2）在认识数字卡片后，教师可以出示水果卡片，然后让孩子来配对，分别将水果卡片放在相对应的数字卡片上<br>（3）教师指导孩子操作 |
| 项目五：交通工具影子 | |
| 目的 | 提高孩子的思考、观察、判断能力 |
| 方法 | （1）出示9种交通工具彩色卡片，引导孩子说出交通工具的名称<br>（2）在孩子认识交通工具的基础上出示黑白色交通工具影子的卡片，让孩子进行观察、对比、配对，寻找相对应的交通工具<br>（3）教师指导孩子操作 |
| 项目六：插蘑菇钉 | |
| 目的 | 提高孩子的手指灵活性及创造力 |
| 方法 | （1）教师出示小蘑菇教具，并进行初步的颜色分类，然后出示白色洞穴板，示范如何将小蘑菇插在洞穴板上，可以示范如何用小蘑菇组合出小汽车、房子、船等不同造型<br>（2）指引孩子取教具，进行操作指导，并给予语言开拓性思维提示 |

### 3. 25个月幼儿第3周课

25个月幼儿第3周课训练项目与方法如表3-99所示。

表3-99 25个月幼儿第3周课训练项目与方法

| 项目一：音乐活动《跳起来》 | |
|---|---|
| 目的 | 提高孩子的音乐节奏感，激发孩子参与活动的兴趣 |
| 方法 | （1）教师示范双脚跳跃动作，出示小圆圈示范从外向内跳跃<br>（2）教师给每个孩子发放小呼啦圈<br>（3）教师朗诵歌词：跳起来，跳起来，高高兴兴跳起来……<br>（4）教师带领孩子一起演示；鼓励表现优异的孩子，对害羞的孩子更要多给予鼓励 |
| 项目二：小鸟拼图 | |
| 目的 | 提高孩子的右脑图像思考能力，训练左脑融合逻辑思维等 |
| 方法 | （1）出示小鸟字卡及小鸟拼图教具<br>（2）教师讲解小鸟的身体构造，演示小鸟拼图的操作步骤<br>（3）引导孩子去玩具架子自取教具，指导孩子操作 |
| 项目三：微笑迷宫三 | |
| 目的 | 有助于提高孩子的逻辑思维能力、推理能力、记忆能力，并培养孩子的耐心 |
| 方法 | （1）教师出示迷宫纸张，引导孩子观察迷宫纸张上的图画<br>（2）教师讲解走迷宫的方法（起点—终点），并进行演示，提示不能超过或撞到线条外面<br>（3）指导孩子操作，并给予小奖励 |
| 项目四：数量关系6～10 | |
| 目的 | 有助于孩子认知数字6～10，感知数与量的关系 |
| 方法 | （1）教师出示数字卡片6～10，带领孩子认识、朗读这些数字<br>（2）在认识数字卡片后，教师可以出示水果卡片，然后让孩子来配对，分别将水果卡片放在相对应的数字卡片上<br>（3）教师指导孩子操作 |
| 项目五：森林动物影子 | |
| 目的 | 提高孩子的思考、观察、判断能力 |
| 方法 | （1）出示9种森林动物彩色卡片，引导孩子说出森林动物名称<br>（2）在孩子认识森林动物的基础上出示黑白色森林动物影子卡片，让孩子进行观察、对比、配对，寻找相对应的小动物<br>（3）指导孩子操作 |
| 项目六：钩小鸭子 | |
| 目的 | 提高孩子的手腕平衡能力及专注力 |
| 方法 | （1）教师出示鸭子教具，并对鸭子颜色进行分类，讲解小鸭子的特质，出示小滚钩，演示如何用滚钩钩住小鸭子<br>（2）指引孩子取教具，进行操作指导 |

### 4. 25 个月幼儿第 4 周课

25个月幼儿第4周课训练项目与方法如表3-100所示。

表3-100　25个月幼儿第4周课训练项目与方法

| | |
|---|---|
| 项目一：音乐活动《吹泡泡》 | |
| 目的 | 提高孩子的音乐节奏感，激发孩子参与活动的兴趣 |
| 方法 | （1）教师朗诵歌词：你吹泡泡，我吹泡泡，吹的泡泡，满天飞……<br>（2）教师带领孩子一起演示音乐示范动作；鼓励表现优异的孩子，对害羞的孩子更要多给予鼓励 |
| 项目二：小鱼拼图 | |
| 目的 | 提高孩子的右脑图像思考能力，训练左脑融合逻辑思维等 |
| 方法 | （1）出示小鱼字卡及小鱼拼图教具<br>（2）教师讲解小鱼的身体构造，演示小鱼拼图的操作步骤<br>（3）引导孩子去玩具架子自取教具，指导孩子操作 |
| 项目三：微笑迷宫四 | |
| 目的 | 有助于提高孩子的逻辑思维能力、推理能力、记忆能力，并培养孩子的耐心 |
| 方法 | （1）教师出示迷宫纸张，引导孩子观察迷宫纸张上的图画<br>（2）教师讲解走迷宫的方法（起点—终点），并进行演示，提示不能超过或撞到线条外面<br>（3）指导孩子操作，并给予小奖励 |
| 项目四：数量关系1～10（水果） | |
| 目的 | 有助于孩子认知数字1～10，感知数与量的关系 |
| 方法 | （1）教师出示数字卡片1～10，带领孩子认识、朗读这些数字<br>（2）在认识数字卡片后，教师可以出示水果卡片，然后让孩子来配对，分别将水果卡片放在相对应的数字卡片上<br>（3）指导孩子操作 |
| 项目五：家禽动物影子 | |
| 目的 | 提高孩子的思考、观察、判断能力 |
| 方法 | （1）出示9种家禽动物彩色卡片，引导孩子说出家禽动物名称<br>（2）在孩子认识家禽动物的基础上出示黑白色家禽动物影子卡片，让孩子进行观察、对比、配对，寻找相对应的小动物<br>（3）指导孩子操作 |
| 项目六：涂色（苹果） | |
| 目的 | 提高孩子对色彩的感知力及想象力 |
| 方法 | （1）教师出示苹果图片，引导孩子说出图片上的颜色，并示范如何给苹果涂上颜色<br>（2）指引孩子涂色，进行操作指导 |

## 二、26 个月幼儿早期教育

### 1. 26 个月幼儿第 1 周课

26个月幼儿第1周课训练项目与方法如表3-101所示。

表3-101 26个月幼儿第1周课训练项目与方法

| 项目一：音乐活动《圆啤酒桶》 | |
|---|---|
| 目的 | 提高孩子的音乐节奏感，激发孩子参与活动的兴趣 |
| 方法 | （1）教师介绍乐器——塑料易拉罐以及它的使用方法<br>（2）教师给每个孩子发放塑料易拉罐<br>（3）教师朗诵歌词：那圆圆滚滚的啤酒桶从高处滚下来喽……<br>（4）教师带领孩子一起演示；鼓励表现优异的孩子，对害羞的孩子更要多给予鼓励 |
| 项目二：大树拼图 | |
| 目的 | 提高孩子的右脑图像思考能力，训练左脑融合逻辑思维等 |
| 方法 | （1）出示大树字卡及大树拼图教具<br>（2）教师讲解大树的构造，演示大树拼图的操作步骤<br>（3）引导孩子去玩具架子自取教具，指导孩子操作 |
| 项目三：颜色接龙（小椅子） | |
| 目的 | 有助于提高孩子的颜色认知能力及分类排序能力 |
| 方法 | （1）教师出示四色小椅子，提问孩子分别是什么颜色，然后示范如何进行颜色配对及分类<br>（2）教师示范2～4色接龙游戏，如红-黄、红-黄、红-黄，根据孩子完成的情况逐渐增加难度，如红-黄-蓝、红-黄-蓝、红-黄-蓝<br>（3）指导孩子操作，并给予小奖励 |
| 项目四：小丑天平一 | |
| 目的 | 进行轻重比较练习，为孩子今后学习数学打基础 |
| 方法 | （1）教师出示小丑天平（跷跷板），引导孩子观察有几个颜色的小丑，首先对天平两端的圆圈数量进行比较，让孩子一起数每种颜色圆圈的数量<br>（2）教师指导孩子操作 |
| 项目五：仙人掌一 | |
| 目的 | 提高孩子的手眼协调性及创造力 |
| 方法 | （1）教师出示仙人掌教具，并对仙人掌植物做简单介绍<br>（2）教师演示如何按颜色及大小分类，并按从大至小的顺序依次往上构建<br>（3）教师指导孩子操作 |
| 项目六：拧螺丝 | |
| 目的 | 提高孩子的手指灵活性及手腕力量 |
| 方法 | （1）教师出示小螺丝，并示范如何先用五指将螺丝帽转出来，再用三指将螺丝钉扭上去。要求左右手都要训练<br>（2）指引孩子取教具，进行操作指导 |

## 2. 26个月幼儿第2周课

26个月幼儿第2周课训练项目与方法如表3-102所示。

表3-102 26个月幼儿第2周课训练项目与方法

| 项目一：音乐活动《Wash Your Hands》 | |
|---|---|
| 目的 | 提高孩子的音乐节奏感，激发孩子参与活动的兴趣 |
| 方法 | （1）教师朗诵歌词：Wash your hands，哗啦哗啦……<br>（2）教师引导孩子随着歌词做动作，带领孩子一起演示；鼓励表现优异的孩子，对害羞的孩子更要多给予鼓励 |
| 项目二：小马拼图 | |
| 目的 | 提高孩子的右脑图像思考能力，训练左脑融合逻辑思维等 |
| 方法 | （1）出示小马字卡及小马拼图教具<br>（2）教师讲解小马的身体构造，演示小马拼图的操作步骤<br>（3）引导孩子去玩具架子自取教具，指导孩子操作 |
| 项目三：数字接龙1～3 | |
| 目的 | 提高孩子对数字的认知力及逻辑思维力 |
| 方法 | （1）教师出示数字1、2、3及数字卡片，并带领孩子一起朗读卡片上的数字<br>（2）进行数字教具及字卡配对<br>（3）开始进行数字接龙玩法：1-2-3、1-2-3、1-2-3<br>（3）指导孩子操作，并给予小奖励 |
| 项目四：二拼图形（圆形、三角形、正方形） | |
| 目的 | 有助于孩子认识图形并学习图形拆分及组合，为今后进行几何图形的学习打下基础 |
| 方法 | （1）教师出示圆形、三角形、正方形，并引导孩子进行形状的认知<br>（2）教师示范如何将一个圆形分成2个半圆，并将分开的2个半圆组合成圆形，以此类推 |
| 项目五：老鼠吃奶酪一 | |
| 目的 | 提高孩子的空间感知能力、手腕平衡力及搭建能力 |
| 方法 | （1）教师出示巧克力老鼠、奶酪教具，并引导孩子数老鼠及奶酪的数量，观察每层奶酪上的老鼠脚印，然后示范如何将老鼠一层层按照脚印爬上奶酪<br>（2）教师指导孩子操作 |
| 项目六：蘑菇插画 | |
| 目的 | 提高孩子的创造力、想象力及对颜色组合的认知力 |
| 方法 | （1）教师出示1～2张插画图片，引导孩子观察图片上的内容，然后出示各种颜色的蘑菇钉，示范如何按照插画上的颜色完成插画内容<br>（2）指引孩子取教具，进行操作指导 |

### 3. 26个月幼儿第3周课训练

26个月幼儿第3周课训练项目与方法如表3-103所示。

表3-103 26个月幼儿第3周课训练项目与方法

| | |
|---|---|
| 项目一：音乐活动《身体音阶歌》 | |
| 目的 | 提高孩子的音乐节奏感，激发孩子参与活动的兴趣 |
| 方法 | （1）教师朗诵歌词：摸摸我的小脚……<br>（2）教师引导孩子随着歌词做动作，带领孩子一起演示；鼓励表现优异的孩子，对害羞的孩子更要多给予鼓励 |
| 项目二：青蛙拼图 | |
| 目的 | 提高孩子的右脑图像思考能力，训练左脑融合逻辑思维等 |
| 方法 | （1）出示青蛙字卡及青蛙拼图教具<br>（2）教师讲解青蛙的身体构造，演示青蛙拼图的操作步骤<br>（3）引导孩子去玩具架子自取教具，指导孩子操作 |
| 项目三：形状木桩 | |
| 目的 | 提高孩子对形状的认知 |
| 方法 | （1）教师出示形状木桩，并引导孩子认识木桩上的图形，如圆形、三角形、正方形等<br>（2）引导孩子观察木桩上小棍的数量及图形积木上的数量，并将对应的数量进行配对组合<br>（3）指导孩子操作，并给予小奖励 |
| 项目四：数字猫头鹰 | |
| 目的 | 有助于孩子认识数字1～12，锻炼孩子的空间思维能力 |
| 方法 | （1）教师出示数字猫头鹰，并引导孩子观察猫头鹰的颜色记数字，从1～12进行数字排序，将数字猫头鹰进行组合垒高<br>（2）教师引导孩子操作 |
| 项目五：智慧树 | |
| 目的 | 提高孩子的手眼协调能力及搭建组合能力 |
| 方法 | （1）教师出示一棵完整的智慧树，并讲解大树的组合方法，然后示范如何搭建智慧树，如圆形底座是固定大树，最长的棍子是大树躯干，小棍子是树枝，绿色的积木是小叶子，圆形的是树上的花朵<br>（2）教师指导孩子操作 |
| 项目六：钓鱼游戏 | |
| 目的 | 提高孩子的手腕平衡感及手眼协调性 |
| 方法 | （1）教师出示钓鱼教具，让孩子数数一共有几条鱼，然后介绍鱼竿的使用方法，如小鱼钩要朝上<br>（2）指引孩子取教具，进行操作指导 |

### 4. 26个月幼儿第4周课训练

26个月幼儿第4周课训练项目与方法如表3-104所示。

表3-104　26个月幼儿第4周课训练项目与方法

| 项目一：音乐活动（同25个月幼儿第4周课训练项目一） | |
|---|---|
| 项目二：花朵拼图 | |
| 目的 | 提高孩子的右脑图像思考能力，训练左脑融合逻辑思维等 |
| 方法 | （1）出示花朵字卡及花朵拼图教具<br>（2）教师讲解花朵的构造，演示花朵拼图的操作步骤<br>（3）引导孩子去玩具架子自取教具，指导孩子操作 |
| 项目三：字母接龙A-B-C | |
| 目的 | 提高孩子对字母的认知力及逻辑思维力 |
| 方法 | （1）教师出示字母A、B、C及字母卡片，并带领孩子一起朗读卡片上的字母<br>（2）进行字母教具及字卡配对<br>（3）进行字母接龙玩法：A-B-C、A-B-C、A-B-C<br>（4）指导孩子操作，并给予小奖励 |
| 项目四：夹豆子 | |
| 目的 | 锻炼孩子手指的灵活性，通过使用工具促进手眼协调 |
| 方法 | （1）教师出示小红夹子及豆子，并示范如何正确拿夹子，如何夹住豆子<br>（2）教师引导孩子操作 |
| 项目五：数字屋 | |
| 目的 | 提高孩子对数字形状的认知 |
| 方法 | （1）教师出示数字屋，让孩子观察数字屋上面的数字及形状，并引导孩子读出数字及形状名称，示范如何将数字及形状与数字屋上对应的数字配对<br>（2）教师指导孩子操作 |
| 项目六：涂色（帆船） | |
| 目的 | 提高孩子对美术活动的兴趣及对色彩涂鸦的感知力 |
| 方法 | （1）教师出示帆船图片，让孩子观察图片上的内容，并出示各色颜料引导孩子自由发挥上色<br>（2）指引孩子取教具，进行操作指导 |

## 三、27个月幼儿早期教育

### 1. 27个月幼儿第1周课训练

27个月幼儿第1周课训练项目与方法如表3-105所示。

表3-105 27个月幼儿第1周课训练项目与方法

| 项目一：音乐活动《火车轰隆隆》 | |
|---|---|
| 目的 | 提高孩子的音乐节奏感，激发孩子参与活动的兴趣 |
| 方法 | （1）教师介绍乐器——塑料沙锤以及它的使用方法<br>（2）教师给每个孩子发放塑料沙锤<br>（3）教师朗诵歌词：火车轰隆隆，火车轰隆隆……<br>（4）教师带领孩子一起演示；鼓励表现优异的孩子，对害羞的孩子更要多给予鼓励 |
| 项目二：大象拼图 | |
| 目的 | 提高孩子的右脑图像思考能力，训练左脑融合逻辑思维等 |
| 方法 | （1）出示大象字卡及大象拼图教具<br>（2）教师讲解大象的身体构造，演示大象拼图的操作步骤<br>（3）引导孩子去玩具架子自取教具，指导孩子操作 |
| 项目三：彩虹树 | |
| 目的 | 有助于孩子感知色彩的多变化 |
| 方法 | （1）教师出示完整的彩虹树，引导孩子观察这棵彩虹树一共是由多少种颜色组成的<br>（2）教师示范如何将相同颜色的叶子分类出来（红、黄、蓝、绿）<br>（3）教师指导孩子操作（可自由发挥） |
| 项目四：夹甜甜圈 | |
| 目的 | 锻炼孩子的手指灵活性及手腕平衡感 |
| 方法 | （1）教师出示五颜六色的甜甜圈以引起孩子的注意，示范如何用夹子夹住甜甜圈<br>（2）教师指导孩子操作 |
| 项目五：仙人掌一（同26个月幼儿第1周课训练项目五） | |
| 项目六：不规则拼盘 | |
| 目的 | 提高孩子的数学逻辑思维能力及对不规则图形的感知 |
| 方法 | （1）教师出示不规则拼盘，引导孩子观察拼盘上的形状（6组），同时出示16块扇形，引导孩子将扇形组合到对应的拼盘内<br>（2）指引孩子取教具，进行操作指导 |

## 2. 27个月幼儿第2周课训练

27个月幼儿第2周课训练项目与方法如表3-106所示。

表3-106 27个月幼儿第2周课训练项目与方法

| 项目一：音乐活动《猫和老鼠》 | |
|---|---|
| 目的 | 提高孩子的音乐节奏感，激发孩子参与活动的兴趣 |
| 方法 | （1）教师朗诵歌词：天黑了，老猫睡着了……<br>（2）教师引导孩子随着歌词做动作，带领孩子一起演示；鼓励表现优异的孩子，对害羞的孩子更要多给予鼓励 |
| 项目二：蝴蝶拼图 | |
| 目的 | 提高孩子的右脑图像思考能力，训练左脑融合逻辑思维等 |
| 方法 | （1）出示蝴蝶字卡及蝴蝶拼图教具<br>（2）教师讲解蝴蝶的身体构造，演示蝴蝶拼图的操作步骤<br>（3）引导孩子去玩具架子自取教具，指导孩子操作 |
| 项目三：猴子叠高 | |
| 目的 | 提高孩子的空间感知能力、手腕平衡力及搭建能力 |
| 方法 | （1）教师出示猴子图片，让孩子把不同颜色的猴子叠高并说出各种颜色的数量<br>（2）教师指导孩子操作 |
| 项目四：运笔磁性绕珠（小鱼） | |
| 目的 | 提高孩子对磁铁的认知和逻辑思维能力 |
| 方法 | （1）教师出示小鱼磁力绕珠，让孩子观察小鱼迷宫内有什么（珠子）<br>（2）教师示范如何通过迷宫，将珠子送到小鱼肚子里面 |
| 项目五：分豆（黑、黄、红） | |
| 目的 | 提高孩子的专注力，培养孩子的耐心 |
| 方法 | （1）教师出示装有豆豆的杯子，让孩子观察杯子里面有哪些颜色的豆子（红、黄、黑）<br>（2）教师示范如何将豆子按颜色分类 |
| 项目六：黏土制作玉米 | |
| 目的 | 提高孩子的创造力、想象力及对美术活动的兴趣 |
| 方法 | （1）教师出示玉米图片，演示黏土的使用方法，引导孩子将黏土贴在玉米图片上<br>（2）指引孩子取教具，进行操作指导 |

### 3. 27个月幼儿第3周课训练

27个月幼儿第3周课训练项目与方法如表3-107所示。

表3-107　27个月幼儿第3周课训练项目与方法

| 项目一：音乐活动《小雨滴》 | |
|---|---|
| 目的 | 提高孩子的音乐节奏感，激发孩子参与活动的兴趣 |
| 方法 | （1）教师朗诵歌词：一滴两滴小雨滴，滴到地上变水洼……<br>（2）教师引导孩子随着歌词做动作，带领孩子一起演示；鼓励表现优异的孩子，对害羞的孩子更要多给予鼓励 |
| 项目二：毛毛虫拼图 | |
| 目的 | 提高孩子的右脑图像思考能力，训练左脑融合逻辑思维等 |
| 方法 | （1）出示毛毛虫字卡及毛毛虫拼图教具<br>（2）教师讲解毛毛虫的身体构造，演示毛毛虫拼图的操作步骤<br>（3）引导孩子去玩具架子自取教具，指导孩子操作 |
| 项目三：五彩缤纷树 | |
| 目的 | 提高孩子对色彩的感知力及创造力 |
| 方法 | （1）教师出示彩色圆圈，并讲解缤纷树的构造<br>（2）教师示范如何用彩色圆圈拼贴成五彩缤纷树，指导孩子完成并鼓励孩子自主创造 |
| 项目四：制作冰激凌 | |
| 目的 | 提高孩子的专注力及手腕平衡力 |
| 方法 | （1）教师出示装冰激凌的教具套盒，并鼓励孩子说出看到的冰块颜色，然后示范如何将冰块垒高在甜筒上<br>（2）教师指导孩子操作 |
| 项目五：三拼图形 | |
| 目的 | 提高孩子对几何图形的认知，感知图形的组合乐趣 |
| 方法 | （1）教师出示三拼几何图形，让孩子观察三种几何图形（圆形、方形、三角形），并示范如何操作<br>（2）教师指导孩子操作 |
| 项目六：涂色（巴士） | |
| 目的 | 提高孩子的创造想象力及对美术活动的兴趣 |
| 方法 | （1）教师出示巴士图片，并出示各色颜料，然后示范如何将颜色涂在巴士上<br>（2）指引孩子取教具，进行操作指导 |

### 4. 27 个月幼儿第 4 周课训练

27个月幼儿第4周课训练项目与方法如表3-108所示。

表3-108　27个月幼儿第4周课训练项目与方法

| 项目一：音乐活动《Mary Had a Little Lamb》 | |
|---|---|
| 目的 | 提高孩子的音乐节奏感，激发孩子参与活动的兴趣 |
| 方法 | （1）教师朗诵歌词，并引导孩子随着歌词做动作<br>（2）教师带领孩子一起演示；鼓励表现优异的孩子，对害羞的孩子更要多给予鼓励 |
| 项目二：轮船拼图 | |
| 目的 | 提高孩子的右脑图像思考能力，训练左脑融合逻辑思维等 |
| 方法 | （1）出示轮船字卡及轮船拼图教具<br>（2）教师讲解轮船的构造，演示轮船拼图的操作步骤<br>（3）引导孩子去玩具架子自取教具，指导孩子操作 |
| 项目三：组合金字塔一 | |
| 目的 | 促进孩子的右脑思维能力及创作力 |
| 方法 | （1）教师出示彩色金字塔，并示范2～3种组合玩法<br>（2）指导孩子完成并鼓励孩子自主创造 |
| 项目四：垒高彩色小帽子 | |
| 目的 | 提高孩子的专注力手腕平衡力 |
| 方法 | （1）教师出示小帽子教具，并鼓励孩子说出看到的帽子颜色及数量，示范如何将小帽子垒高<br>（2）指导孩子操作 |
| 项目五：纺锤棒箱 | |
| 目的 | 促进孩子加深对数与量概念的理解，并练习数数 |
| 方法 | （1）教师出示纺锤棒箱，引导孩子观察数字箱上面的数字0～10，然后根据对应的数字投放等量的数棍<br>（2）教师指导孩子操作 |
| 项目六：搓纸树 | |
| 目的 | 提高孩子的创造力、想象力及手指的灵活性 |
| 方法 | （1）教师出示大树图片和绿色皱纹纸，示范如何把皱纹纸捏成团后贴在图片的适当位置上<br>（2）指引孩子取教具，进行操作指导 |

## 四、28个月幼儿早期教育

### 1. 28个月幼儿第1周课训练

28个月幼儿第1周课训练项目与方法如表3-109所示。

表3-109　28个月幼儿第1周课训练项目与方法

| 项目一：音乐活动《握紧拳头》 | |
|---|---|
| 目的 | 提高孩子的音乐节奏感，激发孩子参与活动的兴趣 |
| 方法 | （1）教师朗诵歌词，并引导孩子随着歌词做动作<br>（2）教师带领孩子一起演示；鼓励表现优异的孩子，对害羞的孩子更要多给予鼓励 |
| 项目二：小鸡成长拼图 | |
| 目的 | 提高孩子的右脑图像思考能力，训练左脑融合逻辑思维等 |
| 方法 | （1）教师出示小鸡拼图，引导孩子看图片上的内容，并告诉孩子小鸡的成长过程<br>（2）拼图按小鸡的成长过程一共分成4层，教师示范如何操作<br>（3）引导孩子去玩具架子自取教具，指导孩子操作 |
| 项目三：彩色蘑菇钉插图 | |
| 目的 | 提升孩子感知色彩的多变性及色彩的乐趣组合 |
| 方法 | （1）教师出示彩色蘑菇钉，并引导孩子按颜色分类，然后出示图片并进行操作示范<br>（2）教师指导孩子操作（可自由发挥操作） |
| 项目四：微笑迷宫五 | |
| 目的 | 有助于提高孩子的逻辑思维能力、推理能力、记忆能力，并培养孩子的耐心 |
| 方法 | （1）教师出示迷宫纸张，引导孩子观察迷宫纸张上的图画<br>（2）教师讲解走迷宫的方法（起点—终点），并进行演示，提示不能超过或撞到线条外面<br>（3）指导孩子操作，并给予小奖励 |
| 项目五：夹子夹小球 | |
| 目的 | 提高孩子的手眼协调性及手指灵活性 |
| 方法 | （1）教师出示夹子及小球，并示范如何操作<br>（2）教师指导孩子操作 |
| 项目六：涂色（柠檬） | |
| 目的 | 提高孩子的美术兴趣及创作力 |
| 方法 | （1）教师出示柠檬图片，引导孩子说出图片上的颜色，并示范如何给柠檬涂上颜色<br>（2）指引孩子取教具，进行操作指导 |

## 2. 28个月幼儿第2周课训练

28个月幼儿第2周课训练项目与方法如表3-110所示。

表3-110　28个月幼儿第2周课训练项目与方法

| 项目一：音乐活动《Row，Row，Row Your Boat》 | |
|---|---|
| 目的 | 提高孩子的音乐节奏感，激发孩子参与活动的兴趣 |
| 方法 | （1）教师朗诵歌词，并引导孩子随着歌词做动作<br>（2）教师带领孩子一起演示；鼓励表现优异的孩子，对害羞的孩子更要多给予鼓励 |
| 项目二：恐龙成长拼图 | |
| 目的 | 提高孩子的右脑图像思考能力，训练左脑融合逻辑思维等 |
| 方法 | （1）教师出示恐龙拼图，引导孩子看图片上的内容，并告诉孩子恐龙的成长过程<br>（2）拼图按恐龙的成长过程一共分成4层，教师示范如何操作<br>（3）引导孩子去玩具架子自取教具，指导孩子操作 |
| 项目三：立体小鸡蛋 | |
| 目的 | 提高孩子的手腕平衡力 |
| 方法 | （1）教师出示各种颜色鸡蛋及对应颜色的底座，并示范如何操作<br>（2）教师指导孩子操作 |
| 项目四：微笑迷宫六 | |
| 目的 | 有助于提高孩子的逻辑思维能力、推理能力、记忆能力，并培养孩子的耐心 |
| 方法 | （1）教师出示迷宫纸张，引导孩子观察迷宫纸张上的图画<br>（2）教师讲解走迷宫的方法（起点—终点），并进行演示，提示不能超过或撞到线条外面<br>（3）指导孩子操作，并给予小奖励 |
| 项目五：绳子穿珠 | |
| 目的 | 提高孩子的手指灵活性 |
| 方法 | （1）教师出示软绳子及珠子，示范如何操作<br>（2）教师指导孩子操作 |
| 项目六：涂色（草莓） | |
| 目的 | 提高孩子的创造力、想象力及对美术活动的兴趣 |
| 方法 | （1）教师出示草莓图片，引导孩子说出图片上的颜色，并示范如何给草莓涂上颜色<br>（2）指引孩子涂色，进行操作指导 |

### 3. 28个月幼儿第3周课训练

28个月幼儿第3周课训练项目与方法如表3-111所示。

表3-111　28个月幼儿第3周课训练项目与方法

| 项目一：音乐活动《彩色纱巾》 | |
|---|---|
| 目的 | 提高孩子的音乐节奏感，激发孩子参与活动的兴趣 |
| 方法 | （1）教师朗诵歌词，并引导孩子随着歌词做动作<br>（2）教师带领孩子一起演示；鼓励表现优异的孩子，对害羞的孩子更要多给予鼓励 |
| 项目二：兔子成长拼图 | |
| 目的 | 提高孩子的右脑图像思考能力，训练左脑融合逻辑思维等 |
| 方法 | （1）教师出示兔子拼图，引导孩子看图片上的内容，并告诉孩子兔子的成长过程<br>（2）拼图按兔子的成长过程一共分成4层，教师示范如何操作<br>（3）引导孩子去玩具架子自取教具，指导孩子操作 |
| 项目三：形状插画 | |
| 目的 | 提高孩子对形状的认知及创造力 |
| 方法 | （1）教师出示形状插画图片及各种形状，引导孩子观察图片上的形状，并进行操作示范<br>（2）指导孩子完成 |
| 项目四：微笑迷宫七 | |
| 目的 | 有助于提高孩子的逻辑思维能力、推理能力、记忆能力，并培养孩子的耐心 |
| 方法 | （1）教师出示迷宫纸张，引导孩子观察迷宫纸张上的图画<br>（2）教师讲解走迷宫的方法（起点—终点），并进行演示，提示不能超过或撞到线条外面<br>（3）指导孩子操作，并给予小奖励 |
| 项目五：筷子夹空心粉 | |
| 目的 | 提高孩子对筷子的使用能力，锻炼手指灵活性及协调性 |
| 方法 | （1）教师出示筷子并示范如何使用筷子夹空心粉<br>（2）教师指导孩子操作 |
| 项目六：爱护牙齿 | |
| 目的 | 引导孩子爱护牙齿并教授牙齿护理小知识 |
| 方法 | （1）教师出示口腔图片，并出示白色黏土牙齿模具，讲解牙齿的日常护理方法<br>（2）指引孩子取教具，进行操作指导 |

### 4. 28 个月幼儿第 4 周课训练

28个月幼儿第4周课训练项目与方法如表3-112所示。

表3-112　28个月幼儿第4周课训练项目与方法

| 项目一：音乐活动《请你跟我这样做》 | |
|---|---|
| 目的 | 提高孩子的音乐节奏感，激发孩子参与活动的兴趣 |
| 方法 | （1）教师朗诵歌词，并引导孩子随着歌词做动作<br>（2）教师带领孩子一起演示；鼓励表现优异的孩子，对害羞的孩子更要多给予鼓励 |
| 项目二：企鹅成长拼图 | |
| 目的 | 提高孩子的右脑图像思考能力，训练左脑融合逻辑思维等 |
| 方法 | （1）教师出示企鹅拼图，引导孩子看图片上的内容，并告诉孩子企鹅的成长过程<br>（2）拼图一共分成4层，教师示范如何操作<br>（3）引导孩子去玩具架子自取教具，指导孩子操作 |
| 项目三：组合金字塔二 | |
| 目的 | 提高孩子对空间结构感的认知，提高孩子的创造力 |
| 方法 | （1）教师出示金字塔教具，并示范如何将单个金字塔组合出各种建筑<br>（2）指导孩子完成 |
| 项目四：微笑迷宫八 | |
| 目的 | 有助于提高孩子的逻辑思维能力、推理能力、记忆能力，并培养孩子的耐心 |
| 方法 | （1）教师出示迷宫纸张，引导孩子观察迷宫纸张上的图画<br>（2）教师讲解走迷宫的方法（起点—终点），并进行演示，提示不能超过或撞到线条外面<br>（3）指导孩子操作，并给予小奖励 |
| 项目五：插座圆柱体AB | |
| 目的 | 提高孩子的数理能力及观察辨别能力 |
| 方法 | （1）教师出示蒙氏教具，示范如何用三指将AB组操作圆柱体由左至右排列，让孩子观察比较<br>（2）教师指导孩子操作 |
| 项目六：涂色（茄子） | |
| 目的 | 提高孩子对美术活动的兴趣及对色彩的感知力 |
| 方法 | （1）教师出示茄子图片，引导孩子说出图片上的颜色，并示范如何给茄子涂上颜色<br>（2）指引孩子取教具，进行操作指导 |

## 五、29个月幼儿早期教育

### 1. 29个月幼儿第1周课训练

29个月幼儿第1周课训练项目与方法如表3-113所示。

表3-113 29个月幼儿第1周课训练项目与方法

| | |
|---|---|
| 项目一：音乐活动《高人走矮人走》 | |
| 目的 | 提高孩子的音乐节奏感，激发孩子参与活动的兴趣 |
| 方法 | （1）教师朗诵歌词，并引导孩子随着歌词做动作<br>（2）教师带领孩子一起演示；鼓励表现优异的孩子，对害羞的孩子更要多给予鼓励 |
| 项目二：蝴蝶成长拼图 | |
| 目的 | 提高孩子的右脑图像思考能力，训练左脑融合逻辑思维等 |
| 方法 | （1）教师出示蝴蝶拼图，引导孩子看图片上的内容，并告诉孩子蝴蝶的成长过程<br>（2）拼图按蝴蝶的成长过程一共分成4层，教师示范如何操作<br>（3）引导孩子去玩具架子自取教具，指导孩子操作 |
| 项目三：企鹅天平 | |
| 目的 | 提高孩子对数学的感知力及观察力，初步学习重量的比较 |
| 方法 | （1）教师出示天平，让孩子观察天平两端<br>（2）教师示范将企鹅放入天平上，让孩子观察企鹅数量及重量 |
| 项目四：微笑迷宫九 | |
| 目的 | 有助于提高孩子的逻辑思维能力、推理能力、记忆能力，并培养孩子的耐心 |
| 方法 | （1）教师出示迷宫纸张，引导孩子观察迷宫纸张上的图画<br>（2）教师讲解走迷宫的方法（起点—终点），并进行演示，提示不能超过或撞到线条外面<br>（3）指导孩子操作，并给予小奖励 |
| 项目五：运笔磁性绕珠 | |
| 目的 | 提高孩子的手指灵活性，训练孩子的专注力 |
| 方法 | （1）教师示范如何操作磁性绕珠，引导孩子练习握笔姿势<br>（2）鼓励孩子 |
| 项目六：涂色（菠萝） | |
| 目的 | 提高孩子对美术活动的兴趣及对色彩的感知力 |
| 方法 | （1）教师出示菠萝图片，引导孩子说出图片上的颜色，并示范如何给菠萝涂上颜色<br>（2）指引孩子取教具，进行操作指导 |

## 2. 29个月幼儿第2周课训练

29个月幼儿第2周课训练项目与方法如表3-114所示。

表3-114　29个月幼儿第2周课训练项目与方法

| 项目一：音乐活动《雨儿别下啦》 | |
|---|---|
| 目的 | 提高孩子的音乐节奏感，激发孩子参与活动的兴趣 |
| 方法 | （1）教师朗诵歌词，并引导孩子随着歌词做动作<br>（2）教师带领孩子一起演示；鼓励表现优异的孩子，对害羞的孩子更要多给予鼓励 |
| 项目二：鸭子成长拼图 | |
| 目的 | 提高孩子的右脑图像思考能力，训练左脑融合逻辑思维等 |
| 方法 | （1）教师出示鸭子拼图，引导孩子看图片上内容，并告诉孩子鸭子的成长过程<br>（2）拼图按鸭子成长一共分成4层，教师示范如何操作<br>（3）引导孩子去玩具架子自取教具，指导孩子操作 |
| 项目三：小瓢虫记忆棋子 | |
| 目的 | 提高孩子对色彩的感知力及训练记忆力 |
| 方法 | （1）教师出示教具，引导孩子观察瓢虫身上有多少个小圈圈，出示彩色棋子，将棋子扣在小圈圈上，让孩子观察<br>（2）教师提问，如“请找出藏起来的红色棋子” |
| 项目四：微笑迷宫十 | |
| 目的 | 有助于提高孩子的逻辑思维能力、推理能力、记忆能力，并培养孩子的耐心 |
| 方法 | （1）教师出示迷宫纸张，引导孩子观察迷宫纸张上的图画<br>（2）教师讲解走迷宫的方法（起点—终点），并进行演示，提示不能超过或撞到线条外面<br>（3）指导孩子操作，并给予小奖励 |
| 项目五：动物平衡船 | |
| 目的 | 提高孩子的手腕平衡能力及结构组合能力 |
| 方法 | （1）教师出示小船及小动物，引导孩子观察小动物的数量<br>（2）教师示范如何将所有的小动物装在船上面，鼓励孩子动脑筋想办法 |
| 项目六：涂色（胡萝卜） | |
| 目的 | 提高孩子对美术活动的兴趣及对色彩的感知力 |
| 方法 | （1）教师出示胡萝卜图片，引导孩子说出图片上的颜色，并示范如何给胡萝卜涂上颜色<br>（2）指引孩子取教具，进行操作指导 |

### 3. 29个月幼儿第3周课训练

29个月幼儿第3周课训练项目与方法如表3-115所示。

表3-115 29个月幼儿第3周课训练项目与方法

| 项目一：音乐活动《我的头我的肩》 | |
|---|---|
| 目的 | 提高孩子的音乐节奏感，激发孩子参与活动的兴趣 |
| 方法 | （1）教师朗诵歌词，并引导孩子随着歌词做动作<br>（2）教师带领孩子一起演示；鼓励表现优异的孩子，对害羞的孩子更要多给予鼓励 |
| 项目二：狮子成长拼图 | |
| 目的 | 提高孩子的右脑图像思考能力，训练左脑融合逻辑思维等 |
| 方法 | （1）教师出示狮子拼图，引导孩子看图片上的内容，并告诉孩子狮子的成长过程<br>（2）拼图按狮子的成长过程一共分成4层，教师示范如何操作<br>（3）引导孩子去玩具架子自取教具，指导孩子操作 |
| 项目三：数字卡位游戏 | |
| 目的 | 提高孩子对数学的感知力，明确数与量的等量关系概念 |
| 方法 | （1）教师出示数字教具，引导孩子观察教具上的数字及对应的物品<br>（2）教师示范如何将对应的数字与对应的物品配对 |
| 项目四：微笑迷宫十一 | |
| 目的 | 有助于提高孩子的逻辑思维能力、推理能力、记忆能力，并培养孩子的耐心 |
| 方法 | （1）教师出示迷宫纸张，引导孩子观察迷宫纸张上的图画<br>（2）教师讲解走迷宫的方法（起点—终点），并进行演示，提示不能超过或撞到线条外面<br>（3）指导孩子操作，并给予小奖励 |
| 项目五：用筷子夹小球 | |
| 目的 | 提高孩子对筷子的使用能力，锻炼手指的灵活性及协调性 |
| 方法 | （1）教师出示筷子，并示范如何用筷子夹小球<br>（2）教师指导孩子操作 |
| 项目六：用黏土制作煎蛋 | |
| 目的 | 提高孩子的创造力、想象力及对美术活动的兴趣 |
| 方法 | （1）教师示范如何将白色黏土搓圆、压平，然后将黄色的黏土轻轻地压在白色黏土中间<br>（2）指引孩子取教具，进行操作指导 |

### 4. 29 个月幼儿第 4 周课训练

29个月幼儿第4周课训练项目与方法如表3-116所示。

表3-116　29个月幼儿第4周课训练项目与方法

| 项目一：音乐活动《伦敦铁桥》 | |
|---|---|
| 目的 | 提高孩子的音乐节奏感，激发孩子参与活动的兴趣 |
| 方法 | （1）教师朗诵歌词，并引导孩子随着歌词做动作<br>（2）教师带领孩子一起演示；鼓励表现优异的孩子，对害羞的孩子更要多给予鼓励 |
| 项目二：长颈鹿成长拼图 | |
| 目的 | 提高孩子的右脑图像思考能力，训练左脑融合逻辑思维等 |
| 方法 | （1）教师出示长颈鹿拼图，引导孩子看图片上的内容，并告诉孩子长颈鹿的成长过程<br>（2）拼图按长颈鹿的成长过程一共分成4层，教师示范如何操作<br>（3）引导孩子去玩具架子自取教具，指导孩子操作 |
| 项目三：筷子夹水果颗粒 | |
| 目的 | 提高孩子筷子的使用能力及手眼协调感 |
| 方法 | （1）教师出示筷子，并示范拿筷子的手势，示范如何用筷子夹水果颗粒<br>（2）指导孩子操作 |
| 项目四：微笑迷宫十二 | |
| 目的 | 有助于提高孩子的逻辑思维能力、推理能力、记忆能力，并培养孩子的耐心 |
| 方法 | （1）教师出示迷宫纸张，引导孩子观察迷宫纸张上的图画<br>（2）教师讲解走迷宫的方法（起点—终点），并进行演示，提示不能超过或撞到线条外面<br>（3）指导孩子操作，并给予小奖励 |
| 项目五：插座圆柱体CD | |
| 目的 | 提高孩子的数理能力及观察辨别能力 |
| 方法 | （1）教师出示蒙氏教具，示范如何用三指将CD组操作圆柱体由左至右排列，让孩子观察、比较<br>（2）教师指导孩子操作 |
| 项目六：涂色（青菜） | |
| 目的 | 提高孩子对美术活动的兴趣及对色彩的感知力 |
| 方法 | （1）教师出示青菜图片，引导孩子说出图片上的颜色，并示范如何给青菜涂上颜色<br>（2）指引孩子取教具，进行操作指导 |

## 六、30个月幼儿早期教育

### 1. 30个月幼儿第1周课训练

30个月幼儿第1周课训练项目与方法如表3-117所示。

表3-117 30个月幼儿第1周课训练项目与方法

| 项目一：音乐活动《Little Star》 | |
|---|---|
| 目的 | 提高孩子的音乐节奏感，激发孩子参与活动的兴趣 |
| 方法 | （1）教师朗诵歌词，并引导孩子随着歌词做动作<br>（2）教师带领孩子一起演示；鼓励表现优异的孩子，对害羞的孩子更要多给予鼓励 |
| 项目二：草莓成长拼图 | |
| 目的 | 提高孩子的右脑图像思考能力，训练左脑融合逻辑思维等 |
| 方法 | （1）教师出示草莓拼图，引导孩子看图片上的内容，并告诉孩子草莓的成长过程<br>（2）拼图按草莓的成长过程一共分成4层，教师示范如何操作<br>（3）引导孩子去玩具架子自取教具，指导孩子操作 |
| 项目三：物体对应关系 | |
| 目的 | 有助于提高孩子的逻辑思维能力、推理能力等 |
| 方法 | （1）教师出示物体对应板，如给出飞机上半部分卡片，再引导孩子观察，寻找对应的另一半部分<br>（2）指导孩子操作，并给予小奖励 |
| 项目四：数字临摹1～3 | |
| 目的 | 提高孩子对数字的敏感度，练习握笔姿势 |
| 方法 | （1）教师出示数字卡片，询问孩子“这是数字几”，鼓励孩子说出看到的数字卡片<br>（2）教师示范如何拿油画棒涂在数字“1”“2”“3”上面，并大声朗诵数字<br>（3）教师鼓励孩子操作 |
| 项目五：穿鞋带 | |
| 目的 | 提高孩子的手指灵活性，培养孩子的专注力和耐心 |
| 方法 | （1）教师出示运动鞋，引导孩子认识鞋子的正反（左右），提示孩子观察运动鞋上的洞洞，然后出示绳子，示范如何将绳子穿在鞋的洞洞上<br>（2）教师引导孩子操作 |
| 项目六：涂色（香蕉） | |
| 目的 | 提高孩子对美术活动的兴趣及对色彩的感知力 |
| 方法 | （1）教师出示香蕉图片，引导孩子说出图片上的颜色，并示范如何给香蕉涂上颜色<br>（2）指引孩子取教具，进行操作指导 |

## 2. 30个月幼儿第2周课训练

30个月幼儿第2周课训练项目与方法如表3-118所示。

表3-118　30个月幼儿第2周课训练项目与方法

| 项目一：音乐活动《Rain Rain Go Away》 | |
|---|---|
| 目的 | 提高孩子的音乐节奏感，激发孩子参与活动的兴趣 |
| 方法 | （1）教师朗诵歌词，并引导孩子随着歌词做动作<br>（2）教师带领孩子一起演示；鼓励表现优异的孩子，对害羞的孩子更要多给予鼓励 |
| 项目二：玉米成长拼图 | |
| 目的 | 提高孩子的右脑图像思考能力，训练左脑融合逻辑思维等 |
| 方法 | （1）教师出示玉米拼图，引导孩子看图片上的内容，并告诉孩子玉米的成长过程<br>（2）拼图按玉米的成长过程一共分成4层，教师示范如何操作<br>（3）引导孩子去玩具架子自取教具，指导孩子操作 |
| 项目三：数字形状盒 | |
| 目的 | 有助于提高孩子对数字形状的感知能力及观察力 |
| 方法 | （1）教师出示数字形状盒并将盒子里的数字及形状取出，引导孩子认识数字及形状，并提示孩子观察盒子上对应的形状及数字，然后将数字（形状）放入对应的盒子里面<br>（2）指导孩子操作，并给予小奖励 |
| 项目四：找不同 | |
| 目的 | 提高孩子的辨别能力及观察能力 |
| 方法 | （1）教师出示两张图片，引导孩子观察两张图片上有哪些物品，然后观察图片上有哪些不同并找出不同<br>（2）教师引导孩子操作 |
| 项目五：拔钉子建筑积木 | |
| 目的 | 提高孩子对色彩的感知力及动手操作能力 |
| 方法 | （1）教师出示小钉板，引导孩子将小钉板按颜色进行分类，同时示范如何将小钉板垒高<br>（2）教师引导孩子操作 |
| 项目六：涂色（汽车） | |
| 目的 | 提高孩子对美术活动的兴趣及对色彩的感知力 |
| 方法 | （1）教师出示汽车图片，引导孩子说出图片上的颜色，并示范如何给汽车涂上颜色<br>（2）指引孩子取教具，进行操作指导 |

### 3. 30个月幼儿第3周课训练

30个月幼儿第3周课训练项目与方法如表3-119所示。

表3-119　30个月幼儿第3周课训练项目与方法

| 项目一：音乐活动《五只猴子》 | |
|---|---|
| 目的 | 提高孩子的音乐节奏感，激发孩子参与活动的兴趣 |
| 方法 | （1）教师朗诵歌词，并引导孩子随着歌词做动作<br>（2）教师带领孩子一起演示；鼓励表现优异的孩子，对害羞的孩子更要多给予鼓励 |
| 项目二：青蛙成长拼图 | |
| 目的 | 提高孩子的右脑图像思考能力，训练左脑融合逻辑思维等 |
| 方法 | （1）教师出示青蛙拼图，引导孩子看图片上的内容，并告诉孩子青蛙的成长过程<br>（2）拼图按青蛙的成长过程一共分成4层，教师示范如何操作<br>（3）引导孩子去玩具架子自取教具，指导孩子操作 |
| 项目三：小动物找身体一 | |
| 目的 | 提高孩子的观察能力及辨别思维能力 |
| 方法 | （1）教师出示缺了尾巴的小兔子图片，引导孩子观察小兔子缺了什么，然后引导孩子寻找到小兔子的尾巴，并将它拼上去<br>（2）教师引导孩子操作 |
| 项目四：几何形状配对 | |
| 目的 | 有助于提高孩子对数理的理解能力及对图形的感知力 |
| 方法 | （1）教师出示几何图形板，然后引导孩子观察图形板上有哪些图形，如圆形、三角形等，示范如何将圆形对应在卡板上圆形的位置<br>（2）指导孩子操作，并给予鼓励 |
| 项目五：立体钓鱼游戏 | |
| 目的 | 提高孩子的手腕平衡能力及目测能力 |
| 方法 | （1）教师出示小鱼教具，让孩子观察小鱼上面的数字及颜色；再出示鱼竿，示范如何将小鱼钩对准小鱼上面的洞洞，钓起来后对准小木桶将小鱼滑下去放入桶内<br>（2）教师指导孩子操作 |
| 项目六：给父母设计发型 | |
| 目的 | 提高孩子的动手创造能力 |
| 方法 | （1）教师出示父母图像卡片及各色的皱纹纸，示范如何将皱纹纸撕成一条条，再用胶水贴在父母图像卡片上<br>（2）教师指导孩子操作 |

### 4. 30 个月幼儿第 4 周课训练

30个月幼儿第4周课训练项目与方法如表3-120所示。

表3-120 30个月幼儿第4周课训练项目与方法

| 项目一：音乐活动《小兔乖乖》 | |
|---|---|
| 目的 | 提高孩子的音乐节奏感，激发孩子参与活动的兴趣 |
| 方法 | （1）教师朗诵歌词，并引导孩子随着歌词做动作<br>（2）教师带领孩子一起演示；鼓励表现优异的孩子，对害羞的孩子更要多给予鼓励 |
| 项目二：蜗牛成长拼图 | |
| 目的 | 提高孩子的右脑图像思考能力，训练左脑融合逻辑思维等 |
| 方法 | （1）教师出示蜗牛拼图，引导孩子看图片上内容，并告诉孩子蜗牛的成长过程<br>（2）拼图按蜗牛的成长过程一共分成4层，教师示范如何操作<br>（3）引导孩子去玩具架子自取教具，指导孩子操作 |
| 项目三：水果接龙一 | |
| 目的 | 提高孩子的逻辑思维能力及理解能力 |
| 方法 | （1）教师出示苹果、香蕉、橘子等水果教具，问孩子“老师这里有几种水果”，然后示范玩水果接龙，如苹果-香蕉-橘子（循环3次）<br>（2）教师引导孩子操作 |
| 项目四：微笑迷宫十三 | |
| 目的 | 有助于提高孩子的逻辑思维能力、推理能力、记忆能力，并培养孩子的耐心 |
| 方法 | （1）教师出示迷宫纸张，引导孩子观察迷宫纸张上的图画<br>（2）教师讲解走迷宫的方法（起点—终点），并进行演示，提示不能超过或撞到线条外面<br>（3）指导孩子操作，并给予小奖励 |
| 项目五：插座圆柱体ABCD | |
| 目的 | 提高孩子的数理能力及观察辨别能力 |
| 方法 | （1）教师出示蒙氏教具，示范如何用三指将ABCD组操作圆柱体由左至右排列，让孩子观察、比较<br>（2）教师指导孩子操作 |
| 项目六：涂色（热带鱼） | |
| 目的 | 提高孩子对美术活动的兴趣及对色彩的感知力 |
| 方法 | （1）教师出示热带鱼图片，引导孩子说出图片上的颜色，并示范如何给热带鱼涂上颜色<br>（2）指引孩子取教具，进行操作指导 |

# 七、31个月幼儿早期教育

## 1. 31个月幼儿第1周课训练

31个月幼儿第1周课训练项目与方法如表3-121所示。

表3-121　31个月幼儿第1周课训练项目与方法

| 项目一：音乐活动《十个手指扭一扭》 | |
|---|---|
| 目的 | 提高孩子的音乐节奏感，激发孩子参与活动的兴趣 |
| 方法 | （1）教师朗诵歌词，并引导孩子随着歌词做动作<br>（2）教师带领孩子一起演示；鼓励表现优异的孩子，对害羞的孩子更要多给予鼓励 |
| 项目二：太阳花成长拼图 | |
| 目的 | 提高孩子的右脑图像思考能力，训练左脑融合逻辑思维等 |
| 方法 | （1）教师出示太阳花拼图，引导孩子看图片上的内容，并告诉孩子太阳花的生长过程<br>（2）拼图一共分成4层，教师示范如何操作<br>（3）引导孩子去玩具架子自取教具，指导孩子操作 |
| 项目三：数字火车0～10 | |
| 目的 | 提高孩子对数字的感知力和对数学学习的兴趣 |
| 方法 | （1）教师出示数字小火车，引导孩子大声读出看到的数字，示范如何排列数字火车<br>（2）指导孩子操作 |
| 项目四：穿纽扣 | |
| 目的 | 提高孩子的手指灵活性及专注力 |
| 方法 | （1）教师出示小衣服教具及对应颜色的纽扣，示范如何将绳子穿过纽扣及衣服上的洞洞<br>（2）教师鼓励孩子操作 |
| 项目五：插座圆柱体ABCD（同30个月幼儿第4周课训练项目五） | |
| 项目六：涂色（火箭） | |
| 目的 | 提高孩子的创造力、想象力及对美术活动的兴趣 |
| 方法 | （1）教师出示火箭图片，示范如何使用油画棒给火箭涂上颜色<br>（2）指引孩子涂色，进行操作指导 |

## 2. 31个月幼儿第2周课训练

31个月幼儿第2周课训练项目与方法如表3-122所示。

表3-122　31个月幼儿第2周课训练项目与方法

| 项目一：音乐活动《我爱我的小动物》 | |
|---|---|
| 目的 | 提高孩子的音乐节奏感，激发孩子参与活动的兴趣 |
| 方法 | （1）教师朗诵歌词，并引导孩子随着歌词做动作<br>（2）教师带领孩子一起演示；鼓励表现优异的孩子，对害羞的孩子更要多给予鼓励 |
| 项目二：小兔子拼图 | |
| 目的 | 提高孩子的右脑图像思考能力，训练左脑融合逻辑思维等 |
| 方法 | （1）教师出示小兔子拼图，引导孩子看图片上的内容，按从上到下的顺序将拼图取出，让孩子观察，然后示范如何将取出的拼图再拼好<br>（2）引导孩子去玩具架子自取教具，指导孩子操作 |
| 项目三：数字形状屋 | |
| 目的 | 有助于提高孩子对数字形状的感知能力及观察力 |
| 方法 | （1）教师出示形状屋并将盒子里的数字及形状取出，引导孩子认识数字及形状，并提示孩子观察屋子上对应的形状及数字，将数字（形状）放到对应的数字屋里面<br>（2）指导孩子操作，并给予小奖励 |
| 项目四：蝴蝶磁性绕珠 | |
| 目的 | 提高孩子的右脑思维能力 |
| 方法 | （1）教师出示蝴蝶教具，引导孩子观察迷宫内的珠子，然后出示绕珠笔，示范如何将蝴蝶内的珠子绕到小球洞洞里面<br>（2）教师引导孩子操作 |
| 项目五：小丑天平二 | |
| 目的 | 提高孩子手腕的平衡能力及空间感 |
| 方法 | （1）教师出示小丑天平，示范将彩色的圆柱体放在小丑天平上，保持稳定<br>（2）教师引导孩子操作 |
| 项目六：拓印画（葡萄） | |
| 目的 | 提高孩子的创造力、想象力及对美术活动的兴趣 |
| 方法 | （1）教师出示A4纸上的葡萄图片、圆形小印章及紫色的颜料，并示范如何将圆形的小印章蘸上紫色的颜料，再贴到葡萄图片上<br>（2）教师引导孩子操作 |

### 3. 31个月幼儿第3周课训练

31个月幼儿第3周课训练项目与方法如表3-123所示。

表3-123　31个月幼儿第3周课训练项目与方法

| 项目一：音乐活动《合拢放开》 | |
|---|---|
| 目的 | 提高孩子的音乐节奏感，激发孩子参与活动的兴趣 |
| 方法 | （1）教师朗诵歌词，并引导孩子随着歌词做动作<br>（2）教师带领孩子一起演示；鼓励表现优异的孩子，对害羞的孩子更要多给予鼓励 |
| 项目二：小鱼拼图 | |
| 目的 | 提高孩子的右脑图像思考能力，训练左脑融合逻辑思维等 |
| 方法 | （1）教师出示小鱼拼图，引导孩子看图片上的内容，按从上到下的顺序将拼图取出，让孩子观察，然后示范如何将取出的拼图再拼好<br>（2）引导孩子去玩具架子自取教具，指导孩子操作 |
| 项目三：小动物找身体二 | |
| 目的 | 提高孩子的观察能力及辨别思维能力 |
| 方法 | （1）教师出示缺了头的青蛙图片，引导孩子观察青蛙缺了什么，然后引导孩子寻找到青蛙的头，并将它拼上去<br>（2）教师引导孩子操作 |
| 项目四：彩色圆柱体（高低排序） | |
| 目的 | 提高孩子对图形颜色的认知力、分类辨别能力 |
| 方法 | （1）教师出示彩色圆柱体洞穴板，示范分别将5种颜色的圆柱体取出来，然后将这5根圆柱体并列放在一起，按从高到低的顺序插放在洞穴板内<br>（2）指导孩子操作，并给予鼓励 |
| 项目五：制作手环 | |
| 目的 | 提高孩子的手指灵活性，培养孩子的耐心和专注力 |
| 方法 | （1）教师先出示彩色的小珠子等装饰品，再出示塑料小圈，然后示范如何将小珠子上面的小棍子插入塑料小圈子里面<br>（2）教师指导孩子操作 |
| 项目六：有趣黏土 | |
| 目的 | 提高孩子的动手创造能力 |
| 方法 | （1）教师出示各色的黏土，介绍橡皮泥工具的使用方法，并示范如何将黏土进行搓圆<br>（2）教师引导孩子操作 |

### 4. 31个月幼儿第4周课训练

31个月幼儿第4周课训练项目与方法如表3-124所示。

表3-124　31个月幼儿第4周课训练项目与方法

| | |
|---|---|
| 项目一：音乐活动《我的朋友在哪里》 | |
| 目的 | 提高孩子的音乐节奏感，激发孩子参与活动的兴趣 |
| 方法 | （1）教师朗诵歌词，并引导孩子随着歌词做动作<br>（2）教师带领孩子一起演示；鼓励表现优异的孩子，对害羞的孩子更要多给予鼓励 |
| 项目二：猴子拼图 | |
| 目的 | 提高孩子的右脑图像思考能力，训练左脑融合逻辑思维等 |
| 方法 | （1）教师出示猴子拼图，引导孩子看图片上的内容，按从上到下的顺序将拼图取出，让孩子观察，然后示范如何将取出的拼图再拼好<br>（2）引导孩子去玩具架子自取教具，指导孩子操作 |
| 项目三：水果接龙二 | |
| 目的 | 提高孩子的逻辑思维能力及理解能力 |
| 方法 | （1）教师出示苹果、香蕉、橘子、草莓等水果，问孩子“老师这里有几种水果”，然后示范玩水果接龙，如苹果-香蕉-橘子-草莓（循环3次）<br>（2）教师引导孩子操作 |
| 项目四：二三拼图形 | |
| 目的 | 有助于提高孩子对图形的感知力及对数量的理解 |
| 方法 | （1）教师出示图形板，并提问孩子看到了哪些图形，教师示范如何将圆形分成2份、3份后，再将拆分的图形合并完整<br>（2）指导孩子操作，并给予小奖励 |
| 项目五：小鸟吃果果 | |
| 目的 | 提高孩子手腕的平衡能力及手指灵活性 |
| 方法 | （1）教师出示果树并示范小鸟夹子的用法，引导孩子要握住小鸟夹子去帮助小鸟夹住果树上的果实<br>（2）教师指导孩子操作 |
| 项目六：手指画（冰糖葫芦） | |
| 目的 | 提高孩子对美术活动的兴趣及对色彩的感知力 |
| 方法 | （1）教师出示冰糖葫芦图片，并示范如何用手指蘸上颜料点在A4纸上<br>（2）指引孩子取教具，进行操作指导 |

# 八、32 个月幼儿早期教育

## 1. 32 个月幼儿第 1 周课训练

32个月幼儿第1周课训练项目与方法如表3-125所示。

表3-125　32个月幼儿第1周课训练项目与方法

| 项目一：音乐活动《手心手背》 | |
|---|---|
| 目的 | 提高孩子的音乐节奏感，激发孩子参与活动的兴趣 |
| 方法 | （1）教师朗诵歌词，并引导孩子随着歌词做动作<br>（2）教师带领孩子一起演示；鼓励表现优异的孩子，对害羞的孩子更要多给予鼓励 |
| 项目二：小龙拼图 | |
| 目的 | 提高孩子的右脑图像思考能力，训练左脑融合逻辑思维等 |
| 方法 | （1）教师出示小龙拼图，引导孩子看图片上的内容，按从上到下的顺序将拼图取出，让孩子观察，然后示范如何将取出的拼图再拼好<br>（2）引导孩子去玩具架子自取教具，指导孩子操作 |
| 项目三：迷宫练习 | |
| 目的 | 有助于提高孩子的逻辑思维能力、推理能力、记忆能力，并培养孩子的耐心 |
| 方法 | （1）教师出示迷宫纸张，引导孩子观察迷宫纸张上的图画<br>（2）教师讲解走迷宫的方法（起点—终点），并进行演示，提示不能超过或撞到线条外面<br>（3）指导孩子操作，并给予小奖励 |
| 项目四：几何阶梯图形（排序） | |
| 目的 | 提高孩子对几何图形的认知，学习分类，学会比较高与低 |
| 方法 | （1）教师出示数字几何图形洞穴板，引导孩子观察有哪些几何图形，如圆形、三角形、方形，示范如何将圆形进行高低排序，要求将最高的放在第一排<br>（2）教师指导孩子操作 |
| 项目五：蜗牛平衡天平 | |
| 目的 | 提高孩子的手腕平衡力及空间组合能力 |
| 方法 | （1）教师出示小蜗牛，引导孩子观察蜗牛背上有什么（各种颜色的圆柱体），然后将圆柱体取下来，再按由大到小的顺序放在小蜗牛背上<br>（2）教师鼓励孩子操作 |
| 项目六：扣扣子 | |
| 目的 | 提高孩子的动手操作能力及训练手指的灵活性 |
| 方法 | （1）教师出示蒙氏教具小衣服，示范如何将衣服上的小钉扣解开，然后再将小钉扣扣上<br>（2）教师指导孩子操作 |

## 2. 32个月幼儿第2周课训练

32个月幼儿第2周课训练项目与方法如表3-126所示。

表3-126　32个月幼儿第2周课训练项目与方法

| 项目一：音乐活动《库企企》 | |
|---|---|
| 目的 | 提高孩子的音乐节奏感，激发孩子参与活动的兴趣 |
| 方法 | （1）教师朗诵歌词，并引导孩子随着歌词做动作<br>（2）教师带领孩子一起演示；鼓励表现优异的孩子，对害羞的孩子更要多给予鼓励 |
| 项目二：小猪拼图 | |
| 目的 | 提高孩子的右脑图像思考能力，训练左脑融合逻辑思维等 |
| 方法 | （1）教师出示小猪拼图，引导孩子看图片上的内容，按从上到下的顺序将拼图取出，让孩子观察，然后示范如何将取出的拼图再拼好<br>（2）引导孩子去玩具架子自取教具，指导孩子操作 |
| 项目三：迷宫练习（同32个月幼儿第1周课训练项目三） | |
| 项目四：五颜六色一 | |
| 目的 | 提高孩子的思维能力及图形组合能力、辨别能力 |
| 方法 | （1）教师出示图形卡及需要完成的图形卡片模板，再示范如何根据模板卡给出的图形提示图，拿取对应的图形进行组合<br>（2）教师引导孩子操作 |
| 项目五：拔萝卜 | |
| 目的 | 提高孩子的观察能力及记忆能力 |
| 方法 | （1）教师出示小兔子及萝卜教具，教师指引："小兔子饿了，小兔子要去拔萝卜，但是小兔子要完成挑战才能得到萝卜。"教师拿出第一张关卡图片"人物卡片"（一共有6个不同年龄的人物），接着告诉孩子"我们用萝卜将他们藏起来"，然后请孩子按照教师的指令找到对应的人物<br>（2）教师示范如何操作 |
| 项目六：彩色子弹 | |
| 目的 | 提高孩子的创造力、想象力及动手组合能力 |
| 方法 | （1）教师出示各色颜色子弹，然后将每个子弹连接固定起来，示范如何将这些子弹组合成车子、城堡等，鼓励孩子也动手试试<br>（2）教师引导孩子操作 |

### 3. 32 个月幼儿第 3 周课训练

32个月幼儿第3周课训练项目与方法如表3-127所示。

表3–127　32个月幼儿第3周课训练项目与方法

<table>
<tr><th colspan="2">项目一：音乐活动《好吃的食物》</th></tr>
<tr><td>目的</td><td>提高孩子的音乐节奏感，激发孩子参与活动的兴趣</td></tr>
<tr><td>方法</td><td>（1）教师朗诵歌词，并引导孩子随着歌词做动作<br>（2）教师带领孩子一起演示；鼓励表现优异的孩子，对害羞的孩子更要多给予鼓励</td></tr>
<tr><th colspan="2">项目二：绵羊拼图</th></tr>
<tr><td>目的</td><td>提高孩子的右脑图像思考能力，训练左脑融合逻辑思维等</td></tr>
<tr><td>方法</td><td>（1）教师出示绵羊拼图，引导孩子看图片上的内容，按从上到下的顺序将拼图取出，让孩子观察，然后示范如何将取出的拼图再拼好<br>（2）引导孩子去玩具架子自取教具，指导孩子操作</td></tr>
<tr><th colspan="2">项目三：迷宫练习（同32个月幼儿第1周课训练项目三）</th></tr>
<tr><th colspan="2">项目四：四拼图形</th></tr>
<tr><td>目的</td><td>提高孩子对数学的兴趣以及初步学习“等分”的概念</td></tr>
<tr><td>方法</td><td>（1）教师出示四拼图形板，引导孩子观察有哪些图形，如圆形、三角形、正方形，然后示范如何将一个圆形分成两个半圆、三个扇形、四个扇形，再将分开的图形组合成完整的一个圆形<br>（2）指导孩子操作，并给予鼓励</td></tr>
<tr><th colspan="2">项目五：穿鞋带（同30个月幼儿第1周课训练项目五）</th></tr>
<tr><th colspan="2">项目六：涂色（蛋糕）</th></tr>
<tr><td>目的</td><td>提高孩子对美术活动的兴趣及对颜料色彩的敏感度</td></tr>
<tr><td>方法</td><td>（1）教师出示各蛋糕图片，引导孩子观察，并示范如何将颜色涂鸦在蛋糕上<br>（2）教师引导孩子操作</td></tr>
</table>

## 4. 32个月幼儿第4周课训练

32个月幼儿第4周课训练项目与方法如表3-128所示。

表3–128 32个月幼儿第4周课训练项目与方法

| | |
|---|---|
| 项目一：音乐活动《风儿你带什么来》 | |
| 目的 | 提高孩子的音乐节奏感，激发孩子参与活动的兴趣 |
| 方法 | （1）教师朗诵歌词，并引导孩子随着歌词做动作<br>（2）教师带领孩子一起演示；鼓励表现优异的孩子，对害羞的孩子更要多给予鼓励 |
| 项目二：老鼠拼图 | |
| 目的 | 提高孩子的右脑图像思考能力，训练左脑融合逻辑思维等 |
| 方法 | （1）教师出示老鼠拼图，引导孩子看图片上的内容，按从上到下的顺序将拼图取出，让孩子观察，然后示范如何将取出的拼图再拼好<br>（2）引导孩子去玩具架子自取教具，指导孩子操作 |
| 项目三：迷宫练习（同32个月幼儿第1周课训练项目三） | |
| 项目四：数字找朋友（数卡） | |
| 目的 | 提高孩子对数学的兴趣以及初步学习“等量”的关系 |
| 方法 | （1）教师出示数字1、2、3等，然后带领孩子一起朗读数字，并出示等量的玩具（如小球等），提问“数字‘1’需要给几个小球”，并告知1个小球，以此类推<br>（2）指导孩子操作，并给予鼓励 |
| 项目五：图形接龙 | |
| 目的 | 提高孩子对形状的认知，训练孩子的思维能力 |
| 方法 | （1）教师出示小图形，引导孩子大声读出看到的图形的名称，示范玩接龙游戏，如圆形-三角形-方形-圆形-三角形-方形……<br>（2）教师指导孩子操作 |
| 项目六：涂色（洋葱） | |
| 目的 | 提高孩子对美术活动的兴趣及对颜料色彩的敏感度 |
| 方法 | （1）教师出示各洋葱图片，引导孩子观察，示范如何将颜色涂鸦在洋葱上<br>（2）教师引导孩子操作 |

## 九、33 个月幼儿早期教育

### 1. 33 个月幼儿第 1 周课训练

33个月幼儿第1周课训练项目与方法如表3-129所示。

表3–129　33个月幼儿第1周课训练项目与方法

| 项目一：音乐活动《手臂律动》 | |
|---|---|
| 目的 | 提高孩子的音乐节奏感，激发孩子参与活动的兴趣 |
| 方法 | （1）教师朗诵歌词，并引导孩子随着歌词做动作<br>（2）教师带领孩子一起演示；鼓励表现优异的孩子，对害羞的孩子更要多给予鼓励 |
| 项目二：中国地图拼图 | |
| 目的 | 提高孩子的右脑图像思考能力，训练左脑融合逻辑思维等 |
| 方法 | （1）教师出示中国地图拼图，引导孩子看图片上的内容，如“这是中国地图，地图上有很多城市，接下来，我们将这些城市取出来认识一下”，然后示范如何将拼图还原<br>（2）引导孩子去玩具架子自取教具，指导孩子操作 |
| 项目三：捕抓彩色老鼠 | |
| 目的 | 有助于提高孩子的逻辑思维能力及色彩敏感度 |
| 方法 | （1）教师出示彩色的老鼠杯子，引导孩子说出看到的颜色，然后出示彩色老鼠卡片，示范如何用老鼠杯子来捕抓相同颜色的老鼠卡片<br>（2）指导孩子操作，并给予小奖励 |
| 项目四：彩色小数棒 | |
| 目的 | 促进孩子对数字的兴趣及掌握数量关系 |
| 方法 | （1）教师出示数字积木，如1、2、3、4、5等，然后出示彩色的小木棍，告知孩子数字1要对应1根数棍，以此类推<br>（2）教师指导孩子操作 |
| 项目五：仙人掌二 | |
| 目的 | 提高孩子的想象力及创造力，同时锻炼孩子的手指灵活性 |
| 方法 | （1）教师出示仙人掌教具，示范如何根据教具的颜色大小进行分类，如教师将最大的一块放在下面作为底座，按由大到小的顺序插放，可鼓励孩子根据自己的创造想象进行组合<br>（2）教师引导孩子操作 |
| 项目六：制作圣诞树 | |
| 目的 | 提高孩子对美术活动的兴趣和喜爱，同时锻炼孩子的动手能力 |
| 方法 | （1）教师出示圣诞树材料包，并示范如何按照材料包指示图完成圣诞树的制作<br>（2）教师指导孩子操作 |

## 2. 33 个月幼儿第 2 周课训练

33个月幼儿第2周课训练项目与方法如表3-130所示。

表3-130　33个月幼儿第2周课训练项目与方法

| 项目一：音乐活动《问候舞》 | |
|---|---|
| 目的 | 提高孩子的音乐节奏感，激发孩子参与活动的兴趣 |
| 方法 | （1）教师朗诵歌词，并引导孩子随着歌词做动作<br>（2）教师带领孩子一起演示；鼓励表现优异的孩子，对害羞的孩子更要多给予鼓励 |
| 项目二：世界地图拼图 | |
| 目的 | 提高孩子的右脑图像思考能力，训练左脑融合逻辑思维等 |
| 方法 | （1）教师出示世界地图拼图，引导孩子看图片上的内容，如“这是世界地图，地图上有很多国家，接下来，我们将这些国家取出来认识一下”，然后示范如何将拼图还原<br>（2）引导孩子去玩具架子自取教具，指导孩子操作 |
| 项目三：猴子爬树 | |
| 目的 | 有助于提高孩子的逻辑思维能力、判断能力及记忆能力 |
| 方法 | （1）教师出示教具大树及猴子，然后示范如何将大树组合好，即将树枝穿在大树躯干上，然后将猴子挂上去<br>（2）指导孩子操作，并给予小奖励 |
| 项目四：彩色搭搭乐 | |
| 目的 | 提高孩子的手腕平衡能力及思维创造力 |
| 方法 | （1）教师出示彩色木块，并示范如何将彩色木块垒高，引导孩子观察每块积木的变化<br>（2）教师引导孩子操作 |
| 项目五：大象驼木头 | |
| 目的 | 提高孩子的观察能力及动手操作能力 |
| 方法 | （1）教师出示大象和各色木棍，说：“今天，我们要帮助大象驼木头，我们要将所有的小木棍放在大象身体上。”然后教师进行示范<br>（2）教师引导孩子操作指导 |
| 项目六：涂色（樱桃） | |
| 目的 | 提高孩子对美术活动的兴趣及创造力 |
| 方法 | （1）教师出示樱桃图片，引导孩子说出图片上的颜色，示范如何将颜料涂在樱桃上<br>（2）教师引导孩子操作 |

### 3. 33个月幼儿第3周课训练

33个月幼儿第3周课训练项目与方法如表3-131所示。

表3-131 33个月幼儿第3周课训练项目与方法

| 项目一：音乐活动《洒水车》 | |
|---|---|
| 目的 | 提高孩子的音乐节奏感，激发孩子参与活动的兴趣 |
| 方法 | （1）教师朗诵歌词，并引导孩子随着歌词做动作<br>（2）教师带领孩子一起演示；鼓励表现优异的孩子，对害羞的孩子更要多给予鼓励 |
| 项目二：女孩成长拼图 | |
| 目的 | 提高孩子的右脑图像思考能力，训练左脑融合逻辑思维等 |
| 方法 | （1）教师出示女孩成长拼图，引导孩子观察，第一层是一个小宝宝在妈妈肚子里面，第二层是一个小妹妹，第三层是阿姨，第四层是奶奶，示范如何一层一层将拼图完成<br>（2）引导孩子去玩具架子自取教具，指导孩子操作 |
| 项目三：捕鱼（各色彩虹鱼） | |
| 目的 | 有助于提高孩子的手腕平衡能力及目测距离能力 |
| 方法 | （1）教师出示捕鱼盘和鱼钩，示范如何将所有的小鱼放入鱼盘中并使用鱼钩将小鱼捕抓出来<br>（2）指导孩子操作，并给予小奖励 |
| 项目四：小动物俄罗斯方块 | |
| 目的 | 提高孩子的思维能力及动手操作能力 |
| 方法 | （1）教师出示小动物俄罗斯方块，引导孩子观察，示范如何将小动物取出来，然后再拼回去<br>（2）指导孩子操作，并给予鼓励 |
| 项目五：彩色圆柱体49根 | |
| 目的 | 提高孩子的专注力，让孩子学会颜色分类 |
| 方法 | （1）教师出示彩色圆柱体（49根），共计7种颜色，示范如何按照颜色进行分类并数出共计多少根圆柱体；<br>（2）教师指导孩子操作 |
| 项目六：制作果树 | |
| 目的 | 提高孩子对艺术活动的兴趣及创造力 |
| 方法 | （1）教师出示大树材料包，将大树组合完成，并示范如何将叶子粘贴在树枝上<br>（2）教师指导孩子操作 |

## 4. 33 个月幼儿第 4 周课训练

33个月幼儿第4周课训练项目与方法如表3-132所示。

表3-132　33个月幼儿第4周课训练项目与方法

| 项目一：音乐活动《鞋匠之舞》 | |
|---|---|
| 目的 | 提高孩子的音乐节奏感，激发孩子参与活动的兴趣 |
| 方法 | （1）教师朗诵歌词，并引导孩子随着歌词做动作<br>（2）教师带领孩子一起演示；鼓励表现优异的孩子，对害羞的孩子更要多给予鼓励 |
| 项目二：男孩成长拼图 | |
| 目的 | 提高孩子的右脑图像思考能力，训练左脑融合逻辑思维等 |
| 方法 | （1）教师出示男孩成长拼图，引导孩子观察，第一层是一个小宝宝在妈妈肚子里面，第二层是一个小弟弟，第三层是叔叔，第四层是爷爷，示范如何一层一层将拼图完成<br>（2）引导孩子去玩具架子自取教具，指导孩子操作 |
| 项目三：彩色小蘑菇（小号） | |
| 目的 | 有助于提高孩子的动手能力及创造能力 |
| 方法 | （1）教师出示长方形钉板和彩色蘑菇，然后示范如何将小蘑菇插放在长方形钉板上，并告诉孩子如何用彩色的蘑菇组合成一艘小船<br>（2）指导孩子操作，并给予小奖励 |
| 项目四：夹豆子比赛 | |
| 目的 | 提高孩子手指的精细能力，培养孩子的耐心 |
| 方法 | （1）教师出示夹子及各类豆子，然后示范如何用大拇指、食指、中指握住夹子，再对准夹子将豆子夹到盒子里面<br>（2）指导孩子操作，并给予鼓励<br>（3）组织孩子比赛，每人五粒豆子，先夹到盒子里的为胜 |
| 项目五：数量关系 1 ～ 10（动物） | |
| 目的 | 提高孩子对数学活动的兴趣，同时初步掌握等量关系 |
| 方法 | （1）教师出示数字板，接下来请孩子将看到的数字卡片读出来，并让孩子数出数字卡片上对应的小动物数量，然后找到对应的数字卡片进行配对<br>（2）教师指导孩子操作 |
| 项目六：制作汉堡 | |
| 目的 | 提高孩子对艺术活动的兴趣及动手操作能力 |
| 方法 | （1）教师出示汉堡材料包，然后示范如何将皱纹纸贴在卡纸上制作汉堡<br>（2）教师引导孩子制作 |

## 十、34个月幼儿早期教育

### 1. 34个月幼儿第1周课训练

34个月幼儿第1周课训练项目与方法如表3-133所示。

表3-133　34个月幼儿第1周课训练项目与方法

| 项目一：音乐活动《三只小猪》 | |
|---|---|
| 目的 | 提高孩子的音乐节奏感，激发孩子参与活动的兴趣 |
| 方法 | （1）教师朗诵歌词，并引导孩子随着歌词做动作<br>（2）教师带领孩子一起演示；鼓励表现优异的孩子，对害羞的孩子更要多给予鼓励 |
| 项目二：海星拼图 | |
| 目的 | 提高孩子的右脑图像思考能力，训练左脑融合逻辑思维等 |
| 方法 | （1）教师出示海星拼图，引导孩子看图片上的内容，按从上到下的顺序将拼图取出，让孩子观察，然后示范如何将取出的拼图再拼好<br>（2）引导孩子去玩具架子自取教具，指导孩子操作 |
| 项目三：颜色接龙（4～5色） | |
| 目的 | 有助于提高孩子的颜色认知能力及分类排序能力 |
| 方法 | （1）教师出示五色颜色卡片，提问孩子是什么颜色，示范如何对颜色进行配对及分类；<br>（2）教师示范4～5色接龙游戏的玩法，如红-黄-蓝-绿-橙、红-黄-蓝-绿-橙、红-黄-蓝-绿-橙<br>（3）指导孩子操作，并给予小奖励 |
| **注意点** | **可根据孩子完成的情况逐渐增加难度** |
| 项目四：夹甜甜圈 | |
| 目的 | 提高孩子的手腕平衡力及手指灵活性 |
| 方法 | （1）教师出示各种颜色的甜甜圈，引起孩子的注意，然后示范如何用右手握住夹子将甜甜圈夹起来放在小碟子上<br>（2）教师鼓励孩子操作完成 |
| 项目五：分数小人 | |
| 目的 | 提高孩子的数学感知力，初步学习分数及有关的词语 |
| 方法 | （1）教师出示分数小人教具，并根据分数小人上的提示，将分数小人分成若干等份，让孩子观察，将对应等份的小人组合拼构出来<br>（2）教师鼓励孩子操作 |
| 项目六：制作爸爸的领带 | |
| 目的 | 提高孩子对美术活动的兴趣和喜爱，同时锻炼孩子的动手能力 |
| 方法 | （1）教师出示爸爸领带材料包，示范如何按照材料包指示图完成领带的制作<br>（2）教师指导孩子操作 |

## 2. 34个月幼儿第2周课训练

34个月幼儿第2周课训练项目与方法如表3-134所示。

表3-134　34个月幼儿第2周课训练项目与方法

| | |
|---|---|
| 项目一：音乐活动《洗洗小手》 | |
| 目的 | 提高孩子的音乐节奏感，激发孩子参与活动的兴趣 |
| 方法 | （1）教师朗诵歌词，并引导孩子随着歌词做动作<br>（2）教师带领孩子一起演示；鼓励表现优异的孩子，对害羞的孩子更要多给予鼓励 |
| 项目二：大闸蟹拼图 | |
| 目的 | 提高孩子的右脑图像思考能力，训练左脑融合逻辑思维等 |
| 方法 | （1）教师出示大闸蟹拼图，引导孩子看图片上的内容，按从上到下的顺序将拼图取出，让孩子观察，然后示范如何将取出的拼图再拼好<br>（2）引导孩子去玩具架子自取教具，指导孩子操作 |
| 项目三：拧螺丝钉 | |
| 目的 | 有助于提高孩子左右手的协调性及手腕的灵活性 |
| 方法 | （1）教师出示各色螺丝钉，并示范如何将螺丝钉及螺丝帽分开，再将螺丝钉拧进螺丝帽内<br>（2）指导孩子操作，并给予小奖励 |
| 项目四：水果叠叠乐 | |
| 目的 | 提高孩子的手腕平衡能力及空间组合能力 |
| 方法 | （1）教师出示各种水果及对应的水果卡片，引导孩子将水果放在对应的水果卡片上，然后逐渐将每层都垒高，教师操作完成后鼓励孩子可以自主创新垒高方法<br>（2）教师引导孩子操作 |
| 项目五：插棒棒糖 | |
| 目的 | 提高孩子的思考能力与手指的灵活性，从而培养孩子的耐心和专注力 |
| 方法 | （1）教师出示组装好的棒棒糖底座，然后出示各色棒棒糖，并示范如何将棒棒糖插放在底座模具上，鼓励孩子大胆地动手操作，即使掉下来失败也没有关系<br>（2）教师引导孩子操作指导 |
| 项目六：橡皮泥制作雪糕 | |
| 目的 | 提高孩子对艺术活动的兴趣及创造力 |
| 方法 | （1）教师出示橡皮泥，并示范如何用橡皮泥制作成雪糕，即先将橡皮泥搓成圆形，再用双手压平放在小桌子上，然后拿起小木棍穿到橡皮泥里面，雪糕就完成了<br>（2）教师引导孩子操作 |

### 3. 34 个月幼儿第 3 周课训练

34个月幼儿第3周课训练项目与方法如表3-135所示。

表3-135 34个月幼儿第3周课训练项目与方法

| 项目一：音乐活动《我的身体有什么》 | |
|---|---|
| 目的 | 提高孩子的音乐节奏感，激发孩子参与活动的兴趣 |
| 方法 | （1）教师朗诵歌词，并引导孩子随着歌词做动作<br>（2）教师带领孩子一起演示；鼓励表现优异的孩子，对害羞的孩子更要多给予鼓励 |
| 项目二：海贝拼图 | |
| 目的 | 提高孩子的右脑图像思考能力，训练左脑融合逻辑思维等 |
| 方法 | （1）教师出示海贝拼图，引导孩子看图片上的内容，按从上到下的顺序将拼图取出，让孩子观察，然后示范如何将取出的拼图再拼好<br>（2）引导孩子去玩具架子自取教具，指导孩子操作 |
| 项目三：彩色圆柱体AB（感官） | |
| 目的 | 有助于提高孩子左右手的协调性及手腕的灵活性 |
| 方法 | （1）教师出示彩色圆柱体AB组，并示范A组，如："宝宝们，请看这是什么颜色的圆柱体？（红色）这些圆柱体有什么区别？（有大有小）对的，这是彩色圆柱体A组，有大的，也有小的，请找出这些圆柱体中最大的及最小的，然后我们按从大到小的顺序来排序。"<br>（2）指导孩子操作，并给予小奖励 |
| 项目四：彩色小人积木垒高 | |
| 目的 | 提高孩子的手腕平衡能力及空间组合能力 |
| 方法 | （1）教师出示各色彩色小人，可以引导孩子先将四种颜色的小人进行分类，并将每种颜色的小人垒高；也可以示范第二种玩法，即将第一层摆放6个小彩色小人，然后在第一层上面加几个小人，以此类推<br>（2）教师引导孩子操作 |
| 项目五：图形配对 | |
| 目的 | 提高孩子的数学几何图形能力，为今后的学习数学做好基础准备 |
| 方法 | （1）请孩子将教具取出来，摆放在桌面，将盒盖子朝上，根据盖子上面的图样进行配对练习，要求配对成立体的图形。小木块共计有8块，每一层由4块组成，教师示范如何操作<br>（2）教师引导孩子操作指导 |
| 项目六：涂色比赛 | |
| 目的 | 提高孩子对美术活动的兴趣及对颜料色彩的敏感度 |
| 方法 | （1）教师出示各汽车图片，引导孩子说出图片上的颜色，示范如何将颜料涂在汽车上<br>（2）教师引导孩子进行颜色涂鸦比赛<br>（3）比赛结束教师进行小结，对孩子进行鼓励 |

### 4. 34 个月幼儿第 4 周课训练

34个月幼儿第4周课训练项目与方法如表3-136所示。

表3-136　34个月幼儿第4周课训练项目与方法

| | |
|---|---|
| 项目一：音乐活动《Apple》 | |
| 目的 | 提高孩子的音乐节奏感，激发孩子参与活动的兴趣 |
| 方法 | （1）教师朗诵歌词，并引导孩子随着歌词做动作<br>（2）教师带领孩子一起演示；鼓励表现优异的孩子，对害羞的孩子更要多给予鼓励 |
| 项目二：热气球拼图 | |
| 目的 | 提高孩子的右脑图像思考能力，训练左脑融合逻辑思维等 |
| 方法 | （1）教师出示热气球拼图，引导孩子看图片上的内容，按从上到下的顺序将拼图取出，让孩子观察，然后示范如何将取出的拼图再拼好<br>（2）引导孩子去玩具架子自取教具，指导孩子操作 |
| 项目三：彩色圆柱体CD（感官） | |
| 目的 | 有助于提高孩子左右手的协调性及手腕的灵活性 |
| 方法 | （1）教师出示彩色圆柱体CD组，并示范C组，如："宝宝们，请看这是什么颜色的圆柱体？（蓝色）这些圆柱体有什么区别？（有粗有细）对的，这是彩色圆柱体C组，有粗的，也有细的，请找出这些圆柱体中最粗的及最细的，然后我们按从粗到细的顺序来排序。"<br>（2）指导孩子操作，并给予小奖励 |
| 项目四：猫头鹰垒高 | |
| 目的 | 提高孩子手腕的平衡能力及空间组合能力 |
| 方法 | （1）教师出示数字猫头鹰，并引导孩子读出数字猫头鹰上面的数字，并示范如何将数字1～6的猫头鹰放在第一层，剩下的数字猫头鹰依次往上垒高<br>（2）教师引导孩子操作 |
| 项目五：数字配对（刺猬） | |
| 目的 | 激发孩子的数学兴趣，感知数与量的等量关系 |
| 方法 | （1）教师出示小刺猬图片并出示数字卡片，引导孩子读出数字，并示范如何根据小刺猬身上的点数寻找相对应的数字卡片进行配对<br>（2）教师引导孩子操作 |
| 项目六：蚕宝宝 | |
| 目的 | 提高孩子对艺术活动的兴趣及锻炼孩子的动手能力 |
| 方法 | （1）教师出示蚕宝宝材料包，并示范如何按照材料包指示图完成蚕宝宝的制作<br>（2）教师引导孩子操作 |

## 十一、35 个月幼儿早期教育

### 1. 35 个月幼儿第 1 周课训练

35个月幼儿第1周课训练项目与方法如表3-137所示。

表3-137　35个月幼儿第1周课训练项目与方法

| 项目一：音乐活动《小雨组曲》 | |
|---|---|
| 目的 | 提高孩子的音乐节奏感，激发孩子参与活动的兴趣 |
| 方法 | （1）教师朗诵歌词，并引导孩子随着歌词做动作<br>（2）教师带领孩子一起演示；鼓励表现优异的孩子，对害羞的孩子更要多给予鼓励 |
| 项目二：蜗牛拼图比赛 | |
| 目的 | 提高孩子的右脑图像思考能力，训练左脑融合逻辑思维等 |
| 方法 | （1）教师出示蜗牛拼图，引导孩子看图片上的内容，按从上到下的顺序将拼图取出，让孩子观察，然后示范如何将取出的拼图再拼好<br>（2）引导孩子去玩具架子自取教具，指导孩子操作<br>（3）组织孩子进行拼图比赛。比赛规则：教师发出“开始”口令，孩子开始拼图，最快完成和拼图最正确者为胜 |
| 项目三：组合交通车辆（职业） | |
| 目的 | 提高孩子通过交通工具的认识、对不同职业的了解，提高孩子的动手能力 |
| 方法 | （1）教师出示各种类型的交通工具，并给孩子介绍这些交通工具的作用，如告诉孩子：“当遇到火警的时候，我们需要拨打119，这个时候消防局的消防车就会出动。看，这就是消防车。现在我们将消防车上面的零件取下来，然后我们再拼接上去。”<br>（2）指导孩子操作，并给予小奖励 |
| 项目四：迷宫练习（同32个月幼儿第1周课训练项目三） | |
| 项目五：翻滚猴子荡秋千 | |
| 目的 | 促进孩子的手腕平衡能力及逻辑思维能力 |
| 方法 | （1）教师出示大树和小木棍，然后示范如何将木棍插在大树躯干上，再将猴子投向大树。完成的标准是猴子能够顺利挂在树枝上<br>（2）教师鼓励孩子操作 |
| 项目六：制作飞机 | |
| 目的 | 提高孩子对美术活动的兴趣和喜爱，锻炼孩子的动手能力 |
| 方法 | （1）教师出示飞机材料包，并示范如何按照材料包指示图完成飞机的制作<br>（2）教师指导孩子操作 |

## 2. 35个月幼儿第2周课训练

35个月幼儿第2周课训练项目与方法如表3-138所示。

表3-138　35个月幼儿第2周课训练项目与方法

| 项目一：音乐活动《三条鱼》 | |
|---|---|
| 目的 | 提高孩子的音乐节奏感，激发孩子参与活动的兴趣 |
| 方法 | （1）教师朗诵歌词，并引导孩子随着歌词做动作<br>（2）教师带领孩子一起演示；鼓励表现优异的孩子，对害羞的孩子更要多给予鼓励 |
| 项目二：蜜蜂拼图 | |
| 目的 | 提高孩子的右脑图像思考能力，训练左脑融合逻辑思维等 |
| 方法 | （1）教师出示蜜蜂拼图，引导孩子看图片上的内容，按从上到下的顺序将拼图取出，让孩子观察，然后示范如何将取出的拼图再拼好<br>（2）引导孩子去玩具架子自取教具，指导孩子操作 |
| 项目三：四色小椅子垒高 | |
| 目的 | 促进孩子的手腕平衡能力及逻辑思维能力的发展 |
| 方法 | （1）教师出示教具小椅子并进行颜色分类（红、黄、蓝、绿），示范如何将各色椅子垒高，并讲解垒高的方法<br>（2）指导孩子操作，并给予小奖励 |
| 项目四：迷宫练习（同32个月幼儿第1周课训练项目三） | |
| 项目五：百变插珠 | |
| 目的 | 锻炼孩子的手指灵活性及动手操作能力 |
| 方法 | （1）教师出示各色小球及小棍子，示范如何将这些小球插在小棍上，然后组合出不同的物体，如糖果、电话、车子等<br>（2）教师鼓励孩子操作 |
| 项目六：涂色（西瓜） | |
| 目的 | 提高孩子对美术活动的兴趣及对颜料色彩的敏感度 |
| 方法 | （1）教师出示各西瓜图片，引导孩子说出图片上的颜色，示范如何将颜料涂在西瓜上<br>（2）教师引导孩子操作 |

### 3. 35个月幼儿第3周课训练

35个月幼儿第3周课训练项目与方法如表3-139所示。

表3-139　35个月幼儿第3周课训练项目与方法

| 项目一：音乐活动《猫和老鼠》 | |
|---|---|
| 目的 | 提高孩子的音乐节奏感，激发孩子参与活动的兴趣 |
| 方法 | （1）教师朗诵歌词，并引导孩子随着歌词做动作<br>（2）教师带领孩子一起演示；鼓励表现优异的孩子，对害羞的孩子更要多给予鼓励 |
| 项目二：霸王龙拼图 | |
| 目的 | 提高孩子的右脑图像思考能力，训练左脑融合逻辑思维等 |
| 方法 | （1）教师出示霸王龙拼图，引导孩子看图片上的内容，按从上到下的顺序将拼图取出，让孩子观察，然后示范如何将取出的拼图再拼好<br>（2）引导孩子去玩具架子自取教具，指导孩子操作 |
| 项目三：水管组合 | |
| 目的 | 提高孩子的动手能力、创造力、想象力 |
| 方法 | （1）教师出示各色水管教具，示范如何将相同类型的形状进行分类（配对），再将两个水管组合起来，如水管下水道、水管车子、飞机等<br>（2）指导孩子操作，并给予小奖励 |
| 项目四：迷宫练习（同32个月幼儿第1周课训练项目三） | |
| 项目五：挂马卡龙饼干 | |
| 目的 | 促进孩子手腕的平衡能力，训练孩子的专注力和耐心 |
| 方法 | （1）教师出示模具大树，并出示各色马卡龙小饼干教具，然后示范如何按从下往上的顺序将马卡龙小饼干挂在树上，并引导孩子注意观察马卡龙是否完好地挂在树上<br>（2）教师鼓励孩子操作 |
| 项目六：制作快艇 | |
| 目的 | 提高孩子对美术活动的兴趣和喜爱，锻炼孩子的动手能力 |
| 方法 | （1）教师出示快艇材料包，并示范如何按照材料包指示图完成快艇的制作<br>（2）教师指导孩子操作 |

### 4. 35个月幼儿第4周课训练

35个月幼儿第4周课训练项目与方法如表3-140所示。

表3-140 35个月幼儿第4周课训练项目与方法

| 项目一：音乐活动《点豆豆》 | |
| --- | --- |
| 目的 | 提高孩子的音乐节奏感，激发孩子参与活动的兴趣 |
| 方法 | （1）教师朗诵歌词，并引导孩子随着歌词做动作<br>（2）教师带领孩子一起演示；鼓励表现优异的孩子，对害羞的孩子更要多给予鼓励 |
| 项目二：翼龙拼图 | |
| 目的 | 提高孩子的右脑图像思考能力，训练左脑融合逻辑思维等 |
| 方法 | （1）教师出示翼龙拼图，引导孩子看图片上的内容，按从上到下的顺序将拼图取出，让孩子观察，然后示范如何将取出的拼图再拼好<br>（2）引导孩子去玩具架子自取教具，指导孩子操作 |
| 项目三：磁力片 | |
| 目的 | 提高孩子的创造能力、动手操作能力 |
| 方法 | （1）教师出示正方形的磁力片，并示范如何使用磁力片制作飞机、汽车、房子等<br>（2）指导孩子操作，并给予小奖励 |
| 项目四：迷宫练习（同32个月幼儿第1周课训练项目三） | |
| 项目五：企鹅破冰 | |
| 目的 | 锻炼孩子的左右手协调能力及动脑思考能力 |
| 方法 | （1）教师出示拼好的冰块，示范将企鹅放在冰块中间，然后拿模具小锤子进行敲击冰块，引导孩子动脑筋想想从哪儿敲击不会让企鹅掉下来<br>（2）教师鼓励孩子操作 |
| 项目六：涂色（西蓝花） | |
| 目的 | 提高孩子对美术活动的兴趣及对颜料色彩的敏感度 |
| 方法 | （1）教师出示各西蓝花图片，引导孩子说出图片上的颜色，示范如何将颜料涂在西蓝花上<br>（2）教师引导孩子操作 |

# 十二、36个月幼儿早期教育

## 1. 36个月幼儿第1周课训练

36个月幼儿第1周课训练项目与方法如表3-141所示。

表3-141 36个月幼儿第1周课训练项目与方法

| 项目一：音乐活动《许多小鱼游来了》 | |
|---|---|
| 目的 | 提高孩子的音乐节奏感，激发孩子参与活动的兴趣 |
| 方法 | （1）教师朗诵歌词，并引导孩子随着歌词做动作<br>（2）教师带领孩子一起演示；鼓励表现优异的孩子，对害羞的孩子更要多给予鼓励 |
| 项目二：小狗开火车拼图 | |
| 目的 | 提高孩子的右脑图像思考能力，训练左脑融合逻辑思维等 |
| 方法 | （1）教师出示小狗开火车拼图，引导孩子看图片上的内容，按从上到下的顺序将拼图取出，让孩子观察，然后示范如何将取出的拼图再拼好<br>（2）引导孩子去玩具架子自取教具，指导孩子操作 |
| 项目三：五颜六色二 | |
| 目的 | 提高孩子对图形组合的感知能力，学会认知各种形状 |
| 方法 | （1）教师出示形状卡片，引导孩子观察卡片上的图形，并请孩子说出图形名称，然后出示图卡，让孩子观察图卡上面的图片，根据图卡上的提示完成图形的组合<br>（2）指导孩子操作，并给予小奖励 |
| 项目四：迷宫练习（同32个月幼儿第1周课训练项目三） | |
| 项目五：运笔磁性绕珠（蝴蝶） | |
| 目的 | 提高孩子对磁铁的认知及逻辑思维力 |
| 方法 | （1）教师出示蝴蝶迷宫，引导孩子观察蝴蝶迷宫内有什么（珠子），示范如何握住磁性笔将小珠子绕到小圈圈内<br>（2）教师指导孩子操作 |
| 项目六：制作海盗面具 | |
| 目的 | 提高孩子对美术活动的兴趣和喜爱，锻炼孩子的动手能力 |
| 方法 | （1）教师出示海盗面具材料包，并示范如何按照材料包指示图完成海盗面具的制作<br>（2）教师指导孩子操作 |

## 2. 36个月幼儿第2周课训练

36个月幼儿第2周课训练项目与方法如表3-142所示。

表3-142　36个月幼儿第2周课训练项目与方法

| | |
|---|---|
| 项目一：音乐活动《拔萝卜》 | |
| 目的 | 提高孩子的音乐节奏感，激发孩子参与活动的兴趣 |
| 方法 | （1）教师朗诵歌词，并引导孩子随着歌词做动作<br>（2）教师带领孩子一起演示；鼓励表现优异的孩子，对害羞的孩子更要多给予鼓励 |
| 项目二：小熊航海拼图 | |
| 目的 | 提高孩子的右脑图像思考能力，训练左脑融合逻辑思维等 |
| 方法 | （1）教师出示小熊航海拼图，引导孩子看图片上的内容，按从上到下的顺序将拼图取出，让孩子观察，然后示范如何将取出的拼图再拼好<br>（2）引导孩子去玩具架子自取教具，指导孩子操作 |
| 项目三：拆墙 | |
| 目的 | 提高孩子的动手能力、创造力、想象力 |
| 方法 | （1）教师出示拆墙教具，先将所有的长方体放入墙壁中固定，再示范如何拿起小工具，将放入的长方体轻轻推掉，要引导孩子观察，开动脑筋，要求不能使墙壁上的小人掉下来<br>（2）指导孩子操作，并给予小奖励 |
| 项目四：迷宫练习（同32个月幼儿第1周课训练项目三） | |
| 项目五：老鼠吃奶酪比赛 | |
| 目的 | 提高孩子的空间感知能力、手腕平衡力及搭建能力 |
| 方法 | （1）教师出示奶酪底座，示范如何根据底座上面老鼠的脚印将对应的老鼠摆放在脚印上，完成第一层后再放一块奶酪，一层层垒高<br>（2）指导孩子操作，并组织孩子进行比赛。比赛规则：教师发出“开始”口令后，孩子进行操作，看谁先完成比赛，结束后给予鼓励和小奖励 |
| 项目六：十二生肖纸杯 | |
| 目的 | 提高孩子对美术活动的兴趣和喜爱，锻炼孩子的动手能力 |
| 方法 | （1）教师出示十二生肖纸杯材料包，并示范如何按照材料包指示图完成十二生肖纸杯的制作<br>（2）教师指导孩子操作 |

### 3. 36 个月幼儿第 3 周课训练

36个月幼儿第3周课训练项目与方法如表3-143所示。

表3-143　36个月幼儿第3周课训练项目与方法

| 项目一：音乐活动《十个印第安小孩》 | |
|---|---|
| 目的 | 提高孩子的音乐节奏感，激发孩子参与活动的兴趣 |
| 方法 | （1）教师朗诵歌词，并引导孩子随着歌词做动作<br>（2）教师带领孩子一起演示；鼓励表现优异的孩子，对害羞的孩子更要多给予鼓励 |
| 项目二：潜水艇拼图 | |
| 目的 | 提高孩子的右脑图像思考能力，训练左脑融合逻辑思维等 |
| 方法 | （1）教师出示潜水艇拼图，引导孩子看图片上的内容，按从上到下的顺序将拼图取出，让孩子观察，然后示范如何将取出的拼图再拼好<br>（2）引导孩子去玩具架子自取教具，指导孩子操作 |
| 项目三：猴子香蕉天平 | |
| 目的 | 提高孩子对数学的兴趣、对数字的感知力，初步掌握等量关系 |
| 方法 | （1）教师出示猴子小天平、香蕉、数字，进行示范，如将天平一端挂上数字“5”，那么在天平的另一端放5根香蕉，以此类推<br>（2）引导孩子操作，并给予小奖励 |
| 项目四：迷宫练习（同32个月幼儿第1周课训练项目三） | |
| 项目五：夹饼干垒高 | |
| 目的 | 锻炼孩子的手指灵活性及手腕平衡感 |
| 方法 | （1）教师出示五颜六色的饼干，示范如何用夹子夹住饼干后夹送到小碟子上垒高，初步要求垒高块数为5块<br>（2）教师指导孩子操作 |
| 项目六：搓纸小树 | |
| 目的 | 提高孩子对美术活动的兴趣和喜爱，锻炼孩子的动手能力 |
| 方法 | （1）教师出示搓纸小树材料包，并示范如何按照材料包指示图完成搓纸小树的制作<br>（2）教师指导孩子操作 |

### 4. 36 个月幼儿第 4 周课训练

36个月幼儿第4周课训练项目与方法如表3-144所示。

表3-144　36个月幼儿第4周课训练项目与方法

| 项目一：音乐活动《妹妹背着洋娃娃》 | |
|---|---|
| 目的 | 提高孩子的音乐节奏感，激发孩子参与活动的兴趣 |
| 方法 | （1）教师朗诵歌词，并引导孩子随着歌词做动作<br>（2）教师带领孩子一起演示；鼓励表现优异的孩子，对害羞的孩子更要多给予鼓励 |

续表

| | |
|---|---|
| 项目二：我们一家拼图 | |
| 目的 | 提高孩子的右脑图像思考能力，训练左脑融合逻辑思维等 |
| 方法 | （1）教师出示我们一家拼图，引导孩子看图片上的内容，按从上到下的顺序将拼图取出，让孩子观察，然后示范如何将取出的拼图再拼好<br>（2）引导孩子去玩具架子自取教具，指导孩子操作 |
| 项目三：比萨塔 | |
| 目的 | 提高孩子的空间感知能力、手腕平衡力及搭建能力 |
| 方法 | （1）教师出示小圆圈底座，并出示彩色的圆柱体，向孩子示范把圆圈底座固定在桌面上，再将各色圆柱体放在底座上，一层层垒高<br>（2）指导孩子操作，并给予小奖励 |
| 项目四：迷宫练习（同32个月幼儿第1周课训练项目三） | |
| 项目五：鸭子平衡天平 | |
| 目的 | 提高孩子对数学的感知力及观察力，初步进行重量的比较 |
| 方法 | （1）教师出示天平，让孩子观察天平两端<br>（2）教师将鸭子放到天平上，让孩子观察鸭子数量及重量 |
| 项目六：涂色（哈密瓜） | |
| 目的 | 提高孩子对美术活动的兴趣及对颜料色彩的敏感度 |
| 方法 | （1）教师出示哈密瓜图片，引导孩子说出图片上的颜色，示范如何将颜料涂在哈密瓜上<br>（2）教师引导孩子操作 |

## 相关链接：

### 1～3岁幼儿早教要点

1～3岁的幼儿教育应该在婴儿教育的基础上增加以下4个方面的内容。

**1.运动**

进行过科学、全面、系统早教的婴儿一般在进入幼儿期时都能掌握基本的规定动作（翻身、坐、爬、走、跑、跳），运动能力大大提高，在生长发育高速期给予充分运动可以促进生长发育、协调肢体、增进健康、提高意志力和人际交往能力。其中以下三项运动可以优先考虑。

（1）球类。由于球是一个容易滚动的玩具，因此它对于孩子的视力发展是所有玩具中效果最好的，而幼儿期正是孩子视力发展的关键期。球类运动是发展孩子同外界物体之间空间感觉的最好运动，因为孩子在玩球时必须在一瞬间判断他和球的距离、球运动的方向、球的运动速度，从而使孩子的空间感觉能力大大提高。球类运动又是一个需要对手的运动项目，因此它对孩子的人际交往能力的发展有着非常积极的意义。

（2）体操。体操是发展自身在空间位置内空间感觉最好的方法，它对提高孩子胆量、肢体的协调性、动觉智力具有重大作用。

（3）游泳。游泳是婴儿教育中的运动项目之一，幼儿期应该继续进行，以便让孩子熟练掌握游泳技能，这对孩子的胆量、意志力和健康很有意义。

**2. 生活自理**

让幼儿在两年内逐步达到生活自理，可以大大提高孩子的自信心，学会这些动作的同时使孩子大脑的思维、想象力得到充分发展，对手的精细动作的训练为孩子未来的技能发展奠定了基础。根据易、难程度主要有以下20项：喝水、吃饭、脱鞋子、脱袜子、脱衣服、穿袜子、穿鞋子、使用开关、小便、洗手、开关（门、窗、抽屉等）、收拾整理玩具、收拾日用品、穿衣、大便、洗手帕、洗脸、洗漱、洗澡、购物。

**3. 参观游览**

1～3岁的幼儿对于新奇事物的好奇心很强，成人应该利用孩子的这个特点每周带他们去参观各种博物馆、展览会、动（植）物园，或者带他们去游乐场，也可以带着他们去旅游。因为这些场馆都是某一个领域的精华展示，去游乐场或旅游则是提高幼儿综合知识、技能的好方法。

有些家长认为3岁以前的事情长大后都记不得了，因此认为这种参观、游览都是白费劲，他们不明白早期教育的重要性，事实上3岁前的教育是孩子未来发展必不可少的基础。

**4. 初步学会人际交往中的基本礼仪**

语言和直立行走是人际交往的基本条件，而是否具备初级人际交往的能力是区分婴儿和幼儿的标准之一。经过科学、全面、系统早教的婴儿应该在1岁前后就具备了初级人际交往的能力，成人要做的就是给他们创造人际交往的条件。因为在家庭中孩子不可能有平等的交往条件，只有在平等的人际交往中才能发现问题和学会各种各样的礼貌。因此，家长可以通过以下三项来教孩子基本礼仪：

（1）多让孩子跟同龄人交流。

（2）多让孩子表演。

（3）多让孩子参加集体活动。